U0635264

大夏书系 · 数学教学培训用书

朱德江——著

小学数学
『深度学习』
课堂样态新探八讲

重塑学习

华东师范大学出版社

全国百佳图书出版单位

· 上海 ·

浙江省教科规划课题"三核多样态：小学数学'深度学习'课题样态实践研究"（课题编号：2019SC090）的成果

目 录

C O N T E N T S

下篇　课堂样态

序　重塑学习

　　学习是信息加工的过程，学习是知识的建构，学习是社会性协商，学习是一种意义炼制的活动，学习是大脑神经元在原有基础上发生新的连接……"什么是学习""学习是怎么发生的"是当前学习科学研究的重要问题，不同的角度可产生不同的观点阐述。

　　课堂里学习发生了吗？发生了怎样的学习呢？在平时的教学中，我们经常能看到或听到这样的现象："学生好像都听懂了，做题却错很多""类似的题都会，变式或综合一点的题就不会了，迁移应用解决实际问题更困难""一部分学生数学越学越困难，越学越没有兴趣"。这些现象产生的原因："听讲＋记忆＋操练"的传授型教学仍然是主要的教学方式，学生对知识形成过程的体验、感悟不足，知识碎片化、零散化，没有真正的理解和建构，也不会灵活迁移应用。这样的学习，呈现出"零散学习，点状思维"的特征，亟须通过教学变革重塑学生的学习。

　　现代社会已进入信息化、网络化、智能化的时代，育人目标、学习环境、学教方式也都在发生深刻变革，在注重学生能力素养发展的背景下，如何重塑学生的学习，需要从哪些方面改进呢？

　　其一，重塑学教关系。

　　教学改革的核心是重塑学与教的关系。学习科学研究表明，"教不等于学，学习不是一种简单的传递，更不是一种简单的条件作用的结果，知识很难直接传递给学习者"。"只有学习者自己才能学习，别人无法替代"。教师要树立"教为了学，教为了促进学习真实而有深度地发生"的核心观念，教学的着力点从关注教师如何"教"转变为更关注学生如何"学",改变学生的学习状态,激发学生主动、积极地投入学习,促进学生的学习更真实、更深入地发生。

首先,"放大学",教学中给学生更多的自主学的机会,让学生的"学"有充分的时间和空间,在丰富的学习活动中,主动、积极地参与学习过程,逐步实现"会自学、会思考、会倾听、会表达、会提问"。其次,"优化导",教师要从"课堂讲授"转向"组织学习",从"教学"转向"助学",通过学习组织、学习指导、学习反馈,以"导引方向,引路搭桥"等方式有针对性地帮助学生学习,促进学生能动而有效地学习。也就是说,重塑学教关系,重视"学"但又不能忽视"导",做到"学"与"导"的合理契合,学生在教师有目的的导引下展开有深度的学习,实现高质量的学习。

其二,重塑学习内容。

数学学习学什么?学生的学习时间总体是有限的,怎样选择和重塑学习内容,促进学生在数学学习中有自己的思考、自己的发现、自己的顿悟,增知识、长见识、悟道理,实现思维的发展、素养的生长和心智的成熟?

一方面,要以单元整体教学的视角看教材,厘清单元学习目标,以单元"大概念""核心任务"为统领,适度调整、适度整合、适度拓展。同时,就一节课而言,也要基于教材和学情挖掘"深度学习点",把握核心学习内容,促进学生的学习着力于关键点、困惑点。也就是说,通过研读与重构,要明确学习内容的

优先顺序,促进教学着力于应当深入持久理解的内容,也就是格兰特·威金斯(Grant Wiggins)和杰·麦克泰(Jay McTighe)提出的"大概念和核心任务"(如上图所示)。数学学习中的大概念,可以是数学学科的核心概念,如位值制、十进制、加法、减法、乘法、除法、方程、函数、度量、模型等,也可以是一些学科重要观点,如"加减法计算的本质就是相同计数单位的数相加减""把未知图形转化为已知图形探究图形面积的计算方法""统计数据和统计图表的选择要根据具体问题的需要""解决问题要基于问题的本质寻找有效信息""点动成线、线动成面、面动成体"等。无论是学科核心概念,还是学科重要观点,这

些"大概念"具有聚合事实、主题、经验等作用，可帮助学生形成思维框架，促进有效迁移和应用。

另一方面，教学要尽可能选择真实情境、真实任务作为学习材料，加强数学学习内容与生活的联系。学生解决真实情境问题时，学习动机更强，学习的程度更深，学习的获得更多。德国学者有过一个精辟的比喻："将15克盐放在你的面前，无论如何你难以下咽，但当将15克盐放入一碗美味可口的汤中，你早就在享用佳肴时，将15克盐全部吸收了。情境之于知识，犹如汤之于盐。盐需溶入汤中，才能被吸收；知识需要融于情境之中，才能显示出活力和美感。"因此，教师选择和重构学习内容时，要善于用蕴含问题的真实情境呈现学习任务，激发学生积极的学习情感和深度思维的产生。

其三，重塑学习方式。

数学学习怎么学？当前，很多课堂学习还是以"听讲 + 模仿 + 操练"为主要学习方式，还存在着"以听代学""以练补学"等现象，学生的思维活动被导向到回答、印证、记忆标准答案和操作程序等，学习浮于面上，学生被动地、机械地、孤立地记忆所教授的知识，没有主动的深层思考，没有真正理解知识，不会灵活应用知识。转变学习方式是重塑数学学习的关键，促进学生的学习从"被动学习、机械学习、浅层学习"走向"主动学习、意义学习、深度学习"。

学习方式具有多元性，如被动学习、接受学习、主动学习、自主学习、合作学习、探究学习、体验性学习等。美国艺术与科学学院院士、美国亚利桑那州立大学教授季清华（Michelene T. H. Chi）提出了"ICAP 学习方式分类框架"，依据学习者的外显活动或者参与程度，将学习参与方式分成被动学习、主动学习、建构学习与交互学习四种。研究表明，学习者越来越积极参与学习过程，即从被动学习过渡到主动学习、建构学习和交互学习，学习的效能将依次提升。转变学习方式，关键是学生的"学"不能是"喂食式"，核心是导引学生"参与、建构、表达"，提高学习参与深度。具体来说，可以通过具有开放性、挑战性、探索性的"核心问题"和"大任务"，驱动学生"卷入学习"，开展"自学、思考、表达、倾听、提问、讨论、反思"等学习，学习过程充分展开，促进学生"入学、真学、深学"，在挑战中建构，在交互中深入，实现理解的通透、知识的迁移、心智的成长，真正从"浅层学习"走向"深度学习"。

其四，重塑课堂样态。

课堂是学生学习的主阵地。学习内容有多样性，学习者具有差异性，不同的年段、不同的内容、不同的课型就需要有不同的学教方式及其学导路径，因此，促进深度学习的课堂样态也应是多元的。

课堂样态是指课堂上学生学与教师导的学教方式、学教结构等，是实现深度学习的路径与方式。促进学生深度学习的课堂样态可以是多元的，如"问题导学""预学分享""做中学""混合式学习""长程学习"等（如下图所示），每一种课堂样态都具有自身特定的功能、学导路径和适用范围等。教师可以根据学习内容的特点、学生的学习特征等选择适合的课堂样态，撬动学生的"入学、真学、深学"，实现深度学习。

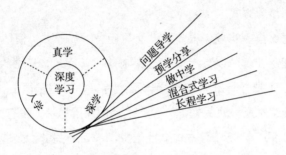

"教学有法，教无定法"，好的教学方法并不唯一，课堂样态也不仅仅局限于以上几种。对于某一学习内容而言，可以选择不同的学教方式进行组合，有效实现"促进学习真实而深度地发生"。

重塑学习，需要重塑学教关系、学习内容、学习方式和课堂样态。本书的撰写围绕上述几个方面展开，上篇"学理探索"篇共三讲，结合当前教学现象分析阐述了深度学习的内涵要义，从"入学、真学、深学"三个维度阐述了学导策略，从学习内容、学教方式、学习任务设计等维度阐述了学导设计的方略，以帮助教师整体把握促进深度学习发生的教学改进方略。下篇"课堂样态"篇共五讲，阐述了"问题导学""预学分享""做中学""混合式学习""长程学习"等五种课堂样态，阐述了每一种课堂样态的要义、学导策略要点与关键技术，并通过典型课例进一步分析，典型课例首先分析"学什么"与"怎么学"，再"微格式"解析学导过程，最后每个课例均围绕"入学、真学、深学"三方面作整体分析解读，帮助教师把握每一种课堂样态的操作要义与策略，推进各类课堂样态的教学实践，促进教师专业成长。

重塑学习，不是推翻，是升级！重塑学习，是重新认识学习，通过教学变革改进学习，少一些听讲、记忆、模仿、操练的学习，多一些理解、重构、发现、顿悟的学习，促进学习真实发生，促进学习从"知识"走向"素养"，从"教会"走向"学会"，从"零散式学习"走向"整体性学习"，从"浅层学习"走向"深度学习"。

是为序。

朱德江

上篇 学理探索

第一讲　深度学习的内涵与意蕴

　　信息化、网络化、智能化时代，知识增长方式发生了质的变化，知识更新速度不断加快，知识总量成倍增加，知识存量在一个人的发展中起的作用逐步减小。在这样一个很多知识只需要"百度"就能知道的时代，学生的学习需要怎样的转变？

　　在数学教学中，我们经常能看到这样的现象：学生在学习新知识时，即使刚学的题都会做，但过一段时间，内容稍一多又混淆不清了，又理不清楚了；教师讲过的题学生都会，但题目变式后就不会了；学生记住了知识，但不能运用知识解决实际问题；有的学生学习也挺努力的，题也做了不少，但数学就是学不好；很多学生学着学着，越来越不喜欢数学。那么，学生经历的是怎样的学习？如何改变这样的现象？如何让学生喜欢学习数学？如何让更多的学生学好数学？数学教学中有很多问题有待破解。

思考一："脆弱知识"现象引发的思考

　　课堂教学中为什么要强调深度学习？我们先看看对学生数学学习进行调研的情况。

　　调研题 1：先测量出下面图形的相关数据（取整厘米数），再分别计算出它们的周长。

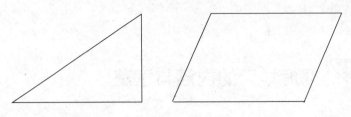

调研对象：四年级。

调研时间：2004 年。

调研情况：本题主要考查学生对周长概念的理解以及测量计算周长。调研时学生的知识背景是已经认识五种平面图形，学过了长方形、正方形的周长计算和五种平面图形的面积计算等知识。调研测试后，抽取样本进行分析，结果令人惊讶，看起来如此简单的题，正确率只有 42%。从卷面看，有的学生面对此题无从下手；有的学生把三角形三条边都量出来了，但不知道如何计算三角形的周长；还有的学生形成了看到三角形就求面积的思维定势，量出有关数据后就计算面积。调研组找一些被试的学生进行访谈，当问及这道题为什么不会做时，很多学生的回答是"三角形周长公式没有学过""我不会"等，当问及周长是什么时，很多学生把"长方形周长 =（长 + 宽）× 2，正方形周长 = 边长 × 4"背得滚瓜烂熟，但其实对周长的概念没有真正理解，以至于三角形的周长都不会计算。

调研题 2：如下右图，把一个平行四边形的框架拉成一个长方形，这个长方形与原来的平行四边形相比，（　　）。

A. 周长不变，面积变小　　B. 周长不变，面积变大

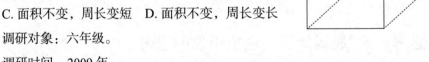

C. 面积不变，周长变短　　D. 面积不变，周长变长

调研对象：六年级。

调研时间：2009 年。

调研情况：本题主要考查学生在平行四边形框架拉动变形过程中，对周长、面积变化情况的理解。选择样本分析，本题的正确率只有 27.6%。学生选 A 的比较多。尽管学生已经会正确计算长方形、平行四边形的面积，也了解平行四边形易变形的特点，但不会观察图式，并灵活应用这些知识分析问题。

调研题 3：圆周率 π 是一个固定的数。请你回忆一下，在数学课上，你们是怎么得出圆周率的？把探究过程简要地写下来。

调研对象：六年级。

调研时间：2012 年。

调研情况：本题主要考查学生对圆周率 π 的理解以及课堂学习过程。抽取样本分析，近一半的学生能比较准确地描述得出圆周率 π 的过程，但有很多学生无法描述探究过程或只写了 3.14，也有一些学生描述了课堂中教师只注重传授结果性知识的情况。

 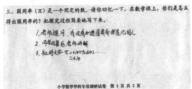

调研题 4：我们已经知道，三角形按角的特点研究关系，可以用右图表示。如果我们按边的特点研究关系，下面第（　　）幅图的表示比较合理。

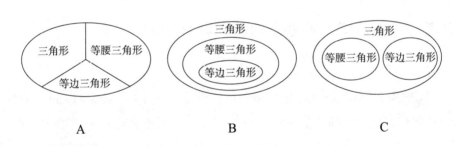

我的理由是：_____。

调研对象：四年级。

调研时间：2015 年。

调研情况：本题主要考查学生对三角形特征的认识水平与分类的理解水平，以及了解学生在三角形分类学习中的基本活动经验的积累状况。从调研结果看，选择正确答案 B 的学生是 74.8%，但能够从边的特殊性角度清楚地说明等边三角形和等腰三角形之间的从属关系的，只有 25.8%。

学生概念、公式背得很熟，基本的习题也都会做，但问题稍一变化或者要说理由，学生就无从入手了。上述这些现象就是美国学者戴维·珀金斯提出的

"脆弱知识综合征"，戴维·珀金斯提出有三种值得关注的知识学习结果 [1]：一是惰性知识，这种知识存在着，却不起任何作用，除非明确提示，比如考试，否则我们不会想到用它；二是幼稚知识，学生在学习后，重新回到早期对问题部分或全部错误的直觉理解状态；三是模式化知识，这是一种问题解决的常规知识，学生机械执行处理事物的方式，只学习解决问题的步骤，而不理解使用这种步骤的原因。这样的"脆弱知识"形成的原因，主要是学生经历的是浅层学习，只是记住了这些知识，没有真正理解知识，也就不会灵活应用知识。只有推动学生真正理解的深度学习，促进学生知识的内化和结构化，实现知识的灵活迁移应用，才能减少"脆弱知识"现象。美国研究学会（AIR）2014 年的研究数据表明："聚焦于深度学习的教学能够显著改进学生的学习成果。相较于接受普通教学的学生，进行深度学习的学生在复杂问题解决、协作、学业投入、学习动机和自我效能等方面均显示出更高水平。"[2] 因此，从浅层学习走向深度学习应是"以学习为中心"课堂转型的关键。

思考二：深度学习的基本内涵与特征把握

深度学习的概念最早是在 1976 年由费伦斯·马顿（Ference Marton）和罗杰·萨尔乔（Roger Saljo）提出的，两位学者在《学习的本质区别：结果和过程》一文中首次对深度学习作了详细阐述。近年来，国内外很多学者对深度学习展开研究并进行论述，但对深度学习的更多关注是在人工智能兴起之后，特别是 2016 年年初，人工智能阿尔法狗在围棋比赛中战胜了人类顶尖围棋高手，更是激发了科技界、教育界等对深度学习的关注。

近年来，关于深度学习的研究日渐增多，不同研究者从不同的角度阐释了深度学习的概念和学理基础。这里不去展开各类关于深度学习的概念描述，而

---

[1] 郝京华.学生可能真的从来没有学会过！请警惕"脆弱知识综合征"[J]. 师资建设，2017（5）：63–67.

[2] 裴新宁，舒兰兰.深度学习："互联网 +"时代的教育追求 [J]. 上海教育，2015（10B）：52–53.

主要从深度学习特征的角度来把握其内涵要义。

深度学习与浅层学习是相对而言的概念，浅层学习是以知识获取和记忆训练为主要特征的学习，而深度学习是一种以知识深度加工、意义建构和深度思维为主要特征的学习。具体可以从学习状态、学习过程、学习结果等维度来描述两者的区别。如下表所示：

表 1.1　深度学习与浅层学习的区别

	浅层学习	深度学习
学习状态	被动参与，低投入。	积极主动，高度投入。
学习过程	学习过程压缩，主要以感知觉、记忆、模仿、操练等低认知水平活动为主，学生的思维活动往往被导向到回答、印证、记忆标准答案和操作程序等，学生被动地、机械地、孤立地接受知识。	学习过程充分展开，主要以理解、应用、分析、推理、综合、评价、创造等高认知水平活动为主，学生主动地、探究式地建构和创生知识，开展深入内容本质的概念理解、原理探究、问题解决等学习。
学习结果	以零散的、孤立的事实性和定论性知识的获得为主，学生没有深度理解知识，也就不会灵活应用知识；认知能力和思维发展较慢。	能深刻理解学习内容，把握知识的本质与联系，能将学到的知识迁移与应用，实现知识的深层加工、深刻理解以及长久保持；"高层次认知能力"和"高阶思维"有效发展。

教学中如何把握深度学习的主要特征，如何判断深度学习是否发生呢？我们认为，根据学习过程、学习状态、学习结果三个维度，从"入学""真学""深学"三个方面把握深度学习的主要特征，如下图所示。

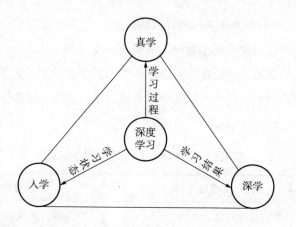

一、"入学"——积极参与·高度投入·主动学习

"入学"指向的是学习状态。"入"为投入，是指学生有积极的学习情感、高度投入学习、主动学习，这是实现深度学习的基础。

学生高度投入学习是深度学习发生的内源动力保障。学生积极投入学习的状态可以用入境、入神来描述。入境，指学生能进入学习情境，积极参与学习，行为投入、思维投入、情感投入等三个方面都能积极投入；入神，是指学生沉浸在学习之中，乃至为之着迷，进入了沉浸其中、绞尽脑汁、忘我学习的学习状态。在这样的学习状态中，基于学习的内在需求和学习兴趣，学生在情境、问题或学习任务导引下"卷入学习"、主动思考，积极参与交流、合作、分享、讨论，并在学习中体会到激动、兴奋、快乐，有利于知识获得与情感动力共生，从而对数学产生美好的情感。也就是说，"这种投入会创造一种自身动力机制，回过头来促进学习更多的东西"[①]。

二、"真学"——行为外显·深度思考·学习进阶

"真学"指向的是学习过程。"真学"是指学习的真实发生，学生真正经历深度加工知识的过程，这是实现深度学习的关键。

---

① ［法］安德烈·焦尔当.学习的本质[M].杭零，译.上海：华东师范大学出版社，2015：4.

"在学习、真学习"是深度学习的基础。如果教学只是一种简单的知识传递，学生没有亲历深度加工知识的过程，往往只是记住了知识，而且很多情况下也只是暂时性记住，没有形成真正的理解和建构，也不会灵活地迁移应用，学生的思维往往发展和改变较少，实质上学习没有真正发生。甚至可以这样说，"当教学被当作一种简单传递时，它便不能引发学习，甚至还会阻碍学习"①。

怎样才是学习的真实发生呢？学习的发生过程是比较复杂的，可以从生物层面、心理层面、社会文化层面、情感层面、认识论层面等很多维度分析。学习真实发生的关键是经历深度加工知识的过程，丹麦学者克努兹·伊列雷斯指出："所有的学习都包含两个过程：互动过程和获得过程，即个体与环境之间的互动过程，以及内部心智获得与加工的过程。只有这两个过程都是活跃的，学习才能真正发生。"② 在这两个过程中，怎样判断学习是否真实发生呢？学生的变化是学习真实发生的标志，一般可以从外显的行为与内化的表现等来观察学习是否真实发生。

（1）有积极参与的学习行为。学习中，学生有认真倾听、记笔记、积极回应、参与讨论、发表观点等积极参与的学习行为。

（2）进入深度思考的状态。学生课堂中专注、投入，"愿想问题，会想问题"，在学习任务驱动下积极付出"认知努力"，有自己的想法，敢于质疑，这些都是真正进入了深度思考状态的表现。学生是否在深度思考，在课堂观察中很容易发现，"如何分辨一个善于思考的孩子？看看他的眼神，你便能知道。眼睛睁得大大的——盯着你，但他关注的真正的焦点并不只在你身上，更在他的思维上。当深入的思考得出结论，孩子的眼睛就会点亮。作为老师我们希望能看到孩子眼睛散发出这种光亮"③。更进一步，如果学生在学习中进入了"沉浸于学习之中，不希望被别人干扰"的状态，那就更是深度学习的表现了。

（3）生生互动。学习是互动的过程，是一个多向对话互动的过程，学生与

① ［法］安德烈·焦尔当. 学习的本质 [M]. 杭零，译. 上海：华东师范大学出版社，2015：16.
② ［丹］克努兹·伊列雷斯. 我们如何学习：全视角学习理论 [M]. 孙玫璐，译. 北京：教育科学出版社，2015：23，29.
③ ［美］林恩·埃里克森，洛伊斯·兰宁. 以概念为本的课程与教学 [M]. 鲁效孔，译. 上海：华东师范大学出版社，2018：7.

教师、其他学生、文本等对话，使学习真实发生。其中，"生生互动"指的是学生围绕学习内容深入思考、对话，学生之间有倾听、有对话、有质疑等。"生生互动"既可以在集体教学中，也可以在小组学习中。特别在小组学习中，如果每个学生都是自说自话，没有倾听、没有互学、没有提问，小组中的学习其实没有发生。

（4）积极表达。语言是思维的外壳，有效的表达是学生学习的有效外显。学习中，学生积极用口头语言或书面语言把自己的想法表达出来，尝试联系已有知识经验解释自己的观点、分享自己的想法，都是学习真实发生的表现。在学生的表达中，有丰富的作品或不同的观点，即使有些学生的作品是粗糙的、不完整的，甚至是有错误的，恰恰是学生真实思维的外化，是学习发生的真正标志。

（5）提出问题。"学习，就是自我发问。只有当个体进入了提问步骤，他才会试图去理解，只有当学习者超越了仅仅记住观察结果的阶段，他的学习才开始发生。"[①]提出问题包括自我发问和向他人提问。

（6）学习进阶。有获得、有学习进阶才是真学。学习进阶体现在内隐的心理变化和学习结果，学习中产生了甄别、理解、顿悟、发现、重构等学习心理反应，改变了自己已有的经验或先有概念，将新知识纳入了思维结构，"学习就是改变自己的先有概念，只有当我们在自身思维系统内对所知进行阐释时，我们才真的在学习"[②]。或者，还可以从脑科学的角度来说，学习发生就是在大脑里面形成了新的连接。

简而言之，在学习中，在问题或学习任务导引下，学生"有参与，有思考，有表达，有发展"，才有学习的真实发生。学习中，经历知识深度加工的过程，思维可见，学习可见，外化于行为，内化于心智，有效实现学习进阶，认知水平和高阶思维能力等有效发展，才是学习真实而有深度地发生。

---

① ［法］安德烈·焦尔当.学习的本质[M].杭零，译.上海：华东师范大学出版社，2015：82.
② 同上：60.

三、"深学"——理解意义·学会迁移·思悟成长

"深学"指向的是学习结果。"深学"的核心是"学深悟透",学生的学习实现了理解的通透、知识的迁移、心智的成长,是实现深度学习的标志。

如何来判断学习结果的深度,我们可以从多个学习理论中找到学理的支持,美国教育学者格兰特·威金斯和杰伊·麦克泰在 UbD（Understanding by Design,"理解为先教学设计"）单元设计中,提出了四个方面的学习目标:知识、技能、理解意义、迁移,并概括为三个层面:掌握知能、理解意义、学会迁移[1]。显然,在这三个层面的学习目标中,掌握知能是基础,而理解意义、实现迁移的学习深度层次更高,也是评价深度学习是否实现的重要指标。如,下表是"三角形面积"三个层面的学习目标。

表 1.2 "三角形面积"三个层面的学习目标

目标	所处层次
知识目标:知道"三角形面积=底面积×高÷2"的计算方法。	掌握知能
技能目标:会正确计算三角形面积,会运用三角形面积计算方法解决相关实际问题。	
"理解意义"目标:能通过一定的方法把三角形转化为平行四边形,并推导三角形面积的计算方法,特别是理解"为什么要÷2"。	理解意义
"迁移"目标:通过剪拼、割补等方法,把未知图形转化为已知图形来探究图形面积的计算方法。	学会迁移

另外,我们还可以运用澳大利亚教育心理学家约翰·彼格斯的 SOLO 分类理论来判断学生学习的掌握程度,约翰·彼格斯将学生的学习结果的水平层次分为前结构水平、单点结构水平、多点结构水平、关联结构水平和拓展抽象结构水平五种水平。[2] 具体如下图所示:

---

① ［法］格兰特·威金斯,杰伊·麦克泰.理解为先模式——单元教学设计指南（一）[M].盛群力等,译.福州:福建教育出版社,2018:18,114.
② ［澳］约翰·彼格斯,凯文·科利斯.学习质量评价——SOLO 分类理论 [M].高凌飚等,译.北京:人民教育出版社,2017:35.

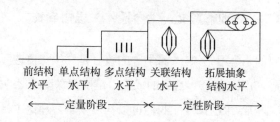

前结构　单点结构　多点结构　关联结构　拓展抽象
水平　　水平　　水平　　水平　　结构水平

←——　定量阶段　——→←—　定性阶段　—→

例如，用 SOLO 分类理论来分析一下"两位数乘两位数"的学习结果。

表 1.3　两位数乘两位数学习结果 SOLO 分析

学习结果	所处水平
不会计算两位数乘两位数。	前结构水平
会用"横式计算"或"竖式计算"等一种方法计算。	单点结构水平
会用"点子图""横式计算""竖式计算""表格计算"等多种方法计算，但不能说清这些方法之间的联系。 14×12 $14 \times 10 = 140$ $14 \times 2 = 28$ $140 + 28 = 168$ $100 + 40 + 20 + 8 = 168$ $\begin{array}{r} 1\ 4 \\ \times\ 1\ 2 \\ \hline 2\ 8 \\ +\ 1\ 4\ 0 \\ \hline 1\ 6\ 8 \end{array}$	多点结构水平
能清晰地解释几种方法之间的联系，如： $\begin{array}{r} 1\ 4 \\ \times\ 1\ 2 \\ \hline 2\ 8 \\ +\ 1\ 4\ 0 \\ \hline 1\ 6\ 8 \end{array}$ 14×2 14×10 $28 + 140$	关联结构水平
能清晰地解释几种计算方法之间的联系及其数学本质，还能将方法迁移到其他多位数乘法。	拓展抽象结构水平

上述两种理论研究成果可以帮助我们判断是否达成了深度学习的目标，同时，我们还期待在深度学习过程中，学生能有更多的思考和感悟，实现素养的生长和心智的成熟。因此，从学生的学习获得来说，实现深度学习最核心的目标是三个方面：理解意义、学会迁移、思悟成长。

1. 理解意义

什么是理解？怎样达到"理解意义"？我们知道，"知道事实不等于真正理解""会背概念不等于理解""会做题不等于理解"。也就是说，知识学习只是停留在表面上，比如仅仅是记住或会简单的技能；形式地记住了某个概念的词句，但不知道概念的本质属性；会套用公式、法则，但不知道公式的来龙去脉，"知其然，不知其所以然"，都还不是真正的理解。

"理解意义"需要学生能调动、激活知识经验，对学习内容加以解释，重新建构其意义，促进知识从"表层符号学习"进入"知识内在的逻辑形式和意义领域"，促进意义与经验的对接，完成知识概念的重构，形成良好的知识结构。也就是说，学习过程中，"寻求的不是背诵已学内容，而希望学习者能用自己的话予以阐述，给出理由证明自己的答案，引用文本支持自己的立场，展示自己的成果或解决方案等"[①]。"只要他们能够用自己的话解释，或拓展建构的意义和技能，进一步加深相关的事实、数据、故事、任务和事件的理解，就能证明他们已经真正获得理解。"[②]

"理解意义"非常强调学生"用自己的话解释"，因为解释可以证明自己是否依据获得理解意义和迁移所学的能力。如上述案例中，"三角形面积"的学习，学生用自己的话解释三角形面积的推导过程，解释"三角形面积计算为什么要 ÷2"，就是达到了"理解意义"的目标层次；再如，"两位数乘两位数"的学习中，学生能清晰地解释"点子图""横式计算""竖式计算"之间的联系，解释其中的算理，也就是达到了"理解意义"的目标层次。而且，我们希望，这样的理解是学生经历"学的过程"，自己学会了知识，实现了已有经验和意义的对接，是自己想明白，自己理解了，这样才有利于知识的长久保持、灵活运用。

---

① [美]格兰特·威金斯，杰伊·麦克泰.理解为先模式——单元教学设计指南（一）[M].盛群力等，译.福建：福建教育出版社，2018：28.
② 同上：68.

2. 学会迁移

"学会迁移"就是将所学的东西用到新的问题情境中，体现在学生理解知识的基础上，能将所学的知识和技能迁移应用，解决新问题或者解决真实情境中的复杂问题。运用学到的知识，识别并解决从未遇见的新问题，简单地说，就是要会"用知识"。美国国家研究理事会（NRC）研究概括出深度学习的本质，即"个体能够将其在一个情境中的所学知识运用于新情境的过程"。①

我们先来看一道调研性测试题的测试情况（测试对象是六年级学生）：

调研测试题：玲玲在整理玩具时，找到了一个直角三角形塑料片和一个长方形塑料片。她测量了有关数据如下图所示（单位：cm）。玲玲想把三角形塑料片从长方形塑料片的空心圆孔穿过去。你认为能穿过去吗？请通过计算说明理由。

我们来看部分学生的答题情况：

4+3+5=12cm   12>8,7以
3.14×2.8= 8.792cm
答:不能穿过去。

14 × 3 ÷ 2=6 (cm²)
3.14×(2.8÷2)²=7.1546 (cm²)
7.1546 > 6
答:不能穿过去

3>2.8 4>2.8 5>2.8
∴在一个圆内,所有的边长都很长。
∴所以,说从哪片的边都穿不过去
答:我认为不能穿过去。

S三: 3×4÷2=6 (cm²)
h: 6×2÷5=2.4 (cm)
2.4cm<2.8cm
答:我认为能穿过去。

从上述学生答题的图片中，可以看到，很多学生遇到这样的陌生问题时无从入手，找不到解决问题的思路，只好乱套公式，有算面积比较的，有算周长比较的，有比较边长的，甚至还有学生被逼急了，答案是"塑料片弯曲一下穿过去"的非数学的方法。只有部分学生能通过"先计算三角形的高，再比较高

---

① 裴新宁，舒兰兰. 深度学习："互联网＋"时代的教育追求 [J]. 上海教育，2015（10B）：52–53.

与圆的直径的长度"的方法解决问题。其实，这道题从知识层面的角度来说难度并不大，但关键是学生想不到从什么角度入手、用什么知识解决问题，迁移应用知识解决问题的能力比较弱。

如何才能有效实现"学会迁移"的目标？关键要引导学生从事实理解上升到概念层面，获得"可迁移的概念性理解"。美国学者埃里克森等提出，从事实到主题再到概念是一个人知识不断抽象的过程，主题和事实无法跨时间、跨文化、跨情境迁移，而概念可以跨时间、跨文化、跨情境迁移。学生一旦习得了概念，在后续遇到相关的问题情境时就会产生有效的迁移。[①]

因此，习得"概念"是理解与迁移的关键，特别是要理解和体悟"大概念"，"大概念"可以是学科核心概念，如位值、十进制、方程、整数、分数、加法、减法、乘法、除法、面积、体积、抽象、推理、模型等；也可以是一些学科重要观点，如"加减法计算的本质就是相同计数单位的数相加减""把未知图形转化为已知图形探究图形面积的计算方法""统计数据和统计图表的选择要根据具体问题的需要""解决问题要基于问题的本质寻找有效信息""点动成线、线动成面、面动成体"等。无论是学科核心概念，还是学科重要观点，这些"大概念"具有聚合事实、主题、经验等作用，帮助学生形成思维框架，促进有效迁移和应用。

3.思悟成长

"思悟成长"是指在学习中有自己的发现、自己的顿悟、自我的生长，或是数学思想方法的感悟，或是数学活动经验的积淀，也可以是对数学价值的理解、数学信仰的感悟、数学理性精神的顿悟、对合作与沟通的体悟，"让隐性知识浮出水面"[②]，从而增知识、长见识、悟道理，实现思维的发展、精神的愉悦、悟性的提升、心智的成熟、深度的自我认知、社会情感能力的发展等全方位的成长，真正实现数学学科的育人目标。"悟"，只有亲历，不可言传，只有经历深度学习才可能实现。

---

① ［美］林恩·埃里克森，洛伊斯·兰宁.以概念为本的课程与教学[M].鲁效孔，译.上海：华东师范大学出版社，2018：25，26，29.
② ［美］戴维·珀金斯.为未知而教，为未来而学[M].杨彦捷，编译.杭州：浙江人民出版社，2015：170.

综上所述，深度学习与浅层学习在学习状态、学习过程、学习结果等方面有明显的差异。深度学习是指学生高度投入学习、主动学习，经历自主探究、深度思考、深究型对话等学习真实发生的过程，实现知识的深层加工、深刻理解以及长久保持，能将学到的知识迁移与应用，获得丰富的、全方位的成长。简而言之，深度学习"深在哪儿"，深在"高度投入学习的状态，学习真实发生的过程，实现理解迁移的结果"，即"深在投入、深在思维、深在理解"，最终实现"深在成长"。

另外，还需要说明两点。一是把握深度学习不能望文生义，深度学习一定不是学习内容的"深"和"难"，更不是把很多课外学习的内容、很多难题搬到课堂中来，而是以课程标准为纲、以教材内容为本，促进学生的学习更真实、更深入，实现知识的深度加工、理解迁移。二是不同年龄段、不同层次的学生都能进行深度学习，都能进入深度学习的状态，关键是如何以有针对性的学习材料、合适的学习任务、适合的学习路径、合理的组织方式等引导学生实现深度学习。

思考三：实现深度学习的课堂转型走向

课堂是学生学习活动的重要场所，传统的课堂以"讲解＋记忆＋模仿＋操练"为主要教学方式，以接受定论性知识为主的积累式学习为主，难以促进深度学习的实现，也难以促进学生高层次思维的发展和能力素养的有效提升。课堂如何转型？如何让课堂里发生真实的学习，少一些"记忆、操练"的教学，多一些发现、理解、重构、顿悟的教学，是当前课堂教学改革亟须解决的问题。

课堂需要转型，教学需要改革。在推进"学为中心"课堂转型的过程中，一些教学改革取得了一定的成效，如有效撬动了"学教结构"的转换，激发了学生的主体性，使更多的学生在课堂上有了存在感。但教学改革过程中出现了很多新的问题，如出现了"注重文本知识教学，忽视学生思维的深度和数学素养的发展""忽视数学学科特征，教学模式单一化，过度重视教学流程与形式""强调了学，忽视了教，教与学失衡""学案过度泛滥，学生负担加重"等现象，不管是"家常课"还是研究课，不管是新授课还是复习课，较多的学习过程还是停留在简单接受、浅层理解、记忆模仿和重复训练的浅层次学习上。同时，在教学改革中，出现了许多有关教学的新名词、新术语，如导学稿、学案、预学单、工作单、活动单、讲学稿、"三环五步"自主学习、"六学"教学模式等，让教师们感觉是雾里看花，难以理清教改思路。

教学改革的核心是从"知识本位"到"能力素养本位"，从"教为中心"到"学为中心"，从浅层学习走向深度学习。推进课堂转型不应仅仅是教学术语的"刷新"，而应真正"以学生的发展为中心"，为学生造就丰富多样的学习经历和学习方式，让学生自己学，自己探索，自己去发现问题、提出问题、分析问题、解决问题。推进课堂转型需要转变师生的角色和行为，要让学生走到"前台"，教师适当"后撤"，教师从"课堂讲授"转向组织学习，变"讲课"为"导学"，追寻"学"与"导"的合理契合，实现形式与内涵的有效结合，促进学生的学习走向深度学习。具体来说，课堂转型的系统变革与走向，可以从以下几个方面把握（如下图所示）。

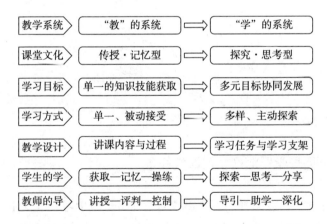

教学系统	"教"的系统	⇒	"学"的系统
课堂文化	传授·记忆型	⇒	探究·思考型
学习目标	单一的知识技能获取	⇒	多元目标协同发展
学习方式	单一、被动接受	⇒	多样、主动探索
教学设计	讲课内容与过程	⇒	学习任务与学习支架
学生的学	获取—记忆—操练	⇒	探索—思考—分享
教师的导	讲授—评判—控制	⇒	导引—助学—深化

思考四：实现深度学习的课堂新样态

怎样的学教方式能促进深度学习的实现？实现深度学习的课堂样态有哪些？是单一的，还是多元的？

学习的真实发生是深度学习的前提。学习方式具有多样性，如自主学习、合作学习、探究学习、体验性学习、做中学、数字化学习、有意义的接受学习等。同样，学习内容也有多样性，学习者具有差异性，因此，不同的年段、不同的内容、不同的课型就需要不同的学教方式及其学导路径。"教学有法，教无定法"，好的教学方法并不唯一，对于某一学习内容而言，可以选择不同的学教方式进行组合，设计出"以学生的学习为中心"的教学。

课堂样态是指课堂上学生学与教师导的学教方式、学教结构等，是实现学生深度学习的路径与方式。在分析、借鉴国内外教学改革现状和经验的基础上，以"数学学科特征"和"学为中心"为思考改革的基石，研发形成了"问题导学""预学分享""做中学""混合式学习""长程学习"等基于不同学教方式的多元课堂样态，每一种课堂样态都具有自身特定的功能、学导路径和适用范围等。教师可以根据学习内容的特点、学生的学习特征等选择适合的课堂样态，撬动学生的"入学、真学、深学"，实现深度学习，具体如下图所示。

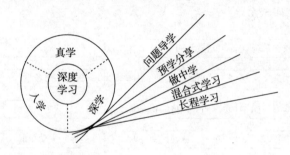

一、"问题导学"深度学习课堂样态

"问题导学"的课堂样态，是以"问题导引学生学习"为基本学教方式的课堂。"问题导学"的课堂以围绕学习目标的一个"大问题"或一组具有一定结构的"问题串"，引领学生学习与思考，引导学习过程的走向和思维活动的深入，促进学习的真实发生，让学生在知识探究中产生自己的体验、理解和思考，从而有效建构知识、发展能力、积淀经验、感悟思想，有效提升学生的数学素养。

二、"预学分享"深度学习课堂样态

"预学分享"的课堂样态，是"基于独立预学的分享讨论式学习"为基本学教方式的课堂。"预学分享"的课堂，强化学生的自主学习，转换学教结构，即先由学生预学，再组织分享学习、解疑释惑、深度互动、针对性帮助等。

三、"做中学"深度学习课堂样态

"做中学"的课堂样态，是"基于'做中学'的体验性学习"为基本学教方式的课堂。"做中学"的课堂以"动手做"为重要学习方式，导引学生在操作、制作、实验、实测等数学实践活动中学习。其中，"做"是关键，"学"是核心，通过动手动脑相结合的方法学习数学的过程，促进活动经验的积累、数学知识的理解、实践能力和探究能力的发展。"做中学"的课堂，可以是正式学习前先布置学生实践，经历充分的体验过程，在此基础上再展开正式学习，也可以课堂上学习与体验过程相结合。

四、"混合式学习"深度学习课堂样态

"混合式学习"的课堂样态，是以"数字化学习环境下线上线下相结合的混合式学习"为基本的学教方式。"混合式学习"的课堂，线上学习与线下学习相结合，有效发挥技术对学生学习的支持作用，适度实现学生根据自己的进度自主学习；"混合式学习"的课堂，记录和跟踪学生的学习轨迹，帮助准确判断学生的学情，更好地组织学生开展针对性学习，更有效展开即时型反馈、交互型课堂交流。

五、"长程学习"深度学习课堂样态

"长程学习"的课堂样态，是指在整体把握学习目标的背景下，通过学习设计，放长学习过程、思考过程、理解过程的学习。"长程学习"的课堂样态，相对于原来以课时为单位设计的学习来说，可以突破课时学习的限制、打破教室学习的边界，采用长周期的、课内课外相结合的方式展开学习。显然，"长程学

习"的实现需要一定时长，可能两三节课，可能一个单元，或者更长的时间，但"长程学习"主要不是指时间的长短，而是"放长学习过程、思考过程、理解过程"，让学生的学习充分展开，能更从容地学习和思考，从而促进知识联系综合、迁移应用，获得更深的理解和更多的领悟，实现深度学习。"长程学习"有多样的实践形态，如大单元学习、长作业、项目学习、研究性学习等。

以上列举了几种常见的课堂样态，但课堂样态并不仅仅局限于以上几种。实施教学时，教师要根据学习内容的特征、学生的学习特征等选择适合的课堂样态，促进学生的"入学、真学、深学"，从而实现深度学习。每一种课堂样态，都有其基本的学教结构、学导策略、关键操作技术以及适用性等，需要教师研究把握，本书的后五讲将分别作具体阐述。

典型课例 ❶：如何实现概念的"意义理解"

——以"百分数的认识"的学习研究为例[①]

本研究以"意义学习，理解为先"的教学为基点，以"百分数的认识"一课的研究为例，基于教材的"情境＋问题串"，顺着"情境问题，初步理解—丰富实例，意义建构—举例拓展，迁移应用"的学习路径，采用问卷调查、课堂观察、作品分析、个别访谈等研究方法，研究"百分数的认识"学习的发生、发展过程，探索实现百分数概念意义理解的策略。

一、研究背景与研究问题

"百分数的认识"是新世纪小学数学六年级上册第四单元第一课时的内容。百分数是在学生学过整数、小数，特别是分数的意义和应用的基础上进行的。本单元内容包括"百分数的认识""合格率""营养含量"和"这月我当家"四节。"百分数的认识"是学习百分数的意义，后三节是百分数的简单应用，在实际应用中深化对百分数的理解，解决简单的实际问题。

"百分数的认识"是一节数的认识概念课，作为"数"概念教学的核心，需要学生能描述其意义，并能结合生活实际解释。百分数在实际生活中有着广泛的应用，对于学生来说，在生活中或多或少都见过百分数，在分数学习中也表示过一个数（量）是另一个数（量）的几分之几，这些都是学生理解百分数的意义的基础。但从教学实践看，学生学完后，很多学生看似理解了百分数的意

---

① 研究团队主要成员为浙江省嘉兴市南湖区教育研究培训中心朱德江，浙江省嘉兴市南湖国际实验学校王建良、王荣、沈强、钟燕、占晓媛、温春梅、费树平。

义，但总是不能用数学语言准确表述百分数的意义。为此，需要思考、理解百分数的意义要关注什么，是让学生按"百分数表示（　　）是（　　）的百分之（　　）的数"固定的格式表述，还是结合具体情境用自己的方式表述对百分数的理解？从以往教学实践看，很多学生即使会用"男生人数是总人数的60%""出勤人数是总人数的98%"这样的语言来说明百分数的意义，但学生的理解还是不深入。

美国当代教育改革专家格兰特·威金斯和杰·麦克泰积极倡导"理解为先教学设计"模式[①]。"意义学习，理解为先"的教学强调了三个不同却相互关联的学习目标：（1）帮助学生掌握重要的知识和技能；（2）帮助学生对知识进行意义建构；（3）帮助学生有效地在新情境中运用所学知识和技能。"意义学习，理解为先"，通过关注知识掌握、意义建构、知识迁移，真正实现知识的"意义理解"。因此，百分数概念的理解重点在于鼓励学生结合具体情境和已有经验，用自己的语言表达对百分数本质的理解，特别是能从两个量的关系解释、假设举例说明、画图表征等多个维度解释，有效促进百分数概念内化，实现百分数概念的"意义理解"。

为了促进学生对百分数概念的"意义理解"，教材用"情境＋问题串"的方式进行了学习过程设计，共设计了四个问题，形成了"情境问题—概念描述—丰富实例—举例拓展"的学习路径，其中，联系实际情境理解百分数概念，重点设计了两个问题：问题1是结合"罚点球"的情境，在思考和讨论"派哪名队员去罚点球"的问题中，从分数引出百分数，体会用分母是100的分数比较大小的简捷方便，并结合情境进一步理解"一个数是另一个数的几分之几"，为理解百分数的含义奠定基础。问题2是结合生活中大量的实例（教材中举了三个实例，再让学生自己举实例），引导学生解读百分数的意义，在实例解读中内化百分数的概念。教材这样的设计能否有效支撑学生的学习，能否有效帮助学生实现对于百分数的意义理解，构成了如下的研究问题。

（1）学生面对教材中设计的"派哪名队员去罚点球"的问题，学生是否能想到用分数比较，进而化为分母是100的分数比较？部分学生想不到"一个数

---

① 盛群力，何晔.意义学习，理解为先——UbD模式对课堂教学改革提出的新建议[J].课程教学研究，2013（8）：20-31.

是另一个数的几分之几"的方法时，教师提供怎样的学习支持?

（2）如何结合对丰富实例的解释促进学生对百分数概念的"意义理解"? 在结合生活中的实例解释百分数的意义时，通过怎样的方式促进学生表达自己对百分数的理解? 学生有怎样的困难? 教师可以提供怎样的学习支持，促进学生百分数概念的意义建构?

（3）教材设计的"情境问题，初步理解——丰富实例，意义建构——举例拓展，迁移应用"的学习路径，是否促使学生达到对于百分数理解的基本要求?

二、研究设计

1.样本描述

本研究的样本学校为浙江省的一所城镇寄宿制学校，生源结构多元，有来自城市的学生，也有来自周边乡镇的学生。本次研究选择六年级两个班的学生。6班作为"预研究"班级，其中30人是独立预学前测调研，6人作为个别访谈对象。5班作为主要研究班级，进行课堂教学、课堂观察与后测等。

抽取的情况如下表所示。

表 1.4　样本班级的情况

班级	样本情况	样本人数 / 人
6 班	独立预学前测调研	30
	个别访谈	6
5 班	课堂观察	35
合计		71

个别访谈是选取了6班的6名学生，包括3名男生和3名女生，分别属于好、中等和相对困难三个层次。为了更好地了解学生学习中的具体情况，在课堂观察环节，将学生分成了9个小组，每个小组4人（有1组是3人）进行观察，每个小组由研究者和班级的数学老师共同商议确定。结合学生平时表现，每个小组由两名相对优秀的学生和两名相对困难的学生组成。

参与课堂观察与访谈的教师为该校数学教师，承担上课任务的教师是校级数学骨干教师。

2.研究思路

本研究是基于课例的行动研究，研究思路如下：

（1）"预研究"。6 名学生的个别访谈和 30 名学生的独立预学前测调研，了解学生学习的基本想法和主要障碍。

（2）教学过程与研究工具设计。以教材呈现的"情境＋问题串"为基本载体，结合学生学情的研究情况进行学与教路径的设计、学习单的设计，以及研究过程跟进的设计等。

（3）教学实施与课堂观察研究。执教教师组织教学活动，9 位教师跟进 9 个小组进行课堂观察，协助收回学习单等，必要时跟进个别访谈。

（4）后测。课后 10 分钟后进行教学后测，了解学生基于"情境＋问题串"背景下的学习效果。

（5）数据分析。对课堂学习单、学生后测的学生作品进行数据统计和分析，从学生学习百分数的认知过程中搜集、分析学生对百分数概念理解水平的发展状况。

（6）撰写研究报告。梳理得出研究结论，给出教学建议。

3.研究工具

本研究主要采用个别访谈、问卷调查、课堂观察、作品分析等研究方法，同时编制了访谈问卷与前测调研卷、课堂观察与"课堂学习单"、后测题设计等研究工具。

（1）访谈问卷与前测调研卷。

个别访谈问卷。访谈提纲主要以教材中呈现的"情境和问题串"为主要访谈材料，逐一呈现教材中的"情境和问题串"，学生先自主阅读，并尝试回答，教师根据学生的反应进行追问，对于学生的表现进行详细记录。

前测调研卷。为了了解大部分学生的学习基础和基于"情境＋问题串"的教材的独立学习的情况，设计了前测调研卷，由学生基于教材独立作答。

（2）课堂观察与课堂学习单。

"学习单"既是学生学习过程中的操作单，也是观察工具，通过"学习单"能分析学生对这类问题的原始思维状态，分析学生知识理解的情况。本节课共设计了四份"学习单"。

（3）后测题设计。

为了解基于教材设计的学习路径效果，学生的学习目标的达成情况，设计了后测题。后测题围绕"理解百分数的意义"的核心目标设计，主要设计了两个问题情境让学生解释百分数的意义。第一题没有提示，主要看在没有提示的情况下学生对百分数意义的理解情况及能从几个维度解释百分数的意义；第二题，提示学生从四个维度考虑，要求学生从不同角度表达自己对百分数意义的理解，除了教学中的三个维度，另外增加了一个维度，了解学生是否能从"求一个数是另一个数的百分之几"的维度解释。测试在课后 10 分钟后进行，测试由学生独立完成，教师不作指导。第一题和第二题的测试单分两次发放。

4.数据的分析

本研究的资料数据分析分为个体访谈资料、课堂观察记录资料和后测资料三种，这些资料和数据工具研究需要进行量性和质性处理，分别陈述如下。

（1）个体访谈资料的数据分析。

根据访谈对象的性别、水平进行编码，访谈过程中全程录像，根据访谈对学生的回答进行定性分析。

（2）学习过程中的资料的数据分析。

在课堂观察环节，学生分成了 9 个小组，每个小组 4 人（有一组是 3 人），由专人进行观察，并负责发放和回收"学习单"，课后分工整理、统计相关数据。研究过程中统计与分析的重点是学生在学习过程中的不同阶段对百分数概念的理解情况。课堂观察过程中全程录像，并整理课堂实录作为文字资料，对学生的回答进行定性分析。

（3）后测资料的数据分析。

学生在经过教材设计的"情境＋问题串"的四个问题的学习后，通过后测题目分析学生学习效果，重点统计分析学生多维度表达百分数的理解情况。

三、研究过程与结果

1.面对"罚点球"情境，学生的思考情况

（1）学生预学情况。

教材的问题 1 呈现一个关于"罚点球"的问题情境，引导学生通过数据分析确定"该选派哪名队员"。独立面对"派哪名队员去罚点球"的问题，学生是否能想到用分数比较，进而化为分母是100的分数比较？部分学生想不到"一个数是另一个数的几分之几"的方法时，教师该提供怎样的学习支持？

根据学生的"学习单"分析发现，面对"罚点球"这个情境，学生能从多种角度思考问题，具体见下表。

表1.5 学生思考问题情况

问题回答情况	类型	人数 / 人（占比 /%）
选派淘气	用考虑进球数与罚球数的关系，并用分数来比较大小。其中有写成两个分数进行比较大小的；通分成分母为100的进行比较大小的；也有已经会用百分数来表示的。	17（48.6）
	用其他方法思考比较的。如从罚球数与进球数的差等角度。	7（20）
选派不马虎、奇思或选两个人	从罚球数、进球数、失球数等单一角度思考的。	9（25.7）
没有答案	没有选择答案或空白。	2（5.7）

从上表的分析中，我们可以看到，学生面对"选派哪名队员"这样的陌生问题时，调动已有知识和经验思考问题的角度是多方面的，有只从罚球数、进球数、失球数等进行思考的；也有从进球数与罚球数的关系角度思考的，用罚球数与进球数的差或商进行比较。其中，从罚球数与进球数的商的角度比较，能用分数来表示的有17人，约占48.6%，学生作品如下。

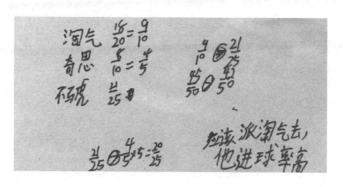

淘气 $\frac{18}{20}=\frac{9}{10}$

奇思 $\frac{8}{10}=\frac{4}{5}$ $\frac{9}{10}$ Ⓧ $\frac{21}{25}$

不虎 $\frac{21}{25}=?$ $\frac{45}{50}$ Ⓧ $\frac{42}{50}$

$\frac{21}{25}$ Ⓧ $\frac{4}{5}\times 5=\frac{20}{25}$ 应该派淘气去,
他进球率高

$\frac{18}{20}>\frac{8}{10}>\frac{21}{25}$

$\frac{90}{100}>\frac{80}{100}>\frac{84}{100}$

答:我认为应该派淘气去,因为他的机率最大。

我把罚球数与进球数看做分母与分子。

但因为分母不同,就通分,变成百分之几,然后再比大小,就知小。

我认为应该派淘气去,因为淘气的罚点球次数多于奇思,虽然淘气和奇思的次进球个数一样多,但不能保证奇思点球满20个后,没进球数等于淘气。

$20\times5=100$ $10\times10=100$ $25\times4=100$

$18\times5=90$ $8\times10=80$ $21\times4=84$

淘 90%   奇 80%   不:84%

还有的同学只从罚球数、进球数或失球数等单一角度进行思考,这些学生需要进行教学支持。

答:我会派码虎去发球,因为他的进球数多,所以他的进球率高。

$18+8+21=47$(球)

$47\div3\approx16$(进球)

（2）课堂交流情况。

基于上述预学情况,部分学生还缺少分析问题的角度,搞不清"需要比较什么才能确定派谁去"的关键思路，有一半左右的学生还不会从"进球数是罚球数的几分之几"的角度思考问题，对"从分数引出百分数"的学习带来障碍。

面对这样的学情，如何组织后续的学习呢？本研究采用了"分享讨论、互相启发"的策略。首先，反馈了一组"从进球数和罚球数的差"进行比较分析的学生材料，也就是比较失误的个数，虽然淘气和奇思失误的个数是一样的，但是总数不一样，使更多的学生慢慢领悟到"不能只看失误的个数，而应该既要看失误的个数，也要看总数"。接着，再反馈"用分数表示成功率"的材料，让学生体会到"用进球数是罚球数的几分之几"更能清晰、简洁地分析问题，并让全班同学再写一写解决问题的方法、思路，帮助每一位学生理解这种方法，并顺势引导出百分数。从学生的"学习单"分析，经过再次分享后，全班31位学生学会了从"进球数占罚球数的几分之几"的角度分析思考问题，会用分数表示结果，并进行比较分析问题。

在学情差异较大的情况下，利用学生的资源（特别是出现的错误），用"分享讨论、互相启发"的策略，能有效激发"生生互动"，促进知识理解。

2.结合丰富实例，了解学生对百分数概念的意义理解情况

教材的问题串3提供了三个典型的百分数，目的是通过引导学生通过解读百分数，理解百分数的意义。三个实例分别是"第六次人口普查结果表明，目前我国男性人口约占总人口的51%"；"今天全校学生的出勤率是95%"；"妙想入学时的身高是1.2m，现在身高是1.5m，现在身高是入学时的125%"。需要思考的是，学习过程中，通过怎样的方式促进学生表达自己对百分数的理解？学生有怎样的困难？教师可以提供怎样的学习支持？

教学时，采用了三个百分数实例分步呈现的方式，并对"人口占比"和"出勤率"两个实例设计学习单，让学生把自己的理解用书面形式表达出来，既能了解学生对百分数的理解情况，也便于对比和分析。同时，为了鼓励学生从多个维度解释百分数的意义，在学习单中从假设举例、画图、根据百分数与分数的关系解释等角度作了提示。

（1）学生初次表示对于百分数理解情况的分析。

教师呈现学习单二，组织学生独立尝试表达自己对"我国男性人口约占总人口的51%"的理解，引导学生根据三个维度的提示进行解读。

学习单二

第六次全国人口普查结果表明，目前我国男性人口约占总人口的51%。

"51%"这个百分数表示什么意思？请试着从以下几个不同的角度来解释。

①先假设总人数。

②画图。

③根据百分数与分数的关系，用文字语言解释。

下表表示的是学生的实际作答情况。

表1.6 "我国男性人口约占总人口的51%"的多维度理解和表征情况

维度 人数与占比 学生表述情况	假设举例		画图		根据关系用语言解释	
	人数/人	占比/%	人数/人	占比/%	人数/人	占比/%
理解（解释）正确，表述完整	21	60	14	40	3	8.6
理解正确，表述或图示不完整	7	20	18	51.4	18	51.4
理解或图示错误	7	20	2	5.7	0	2.9
空白，没有填写	0	0	1	2.9	14	40

我们可以看到，学生对百分数已经有了初步的理解，能用假设举例、画图、根据百分数与分数的关系用文字语言解释等多种方式表征百分数的意义。从数据统计中还可以看到，很多学生在表达自己的理解时，还存在着表述或图示不完整、不理解或理解错误等情况。从三种表征方式比较来看，正确运用"假设举例"和"画图"的方式来表征百分数的学生更多一些，而能根据关系用语言解释的学生少一些。

（2）用"假设举例"的方式理解和表征百分数。

有60%的学生能够正确且完整表述，20%的学生主要只对总人数进行了假设（例如假设总人数有100人，或者假设总人数有1000人），并没有对男性人数的具体数量作出说明，也就是"回答不够完整"。还有20%的学生还不会假设具体数量思考问题。以下为部分学生的作品。

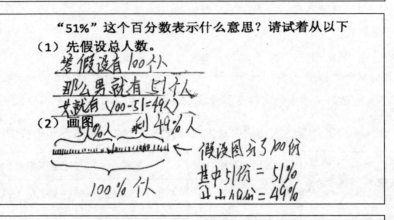

"51%" 这个百分数表示什么意思？请试着从以下几个不同的角度来解释
（1）先假设总人数。
朋没总人数有100人，那男性就是100人中的 $\frac{51}{100}$，两就是51个男性。

"51%" 这个百分数表示什么意思？请试着从以下
（1）先假设总人数。
答假设有100个人
那么男就有51个人
女就有（100-51=49人）
（2）画图 51%人 剩49%人
100%人
假设图分为100份
其中51份 = 51%
另外49份 = 49%

"51%" 这个百分数表示什么意思？请试着从
（1）先假设总人数。
假设有200个人
200÷100×51=102人

基于这样的学情，教师组织同学们进行了交流，交流片段如下：

师：谁来说一说这个百分数表示什么意思？

生1：如果把总人数比作100%，然后把100%化成分数就是 $\frac{100}{100}$，这个51%就是 $\frac{51}{100}$。

师：你听懂他的意思了吗？他在说，这个百分数和分数是一样的，51%和 $\frac{51}{100}$ 是一样的。这是一种解释，还有吗？

生2：表示100人里面有51个人是男的。

师：听明白吗？他想说什么？

生3：他假设全国人口为100人，男性占总人口的51%，100人的51%就是51人。

师：（追问生 3）100 人里有 51 人，那 200 人呢？

生 3：102 人。

师：还可以怎么假设？

生 4：还可以假设总人数为 300 人，那么男性就有 153 人，如果总人数为 400 人，那么男性就有 204 人……

师：他想表达什么意思？你能用一句话来概括吗？

生 5：也就是说每 100 人里就有 51 人是男性。

师：非常好，刚才几位同学都在举例说明这个百分数。也就是说每 100 人里面，男性有 51 人；每 200 人里面，男性有 102 人……

从上述教学过程，可以看到教师并没有停留在仅仅假设总人数为 100 人、200 人、1000 人的情况，而是希望学生体会"每 100 人里有几个男性"。在反馈交流的过程中，教师特别注意让一个人能有多个举例的过程，逐步形成"每 100 人就会有 51 人是男性"的理解。

（3）用"画图"的方式理解和表征百分数。

图式表达比较直观，也是学生比较喜欢的表达方式，有 91.4% 的学生都利用图表示出了对于百分数的理解，只有三位学生不能用"画图"来进行表达。但从课堂上的学生作品看，只有 40% 的学生能准确、完整地表达出"百分数 51%"的意义，有 51.4% 的学生所画的图不完整或表述的意义不到位，很多学生画的图只是以总数 100 人为基础画的，而不是 100% 或 1。以下为部分学生的作品。

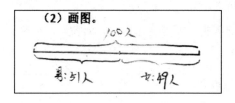

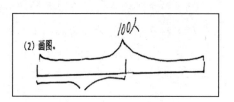

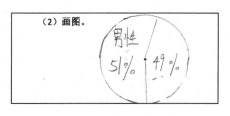

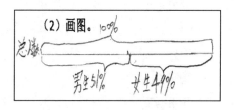

基于这样的学情，教师组织反馈的着力点就是引导学生准确、完整地用图形表示百分数的意义，并促进对百分数的深刻理解。在实际教学中，该教师分三步反馈学生的作品：第一步，呈现用具体人数的作品，引导学生讨论完善；第二步，呈现一幅不完整的作品，再一步步进行完善；最后，呈现几幅画得比较完整的作品，鼓励学生进一步感悟。

通过这样呈现学生不完整的作品，引导学生对作品进行修正，学生经历了多次"补图"的过程，其实就是经历多次完善画图的过程，促进学生的理解由浅显到深入，思考由不完整到逐步完整。

（4）根据百分数与分数的关系解释和表征百分数。

从"学习单二"的统计结果可以看到，鼓励学生根据百分数与分数的关系解释百分数的意义，能清晰地用文字语言表述的学生较少，只有8.6%的学生能够进行正确且完整的表达，这可能也与学生不太理解提示语的意思有关。51.4%的学生考虑到了用分数意义的表述方式去解释，但表述不清楚。以下为部分学生作品。

基于这样的学情，教师注意追问"哪两个量在作比较"，并鼓励学生开展互动交流。

（5）学生再次表达对百分数的理解情况分析。

在"学习单二"学习的基础上，教师呈现"学习单三"，再次鼓励学生从三个角度解释"出勤率是95%"是什么意思。

学习单三

今天全校学生的出勤率是95%。

95%这个百分数表示什么意思？请试着从以下几个不同的角度来解释。

①先假设总人数。

②画图。

③根据百分数与分数的关系，用文字语言解释。

下表为学生的作答情况。

表 1.7 "今天全校学生的出勤率是 95%"的多维度理解和表征情况

维度 学生表述情况	假设举例		画图		根据关系解释	
	人数 / 人	占比 /%	人数 / 人	占比 /%	人数 / 人	占比 /%
理解（解释）正确，表述完整	28	80	30	85.7	21	60
理解正确，表述或图示不完整	6	17.1	4	11.4	12	34.3
理解或图示错误	1	2.9	1	2.9	2	5.7
空白，没有填写	0	0	0	0	0	0

从数据统计和相关学生作品分析可以看到，在"学习单三"中，学生"理解正确，表述完整"的比例有了较大提升，"理解错误"的基本没有了。比如，可以看到有 85.7% 的学生已经能"正确、完整"地用"画图"的方式解释百分数，与教学之前的 40% 相比，已经有了很大的变化。再如，根据关系解释和表征百分数时，从百分数意义本质上解释的多了。

总之，通过"学习单二"和"学习单三"的对比分析，我们可以看到，通过教材情境问题串的学习和教学跟进，学生对百分数意义的理解有了变化，明显地看到了学习的增量。

3.后测结果分析

为了了解学生对百分数意义的理解情况，在课后设计了三道后测题进行测试，具体测试结果如下。

后测题 1：阳光小学的一项调查表明，近视的学生人数占全校人数的 30%。这个百分数表示什么意思？请你从不同的角度来解释，并把解释记录在下面。

本题没有作具体的解释角度的提示，但学生都能从不同的角度解释 30% 的意义，35 名学生中，有 27 人能从举例说明、画图表示、语言表示关系三个角度解释，有 7 人能从两个角度解释，只有 1 人的解释是错误的。也就是有 97.1% 的学生已经理解了该百分数的意义，并能用不同的方法说明其意义，学习效果较好。

后测题 2：根据国家健康体质测试标准，我校学生一分钟跳绳达标率是

97%。"97%"这个百分数表示什么意思？请试着从以下几个不同的角度解释。
（1）假设总人数；（2）画图；（3）根据百分数和分数的关系；（4）97%是怎么算出来的。

本题从四个角度提示学生解释自己对百分数的理解，其中前三个角度是课堂教学中出现过的，学生"正确理解、表述完整或基本完整"的都在90%以上。而第四个"怎么算出来的"的角度是新的，结果有31人"理解正确，并能完整表述"，占总人数的88.6%（学生作答如下），从中可以看出学生对百分数的理解已经比较深入了。

（4）97%是怎么计算得出来的？

$$97 \div 100 = \frac{97}{100} = 97\%$$

（4）97%是怎么计算得出来的？

分钟这炼人数÷全校人数=97%

后测题3：你在生活中还见过哪些百分数？分别是什么意思？（提示：举例后，要写一写这个百分数的意思。）

从答题情况看，能举出百分数例子的有31人，其中19人能完整解释自己举的例子。还有12人解释不是很清晰或不够完整，其中一部分是学生自己举的例子，有的不常见或数量关系不熟悉，而导致解释不清。下面是学生的作答。

2. 你在生活中还见过哪些百分数？分别表示什么意思？
提示：举好例后，要写一写这个百分数的意思。

答 在电脑开机后，会有一些加载，
如：60%
意思是已加载占全部的60%。

2. 你在生活中还见过哪些百分数？分别表示什么意思？
提示：举好例后，要写一写这个百分数的意思。

实际是计划的98%
解设计划100个。
每100个中做了98个。

提示：举好例后，要写一写这个百分数的意思。

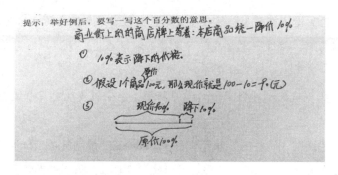

上面三道后测题的结果显示，经过"百分数的认识"一节课的教学后，学生对百分数意义的理解较好，能从假设举例、画图、根据百分数和分数之间的关系解释等不同角度理解百分数，学生达成了教学目标，实现了对百分数概念的"意义理解"。另外，从学习单、后测题的答题情况，看到了学生的思维痕迹，看到了学生学习的增量。

四、研究结论与建议

1.研究结论

（1）面对"罚点球"情境及问题时，学生能从不同角度思考问题，但学生间的差异较大，需要提供适当的学习支持。

学生面对"罚点球"情境及"选派哪名队员"这样的陌生问题时，学生能调动已有知识和经验多角度思考问题，但学生间的差异比较大，近一半学生能从进球数与罚球数的关系角度思考，并用分数比较大小，有利于从分数引出百分数，体会百分数的价值；但也有部分学生只从罚球数、进球数、失球数等单一角度思考。因此，一方面，要相信学生能独立尝试解决问题，鼓励学生独立思考问题，学会想问题；另一方面，要利用学生的差异资源，用"分享讨论、互相启发"的策略，促进知识理解。组织反馈交流时，需要注意选择适当的、典型的反馈材料和不同类型材料呈现的先后顺序。

（2）结合生活中丰富的百分数实例，引导学生从不同角度解释和表征百分数的意义，有利于促进百分数概念的"意义理解"。

面对生活中的百分数实例，学生能从假设举例、画图、根据百分数和分数的关系解释等不同角度解释和表征百分数的意义，但存在理解不深刻、表述不完整等问题，需要教学的进一步跟进，采用"分步呈现典型材料、组织学生反思交流、利用关键语言引导"等教学策略，促进百分数概念的"意义理解"。通过对比可以看到，通过一定方式学习支持和教学跟进，学生对百分数意义的理解有了变化，明显地看到了学习增量与变化。

（3）根据"情境＋问题串"的学习路径，学生能实现对百分数概念的"意义理解"。

教材以"情境＋问题串"为基本思路，设计了"情境问题，初步理解——丰富实例，意义建构——举例拓展，迁移应用"的学习路径，根据课堂观察和后测分析不难看出，学生达成了教学目标，实现了对百分数概念的"意义理解"。

2.教学建议

（1）任务驱动，促进学习的真实发生。

教学中，教师要用好教材问题串1中的"罚点球"的情境、问题串3的"生活中的百分数"等学习材料，用"任务驱动"的学习方式，引导学生先独立思考问题、尝试解决问题或表达自己的理解，让学习自然、真实发生，从而暴露学生的思维过程，有效了解学生的真实学情，并基于学情展开学习过程。

（2）引导学生从多个角度解释和表征百分数，促进百分数的理解。

结合教材中提供的几个生活中的百分数的例子，引导学生通过假设举例、画图、根据分数意义和百分数的关系解释等多个角度、多元表征和解释百分数的意义，促进学生对百分数意义的理解。教师要注意理解所教班级的学情，选择典型作品组织学生交流，促进学生的理解。在根据百分数和分数的关系表征、交流过程中，教师还可以通过追问"百分数与分数的联系与区别是什么？""为什么学习了分数，还要学习百分数？"等问题，引导学生思考、深入理解。另外，教材中还呈现了一个超过100%的百分数："妙想入学时的身高是1.2m，现在身高是1.5m，现在身高是入学时的125%。"部分学生可能会产生困惑，教师要根据班级学情组织学生思考和交流，通过举例等多种方式突破认知障碍，深化对百分数的认识。

（3）联系实际，通过举例深化认识和理解。

百分数的认识要结合生活实例促进理解，除了教材中提供的几个例子，教师还可以让学生自己收集举例，并通过不同的方式，用自己的语言解释，沟通生活与数学的联系。

第二讲 实现深度学习的学导策略

　　学习能否真实而有深度地发生，关键是要调整学与教的关系，从关注教师如何"教"转变为更关注学生如何"学"，变"教"为"导"，以学生的学习为中心组织教学。只有学生自己才能进行学习，别人不可能替代"学"，教师的作用在于启发引导、点拨引领、释疑解惑，真正成为课堂组织者、参与者、引导者，正如陶行知先生所说的："所谓教师之主导作用，重在善于启迪，使学生自奋其力，自致其知，非谓教师滔滔讲说，学生默默聆听。"

　　古人云，"授人以鱼，不如授人以渔"。尽管儿童是"天生的学习者"，但如何更有效地学习却需要后天的学习指导。指导学生学会学习，提高学生的学习品质，主要是帮助学生"掌握适合自我的学习方法、学习进程与结果的自我评估调控、具有较强的学习毅力、养成良好的学习习惯和思维习惯等"，使更多的学生成为能自律、会学习的学习者。

　　学是导的起点和前提，导是学的支撑与延伸，课堂转型要放大学，优化导，让课堂成为充满思考、探索数学的场所，促进学生深度参与、深度思考、深度感悟、深度理解，而不是简单的听讲、记忆和训练。对应深度学习主要特征的三个方面，具体可以从"入学""真学""深学"三个维度把握学与导的策略，真正实现课堂转型。

表 2.1　三维度策略

"入学"策略	"真学"策略	"深学"策略
策略 1：积极学习情感培育。	策略 1：经历"学的过程"。	策略 1：经验与意义的联结。
策略 2：增趣添魅。	策略 2：引动深度思考。	策略 2：建立联系。
策略 3："情境＋任务"导引。	策略 3：深究型对话。	策略 3：聚焦问题长时间思考。
策略 4：小组协同学习。	策略 4：提出问题。	策略 4："大概念"的领悟与迁移。

维度一："入学"策略

学习动机是推动学生进行学习活动的内因，是激励、指引学生学习的动力。影响学习动机的因素主要有学习需要、学习情感、学习兴趣、求知欲、爱好等内部动机因素，还有学习目标、外部激励等外部动机因素。教师要关注学习动机的研究，特别是要把握学生的学习兴趣和学习需要，关注学生的学习情感需求，构建"学生期待的数学课堂"，让学生真正喜欢上数学学习。

学生高度投入学习是学习发生的内源动力保障。学生热爱学习、投入学习的内在动力来自哪里呢？最根本的应该来自人的成长需要，但对学生来说往往来自很多其他的因素，"对学习的热爱很少以自身纯粹状态而存在——诸如取悦他人、父母的赞许、教师的反馈、成功的机会与庆贺、正强化、对主题的兴趣、参与的机会等等其他因素总是一直伴随着这种自主动力"[①]。教学中，要通过积极学习情感培育、增趣添魅、"情境＋任务"导引卷入学习、小组协同学习等"入学"策略，激发学生好奇心、求知欲和探究欲，促进学生热爱学习和全身心投入学习，帮助学生逐步从"外部驱动为主"走向"自我内生动力"，实现知识增长与情感动力共生。

---

① ［美］Eric Jensen，LeAnn Nickelsen. 深度学习的 7 种有力策略 [M]. 温暖，译. 上海：华东师范大学出版社，2010：6.

一、积极学习情感培育

人的学习情感和情绪在学习中起着重要的作用。"成功的学习都必须经历多个元认知的过程,在这其中,情感和情绪都扮演发动机的角色。"[①]学生的学习情感往往受学习环境、任教老师的特点等影响,教学中,要努力让学生获得良好的情绪体验,让学生的情感尽情抒发,逐步培育积极的学习情感。

(1)营造和谐、安全的心理环境。构建民主、平等的师生关系,教师要公正地对待每一位学生、信任每一位学生,对学生多一些赏识与鼓励、多一些尊重与期待,让学生在课堂上少一点压迫感和惧怕感,从而激活学生丰富的情感和学习的自信心,让每一位学生能在课堂中自由地表达自己的思想和见解。

(2)用关爱与激情点燃学生的学习热情。教师要全心关爱每一位学生,教师的微笑、鼓励和表扬会给学生带来快乐和学习动力。教师还要注意自己的教学风格,努力做一位学生喜欢的老师。特别是小学生,因为年龄小,有时就是因为喜欢某个老师而喜欢上了这门学科。有关调查研究表明,学生喜欢知识广博、有经验、有激情、有方法、幽默、常带着笑容、善解人意的老师,老师要不断调整、完善自己的教学风格,要丰富和创新教学形式,要善于调节课堂氛围,一段精彩的演说、一句温馨的话语、一个幽默的故事,一个微笑、一次肯定、一句鼓励,都能引发学生内心真实的感悟和美好情感的产生。

(3)提升"学习成就感"。

学习成就感是学生学习中感到愉快或成功的心理感受,学习成就感对学生的学习很重要,能提高学生的学习自信,更积极地投入到学习中。教学中,教师多搭建合适的"脚手架",多用"正向激励",帮助更多的学生获得学习成就感,特别是学习信心不足的学生,即使一点点的成功体验,也能帮助他们重建积极乐观的愿景和学习信心。比如,为学生提供展示分享自己想法的机会,在分享中获得更多的肯定,还可以让学生"做小老师"讲课或辅导其他同学,类似这样的方法能有效提升学习成就感。另外,还应引导学生"攻坚克难",并提供"针对性助学",帮助学生攻克学习难关,突破学习的坎,感悟成功的快乐和

---

① [法]安德烈·焦尔当,裴新宁.变构模型——学习研究的新路径[M].杭零,译.北京:教育科学出版社,2010:4.

学习之美，提升学习成就感。下面是《估计：一版报纸有多少字》一课的最后一个教学片段。

师：通过今天的数学活动，你的感受是什么？有什么收获吗？

生1：我今天非常高兴，学会了用一定的方法估计一张报纸的字数。

生2：我知道了估计时不能瞎猜。

师：对，不能乱猜。刚才我们同学用一定的方法估计得到的结果，比前面"猜"的结果要准确多了。

生3：我懂得了这样一点，就是遇到困难时要多动脑筋，想出解决问题的最好办法。

生4：我明白了在估计或做事情时，要对自己有信心。

师：说得太好了，做事情有信心是最重要的，要相信自己肯定有办法。

生5：有时光动脑还不够，还可以动手画一画、动笔算一算。

生6：老师，你什么时候再来为我们上课？

对于这样的教学，学生的感受是最真切的，会促进良好的情绪记忆的生成，有效提升学习成就感。

二、增趣添魅

著名数学家陈省身曾为少年儿童题词："数学好玩。"数学是有趣的、好玩的，数学学习也应是快乐的。呵护学生对数学的美好情感，让学生在数学学习中体验"好玩"，感受数学的无穷魅力和学习的快乐，从而对数学产生强烈的兴趣和求知欲，真正使数学学习成为一种乐趣、一种享受，这一点在小学阶段显得尤为重要。因此，"入学"策略的第二个重点是想方设法增趣添魅，激发学生的好奇心和求知欲，促进学生的行为投入、思维投入和情感投入，促使学生把短暂的注意转化为持续的学习动机、旺盛的学习兴趣，从而产生更强的学习动力。

首先，要关注学生的兴趣点和学习需要。学生的生活是丰富多彩的，教师走进学生的生活空间，了解学生在读什么书，看什么动画片，玩什么游戏，寻找学生的兴趣点。特别是要了解学生学习某一特定的学习内容时的兴趣点在哪里，了解学生对于这一学习内容真实的学习需要是什么。在此基础上，可以开展比赛活动、游戏性学习、角色扮演或模仿活动，导引学生自然参与到学习中来；可以通过故事导入、有趣的事件导入等，如借助最新动画片的人物情境编制故事等，吸引学生参与学习；可以讨论一个有趣的数学问题，比如在学习"速度、路程和时间"时，组织学生讨论"人往前走的时候，是鼻子走得快，还是耳朵走得快"的问题；可以利用幽默手法呈现数学问题，比如在比和比例的学习时，给学生展示一些夸张的漫画等。

再如，"角的度量"属于技能性的教学内容，量角器上有中心点、两个方向的 0 刻度、内圈和外圈的度数等，相对比较复杂。要想引发学生的学习兴趣，需要教师对学生学习兴趣点的准确把握和情境的精心创设。教师立足于学生的生活经验，精心选择了学生喜闻乐见的"滑梯"的情境（如右

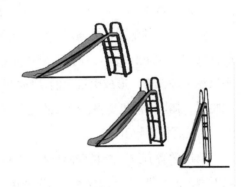

图），使学生的学习兴趣盎然。同时，又在"滑梯"中蕴含了角的大小的数学内涵，用有结构的材料激起学生对角度大小的关注，指向明确，巧妙地引出了课题，激发了学生的好奇心和求知欲。

其次，要导引学生感受数学的魅力。从内部动机激发的维度来说，关键是让学生感受数学的魅力，感受数学学习本身带给学生的积极情感体验，激发内在学习需求，形成长期的学习动机。一方面，教师要精心设计和创新教学，创设现实的、有意义的、具有挑战性的问题情境，提高学习任务的新奇性、活动性、多样性和挑战性，以任务导引学生"卷入学习"，形成沉浸其中的高度投入的学习状态，体验由解决挑战性任务带来的兴奋和愉悦。这样，让学生对数学学习产生挑战性期望，对每天的数学课堂有一些期待。另一方面，要紧密联系生活情境，丰富学习内容，强化综合学习、实践学习、项目化学习等，导引学生体会数学的丰富性，体会学习中"理智的欢乐"，形成持久的学习动力。

三、"情境+任务"导引

学生怎样才能进入深度学习的状态，最好的办法就是让学生"卷入学习"，甚至进入绞尽脑汁、沉浸学习的状态。而"做数学"是促进学生"卷入学习"的重要方式，正如荷兰数学教育家弗赖登塔尔所说："数学学习是一种活动，这种活动与游泳、骑自行车一样，不经过亲身体验，仅仅从看书本、听讲解、观察他人的演示是学不会的。"

因此，教学中，要用"情境+学习任务"导引学生"做数学"，促进学生"卷入学习"。教学中，要通过创设问题情境，并以一个个开放性、探索性、挑战性的"高认知水平学习任务"为学习支点，导引学生"卷入学习"，驱动学生积极思考和探究，形成深层次的认知参与和积极的情感体验。当学生解决情境问题时，其学习动机更强，学习的程度更深，学习的获得更多。

1.问题情境导引

德国学者有过一个精辟的比喻："将15克盐放在你的面前，无论如何你难以下咽，但当将15克盐放入一碗美味可口的汤中，你早就在享用佳肴时，将15克盐全部吸收了。情境之于知识，犹如汤之于盐。盐需溶于汤中，才能被吸收；知识需要融于情境之中，才能显示出活力和美感。"符号化的知识往往需要在情境中才能体现其意义，特别对于抽象思维能力还比较弱的小学生来说，更需要将"去情境"的符号化数学还原为知识发生、发展的情境，用蕴含真问题的情境呈现学习内容和任务，激发学生真实思维的产生，帮助学生理解这些知识是怎么来的，又可以用在哪些地方。问题情境可以是基于解决真任务的现实情境，也可以是蕴含"真问题"的数学情境。

下面是"数据的整理与分析"一课中的两个情境：

情境1：呈现所教班级五（1）班学生和另外一个班学生真实的1'（1分钟）仰卧起坐成绩（数据来源每年度的《国家体质健康测试》），呈现时，先呈现部分学生姓名和成绩，再隐去姓名，呈现下面两个表格，上边为五（1）班的，下边为五（3）班的。（单位：个）

表 2.2　五（1）班男生成绩

34	62	54
40	40	36
47	39	45
36	33	51
46	50	48
50	41	38
66	31	

表 2.3　五（3）班男生成绩

30	32	50
42	51	43
58	41	56
38	36	38
50	60	52
45	61	40
33	36	

　　呈现真实情境后，组织学生讨论问题：如何衡量这两个班男生的 1′ 仰卧起坐水平呢？可以从哪些角度通过数据分析比较呢？教学中，学生基于参加体质健康测试的经验和自己的成绩，提出了比最高和最低、求平均数、比优秀人数、比得分等多个方案，然后讨论各种方案，并从"比优秀人数"切入"分段整理数据"的讨论，再从"比得分"体会"分段"的进一步细化。因为是自己有切身体会的真实数据统计，学生积极参与讨论，理解逐步深入。

　　情境 2：呈现五（1）班学生身高情况汇总表。

表 2.4　五（1）班学生身高

138	149	142	148	156
152	157	137	152	145
137	135	143	131	139
158	141	137	137	157
158	146	156	145	147
156	136	151	153	148
144	155	148	149	160
134	145	147	152	

呈现学生身高数据后，组织学生讨论：

身高是服装厂做校服时的重要依据，你认为服装厂确定校服型号时，下面哪种分段确定型号和整理统计数据的方式比较合适？

A. 每 5 厘米一段　　　B. 每 10 厘米一段　　　C. 每 1 厘米一段

在学生结合自己的生活经验和理解讨论过程中，教师继续呈现新的信息：某服装厂的订单，订单显示"春秋装规格是 5 厘米为一段，冬装规格是 10 厘米一段"，进一步组织学生深入讨论、理解。

在这节课的教学中，教师创设了一个真实性较强的问题情境，先后呈现学生 1′ 仰卧起坐的成绩、学生的身高等真实的数据，以"如何衡量两个班男生的成绩水平""如何确定服装的型号"等问题为导引，引导学生整理数据、分析数据，阐述自己的观点和思考。由于真实的数据、适切的问题，与学生的生活经验有效对接，学生的思维非常活跃，在对话、讨论、思考中，学生的数据意识和理性思辨能力得以有效提升。

2. 学习任务促发"卷入学习"

学习任务是启学引思、导学引教的有效载体。课堂教学可以一个个学习任务为学习支点导引学生"卷入学习"，特别是选择或设计一些开放性、挑战性、探索性的学习任务，驱动学生"做数学"，自然卷入学习过程，人人参与，积极思考，促使思维活动逐步走向深入。

例如，"三角形三边关系"的学习任务设计与教学片段。

在引导学生基于生活情境初步发现"三角形任意两边的和大于第三条边"的规律后，设计了一个引导学生进一步验证的学习任务："下面请每一位同学画一个三角形，也量一量、算一算，看是否所有三角形都具有这样的特征。会不会存在不符合'任意两边的和大于第三边'这样特征的三角形呢？"

学生独立画三角形，量一量，算一算。课堂生成了丰富的学生作品，有符合特征的，也有学生画出了"特殊三角形"。

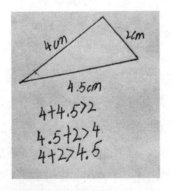

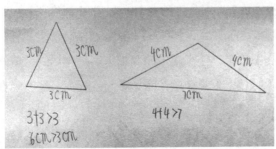

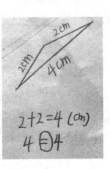

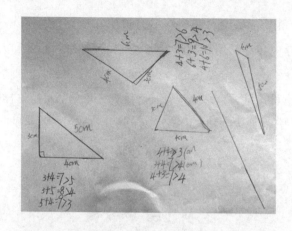

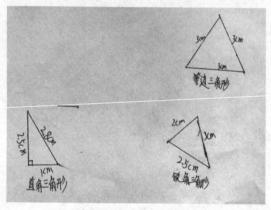

　　从这些学生作品中，可以看到在"每一位同学画一个三角形，量一量、算一算，看是否所有三角形都具有这样的特征"的学习任务的驱动下，全体学生"卷入学习"，都能完成"画一个三角形"的探究任务，其中大部分学生在练习纸上呈现了完整的"画、量、算"的探究过程，特别是还有部分学生画了多个三角形（如上面最后两幅学生作品）。从"思维痕迹"看，是在画各种类型的三角形探寻规律，或者在寻找"是否存在特殊的三角形"，学生深度"卷入"了数学探究过程，学生的学习逐步走向"深度学习"。其次，在结合学生"有测量误差"的作品讨论"是否存在不符合'任意两边的和大于第三边'的三角形"的环节，在学生作品的引动下，学生思维非常活跃，参与度很高，精彩观点、思维碰撞不断涌现，学生的学习真实发生了。

四、小组协同学习

班集体教学的背景下，面对相对较多的学生以及课堂有限的时间，教师一般难以给更多的学生表达交流的机会，难以对有困难的学生给予更多的指导等，而以小组为单位的协同学习，在有限的时间内提供更多的分享讨论的机会，学生面对自己的学习伙伴，发表自己的见解会更加自由一些，学生之间互学、互问、互助，不同层次的学生得到不同的发展。"学习者在小组学习时取得的进步不可能在独自学习时获得。在课堂上，学生对于同一事件往往只能提出一种解释，也就是他最赞同的解释。但如果是两人或多人一组，就会出现各种各样的想法，这些想法是相互独立的，个体的先有概念就会产生动摇。小组的动力机制会促进个体修正自己的想法和理解环境的方式。"[①]日本学者佐藤学也曾提出：真正的学习是协同学习。

当前教学中，也有教师经常采用小组学习等学习方式，但我们经常可以看到这样的现象：有时教师提出问题后，学生没有深入思考就参与小组交流，分享交流时很多学生无话可说或说一些很浅层次的话，表面上热热闹闹，却没有实质内容，学生没有真正投入学习，没有真正引发信息交流、观点碰撞，学习也就没有深度发生。

1.独学思考先行

可以说，没有学生的独立思考，小组协同学习就会难以展开或流于形式。教学中，教师要引导学生在深入思考的基础上参与小组学习。可以利用学习单等形式引导学生先独学思考、尝试解决问题等，再在组内开展分享讨论。如在"长方体和正方体的特征"的教学中，在提出研究问题后，教师给了学生操作探索的时间和空间，引导学生通过操作等方式探究长方体和正方体的特征，再在小组内分享、交流、讨论，学生在协同学习时就有话可讲，其他学生的思维也能跟上分享交流的进程，容易听懂其他同学的观点，并参与讨论。

2.建立协同学习规则

为了提高小组学习的效果，需要建立一些小组协同学习的规则，并进行必

---

① ［法］安德烈·焦尔当.学习的本质 [M].杭零，译.上海：华东师范大学出版社，2015：84.

要的培训，引导学生学会在小组内通过分享、交流、追问、质疑等方式深入学习。如需要建立分享的规则、倾听的规则、讨论的规则等，下面是一则改编的"小组协同学习顺口溜"，帮助学生把握好小组学习的规则和方法。

小组协同学习顺口溜

小组学习靠大家，人人要把规则记；

组内成员互相学，分工合作效果好。

依次发言有规则，自我把控轻声说；

说明观点要简明，有理有据说清晰。

听取发言要专心，对比反思多回应；

求助别人要诚心，热情帮助耐心讲。

说服别人把理表，态度诚恳不嘲笑；

质疑之前多思考，深入讨论共发展。

另外，不同的小组学习活动，如"自学展示分享""问题探究讨论""练习检测巩固"有不同的小组协同学习的方式，为了有序地组织小组学习，使组内协同学习真正发生，在小组学习的初始阶段，可以通过确定小组长等方式组织学生的学习，并对小组长进行培训。例如，如何组织小组成员自主学习、合作讨论、组内讲解，如何分配探究任务，如何让每个成员都有机会参与学习过程，如何推选发言人并作分享准备等。

3."听·说·问·教"协同

小组协同学习发生的标志，是小组内有互相说、互相听、互相问、互相教等多元学习行为的发生。在当前的一些小组学习中，往往能看到学生说，但学生之间的倾听和深入讨论不够。因此，要引导学生不仅要说出自己的观点，更要倾听别人的观点，只有听清楚了别人说了什么，才能作出回应，如肯定、追问、质疑等。要鼓励组内成员发表自己的观点，当小组中的每一个学生发表自己的观点，听到不同的声音，才标志着真正讨论的发生，才更有利于促进深度学习。另外，要引导和鼓励学生不仅说出自己懂的、会的内容，更要大胆地说出自己不会的和有疑问的内容，并寻求组内成员的帮助，而组内的其他成员也能主动、热情地用适当的方式予以帮助，起到"小先生"的作用，也是协同学习发生的重要标志。

维度二:"真学"策略

"真学"是指学习的真实发生,实现"真学"的前提是"在学习",教师就必须有"让学"的意识,让学生的学习有充分的学习时空。"重教太过"很难实现"真学",正如陶行知先生曾经说过的一段话:"先生只管教,学生只管学,好像是学的事情,都被教的事体打消掉了。论起名字来,居然是学校,说起实在来,却又像是教校。这都是因为重教太过,所以不知不觉地就将教和学分离了。"

教学中,通过经历"学的过程"、引动深度思考、深究型对话、学会提出问题等"真学"策略,导引学生经历深度加工知识的过程,经历知识的"炼制"过程,正如安德烈·焦尔当等提出的:"我们的教育情境必须持续地激发学习者去理解、去探索的愿望,我们需要制造工具,促发知识的对质、再形成和调用,只有这样才能炼制出能持久存在并可阐明的意义。"①

一、经历"学的过程"

荷兰著名数学教育家弗赖登塔尔说过:"学习数学的唯一正确方法是实行'再创造',也就是学生本人把要学的东西自己去发现或创造出来,教师的任务是引导和帮助学生进行这种再创造的工作,而不是把现成的知识灌输给学生。"数学学习过程不是让学生被动地接受教材或教师给出的现成结论,而是要让学生经历知识的"再创造"过程,使数学学习成为学生积极参与的、生动活泼的、富有个性的过程。这样的"学的过程"开始时虽然进展较慢,但学生对概念的理解非常充分,并能加速后续的学习进度。

---

① [法]安德烈·焦尔当,裴新宁.变构模型——学习研究的新路径[M].杭零,译.北京:教育科学出版社,2010:2.

沃特海梅尔也曾做过这样的研究[①]，学习平行四边形面积公式时，让两组学生分别采用"理解法"学习和"死记法"学习。前者学生通过"割补法"理解平行四边形可以转化成长方形，内化理解平行四边形面积公式的意义及平行四边形本身结构的关系。后者学生则要求直接记忆平行四边形面积计算公式。在随后的测试中，在一些解决平行四边形面积的典型问题上，两者都表现出色。但对一些非常规问题（如竖置的平行四边形、带有不规则割补的平行四边形），前者表现出色，而后者遇到了困难。显然，"学的过程"对能否达成"理解与迁移"有较大影响。

1.坚守"学生立场"

教学要变革教与学的关系，让学生真正走到学习的"前台"，真正成为教学的主体；教师适当"后撤"，教师的角色要从"课堂讲授"转向"组织学习"，甚至是"上着上着教师不见了"。教师要用自己的"退"换来学生的"进"，站在学生的身后支持学生的学习。

2.允许"慢"的教学

经历"学的过程"有利于学生理解所学的知识，特别是数学学习中一些核心概念的学习，更应适当慢一些，以"抛物线型"的学习为主，让核心概念的学习过程慢一点、深一点，学生理解、感悟才能透一点。例如，一位教师在听了我执教的"三角形的三边关系"一课后，写下这样一段话："在我看来，这节课的学习过程像是一场解密过程，让学生发现问题，并在大胆猜想、质疑、寻找证据的过程中更接近真相，得出真理。令我印象最深的就是老师的'慢教育'，对于学习中出现的问题不急于揭露，不急于纠正，不急于下结论，而是慢慢引导，给学生思考时间，给学生发现和探索的时间，给学生纠正错误的时间，慢慢地，让学生自己去学，自己去发现，老师只是引导者。"

3.展开"学的过程"

教学要充分展开"学的过程"，导引学生经历从不会到会的过程。通过设计丰富的学习活动，引导学生充分经历观察、操作、想象、描述、思考、交流、分析、推理、表示等活动过程，增加个体劳动量，增强学的自主性，实现每个学

---

① 转引自［美］布朗斯弗特等.人是如何学习的［M］.程可拉等，译.上海：华东师范大学出版社，2013：50.

生的真正参与。课堂中，学生有时间用不同的学习方式展开学习，有倾听、阅读、表述、讨论、交流、讲解、练习、实践等。

不同的学习设计引发不同的"学的过程"，例如，下面是"三角形面积"教学的三种不同的学习设计。

第一种：用 PPT 演示直接讲解三角形面积计算公式。

第二种：让学生准备好两个完全一样的三角形，引导学生通过拼成平行四边形，推导出三角形面积计算公式。

第三种：为学生提供多种学习材料（如方格纸、多种形状的三角形、割补法的学习单等），引导学生用转化的方法得出三角形面积的计算方法。

上述三种不同学习设计的学习空间是不同的，第一种显然主要就是教师的"讲"，没有学生的思维空间，"学的过程"也就匆匆而过；第二种有了学生自己的操作活动和思考过程，但总体思维空间也不大，"学的过程"基本就是"指令性行动"；而第三种学习任务设计，则提供了较大的思维空间，引导学生自主探索三角形面积计算方法，同时通过多种学习材料的提供给予学生一定的支持，这样的设计能让学生充分经历"学的过程"，学习活动也更厚实一些。一位教师基于第三种设计组织学生探索后，学生出现了多种推导三角形面积计算公式的方法。

方法 1：一组学生上台操作，把两个相同的三角形拼成一个平行四边形，并用文字记录。

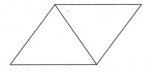

生讲解：我们把两个相同的三角形拼成一个平行四边形，平行四边形的底等于三角形的底，平行四边形的高等于三角形的高，因为这个平行四边形是由两个三角形拼成的，所以平行四边形的面积是三角形面积的 2 倍，根据平行四边形面积 = 底 × 高，所以三角形面积 = 底 × 高 ÷ 2。

师：你们都听懂了吗？小组内再说一说。

师：还有其他转化的方法吗？

方法2：生（呈现如下图）：把三角形转化成一个长方形，长方形的长就是三角形的底，长方形的宽就是三角形的高。三角形的面积就是长方形的一半。

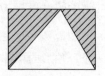

师：他的方法谁看懂了？

生：（一边操作一边讲）他的意思是用两个相同的三角形，把其中一个三角形沿它的高剪开，拼在另一个三角形的边上，把它们拼成一个长方形，长方形的长就是三角形的底，长方形的宽就是三角形的高。长方形面积是三角形面积的2倍。

师：刚才我们用两个三角形转化成平行四边形或长方形来推导三角形的面积公式，还有其他方法吗？

方法3：

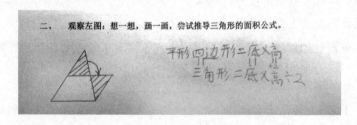

生：像这幅图那样，可以沿着两条腰的中点剪下来，然后拼到下面来，就成了一个平行四边形。这个平行四边形的面积就等于三角形的面积。

师：怎么推导呢？

生：平行四边形的面积是"底×高"，而这个平行四边形的高是原来三角形的高的一半，所以这个平行四边形的面积是"底×（高÷2）"。三角形面积等于这个平行四边形面积，所以"三角形面积＝底×高÷2"。

师：太好了，刚才同学们用不同的方法推导出了三角形面积的计算方法，其中有一个共同的地方，就是都用了"转化"的方法，把三角形转化成已知图形，再根据已知图形的面积计算方法推导出三角形的面积计算方法。

从上述教学过程可以看到，因为学习设计给学生留了较大的学习空间，把空间开放给学生，"学的过程"展开充分，学生的差异、多元与丰富就呈现出来了，出现了多元的推导三角形面积的方法，并充分体会遇到新问题时可以用"转化"的方法解决。

另外，上述学习设计中，教师组织学生学习时，采用了提供学习材料、学习单等方式给予学生探究知识一定的提示。如果班级学生的探究能力强，学习空间还可以更大一些，即不作提示，直接让学生自己想办法探究三角形面积，"学的过程"的展开会更充分一些，学生会有更不一样的收获。

二、引发深度思考

深度思考是深度加工知识的关键，是实现深度学习的重要支撑。"耗费心血的学习才是深层次的，效果也更持久。不花力气的学习就像在沙子上写字，今天写上，明天字就消失了。"[①]数学学习中，要引导学生运用思考问题的方法，付出"认知努力"，专注、全身心投入思考和探究，形成勤于深思、细研的思维品质，锤炼自己深度思考的能力。

1.高认知水平任务导引深入思考

高认知水平任务为学生提供了知识深度加工、推理、意义理解和问题解决等机会，能有效启动深度学习，特别是具有开放性、挑战性、探索性的"高认知水平学习任务"，能激发学生在解决一个个学习任务的过程中自然卷入学习进程，驱动学生积极探究和深度思考，层层深入，引导课堂学习的走向和思维活动的深入，从而有效建构知识、培养能力、积淀经验、发展思维、感悟思想。

在具体设计学习任务时，可以借鉴 1997 年美国教育评价专家韦伯提出的"知识深度"（Depth of Knowledge）理论，简称"DOK 理论"，DOK 理论和方法指向教学任务、活动和任务的设计，DOK 将学生的认知水平分成四个等级，使得教育实践者能够设计有质量、促进学生深度学习的教学任务、活动和问题，具体如下表所示[②]。

---

① ［美］彼得·C·布朗等.认知天性——让学习轻而易举的心理学规律 [M].邓峰，译.北京：中信出版集团，2018：4.
② ［美］诺曼·E·格朗伦德，苏珊·M·布鲁克哈特.设计与编写教学目标（第八版）[M].盛群力，郑淑贞，冯丽婷，译.北京：中国轻工业出版社，2017：68，197.

表 2.5 认知水平的四个等级

DOK	认知水平分级描述
水平 1: 记忆	要求学生能回忆或重现事实、定义和术语。还包括简单的一步程序以及简单的计算。这一水平的动词有：辨认、回忆、认出、使用、测量等。例如： •回忆或识别事实、术语或特征； •用词语、图示或者符号来表达数学对象和关系； •完成常规的程序，例如开展测量。
水平 2: 技能 / 概念	要求学生会考虑如何确定解题的思路，进行比较、分类、组织、估算和排序等，一般涉及两步程序。这一水平的动词有：分类、组织、估计、观察、收集和展示（资料）、比较。例如： •明确和解释事实、术语、特征或者运算之间的关系； •依据标准和解题要求来选择程序； •解答常规的多步骤问题。
水平 3: 策略性思维	要求学生推理、计划或者应用证据来解题，其中涉及多种解决方案或者结果。要求学生重新思考问题的各个要素及其之间的关系，包括从观察中得出结论，引用证据和提出逻辑依据，运用概念解决非常规问题。例如： •分析异同； •依据给定情景形成一个原创性问题； •面对复杂的情景形成一个数学模型。
水平 4: 拓展性思维	要求复杂的推理、计划、开发和思维能力，一般来说要求延长时间来解题，但主要不是用在再现性任务中，要求学生做出多种联系并运用一种方法来解题，对数据进行重构，提出并评估解题的标准。例如： •应用数学模式来图示问题和情境； •实施一个项目来界定问题，提出计划、解决问题和报告结果； •设计一个数学模型来说明和解决一种实际的或者抽象的情境问题。

从 DOK 理论看，教师在进行学习活动与学习任务设计时，需要从学习内容和学生特点出发，设计具有不同认知水平要求的活动，要防止适合"策略性思维"的学习任务下降到"技能"甚至是"记忆"。

如下面是"三角形认识"单元复习课的一项"策略性思维"水平学习任务设计，驱动学生的深度思考。

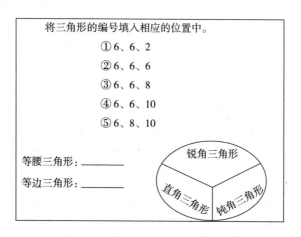

在"三角形"单元复习中，教师设计了一个具有挑战性的学习任务，要求学生根据已知的三边的长度，判断是什么类型的三角形，并将相应编号填入相应的位置。对于等腰三角形、等边三角形的判断难度不大，关键是根据三条边的长短判断"按角分类的三角形"，对学生来说具有很大的挑战性，学生需要根据三条线段的长度，通过想象、推理、操作、验证等活动解决问题，在这样的活动过程中，一个个动态的三角形会进入学生的脑海，有效启动了学生的深度思考，并发展空间观念。在实际教学中，在高认知水平任务的驱动，学生的灵性和智慧被激发，学生首先解决了容易确定的三角形，如"6、6、2"和"6、6、6"是锐角三角形，"6、6、10"是钝角三角形，在讨论"6、6、8"时，有一位学生说："我用了画的方法，我先以 6 厘米和 6 厘米为三角形的两条直角边，再把第三条边连起来，量出长度约 8.5 厘米，这样现在已知的第三条边是 8 厘米，比 8.5 厘米小，所以'6、6、8'肯定是一个锐角三角形。"学生结合图形的特征，创造性地用自己的方法解决了问题。

再举一个高认知水平任务的例子。

下面点子图中每 4 个相邻的点子形成的小正方形面积都是 1，用直线段任意穿过一些点画一个封闭的图形。请你研究这样的封闭图形面积与图形每条边穿过的点子数以及内部包含的点子数之间的关系。你有什么发现？你能用公式表述你的发现吗？

本学习任务是一个具有开放性、挑战性的任务，教学时，引导学生先独立探索，自己尝试画出一些图形，并列表记录有关数据，如下表所示：

表2.6　记录数据

面积	0.5	1	2	3	3	4	4	6	9	16	
穿过的点子数	3	4	6	8	6	10	8	10	12	16	
包含的点子数	0	0	0	0	1	0	1	2	4	9	

在此基础上，引导学生合作交流，并尝试寻找规律，逐步发现和归纳规律，得出：图形面积 =（穿过点子数 −2）÷2+ 包含点子数。这样的学习过程，在高认知水平学习任务驱动下，学生经历了观察发现、归纳概括、公式表示等思维过程，总结建构蕴涵的数学模式，并体会探究数学的乐趣。

2. 学会"有方法地思考"

学生是否能有效进行深度思考，非常重要的一点是学生能否"有方法地思考问题"。首先，引导学生学会运用观察、比较、分析、综合、抽象、概括、判断、推理等基本的思考问题方法。其次，引导学生学会运用一些思考问题策略，比如，波利亚的"怎样解题表"中有一些常用的策略：选择一种运算，发现一个模式，制作图表，做一个有组织的列表，画图与列表，猜测、检验和修正，逆向反推等；再如加拿大的一套教材中提出了 10 种思考问题的策略，具体如下图所示①：

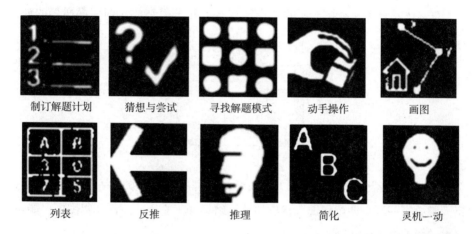

| 制订解题计划 | 猜想与尝试 | 寻找解题模式 | 动手操作 | 画图 |
| 列表 | 反推 | 推理 | 简化 | 灵机一动 |

教学中，要有意识地引导学生运用这些方法策略，逐步成为学生解决问题时的思维习惯。比如，"模拟操作"的策略，对于一些较复杂的问题，可以借助人或物模拟问题情境，使不易理解的问题变得生动具体。如这样一个问题："小军去游泳池游泳，他在泳道内游了两个来回，共游了 100 米，这个游泳池的泳道有多长？"在这个问题中，"两个来回"的理解是解决这个问题的关键，可以让学生用"走一走"的方式模拟情境，也可以用物体代替，进行情境模拟，帮助学生理解"两个来回"实际上就是 4 个泳道的长，从而突破问题解决的难点。

3. 发展思维品质

学生能深入思考问题，还有一个关键要有良好的思维品质，包括思维的灵活性、广阔性、敏捷性、深刻性、独创性、批判性等，学会更合乎逻辑、更有

---

① 胡光娣. 加拿大课程故事 [M]. 福州：福建教育出版社，2007：120.

条理、更严密、更精确、更深入地思考问题和解决问题。数学是锻炼思维的体操，教学中，少一些单纯训练知识技能的问题，多一些发展思维的问题，帮助学生学会从不同的角度思考问题，发展思维品质。下面列举一些问题或习题以作示例。

题1：一块正方形的硬纸板，剪去一个角后，还剩几个角？

题2（选择题）：经过同学们的共同努力，这次全班数学期末检测的合格率达到了（   ）

A.120%   B.96%   C.30%   D.2%

题3（选择题）：在下面的三个装有水的杯子里都放入两勺同样多的糖，（   ）杯最甜？

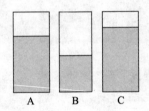

题4（选择题）：六年级（2）班共有48名学生，在一次选举班长的投票中，每人都投了一票。四位候选人得票的统计结果如下右表，下面几幅图中，能正确表示四人得票情况的是（   ）。

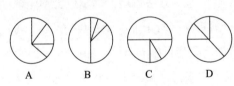

小李	24 票
小赵	12 票
小邓	7 票
小何	5 票

题5（选择题）：4个同样的杯子中装着一种饮料，杯子（   ）中装的饮料量与其他三个不同。

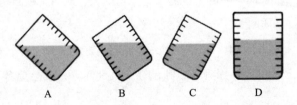

题6（选择题）：观察下列图形的规律，"？"处应为（　　）图形。

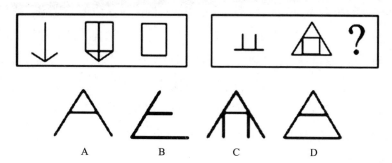

A　　　　　B　　　　　C　　　　　D

题7：将下列各图各自分成三个大小相等、形状相同的图形，在图上画一画。

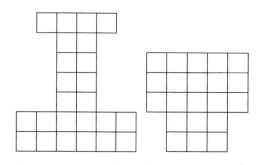

题8：数1，2，3，4，5，6分别可以用下图表示，想一想有什么规律，再回答下面的问题。

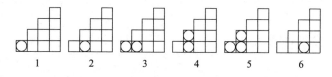

1　　　　2　　　　3　　　　4　　　　5　　　　6

（1）下图①表示（　　　）；

（2）请在下图②中画出表示84的图。

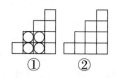

①　　　②

4. "化错"引向深入

"错误"是教学资源的组成部分，甚至是不可多得的课程资源，有效利用

"错误"能促进学生的思考不断深入、理解不断深化。在学生思考或表达观点的过程中，教师首先要有"容错"的心态，正确面对学生的"错误"或思路不完善的地方，这些问题或错误正是学生"在思考"的体现，是非常好的课程资源。正如彼得·圣吉所说："婴儿学走路，是在跌倒、爬起、再跌倒、再爬起的过程中学会的。学生的思维能力的发展就像婴儿学走路一样，要有一个想错—再想—再想错—再想的过程。学生的每一个错误都意味着他在成长，教师要有'祝贺失败'的修养。"其次，教师还要有"化错"的能力，能有效利用学生"错误"，导引学生的思考走向深入。

如，一位教师在进行三位数乘一位数的教学时，让学生先尝试计算：785×3，反馈时出现了这样的一道错题：

$$
\begin{array}{r}
785 \\
\times\ _{21}3 \\
\hline
1455
\end{array}
$$

面对这样的"预设外生成"，这位教师读懂了学生出现错误的原因，即最后一步用了进位的"2"乘7，得出了"14"，读懂学生出现的"错误"后，教师抓住这一难得的教学契机进行估算教学，即时进行"针对性助学"，对学生说："你能不能用估算检验一下这道题是否正确"，既让学生用有效的方法判断了计算错误，又在讨论中让学生体会估算的价值，有效培养了学生的估算意识，实现了估算与笔算的有效结合。

三、深究型对话

课堂教学是在互动中完成的，而对话是互动的重要载体。课堂中的对话包括表达、倾听、讨论等学习行为，课堂中的对话有机械的、浅层的对话，也有触及学科本质、激活学生思维的"深究型对话"。"深究型对话"一般是在师生对话、生生对话交互中形成的，而"生生互动"的自然发生是"深究型对话"的重要标志，也就是对话过程中，学生间自然地表达、倾听、提问、补充、质疑、评价等，使学生的数学理解、数学思考逐步走向深入。"学习是新知识的炼制。为了实现对知识的炼制，学习者要进行自我表达、自我对质，还要展开辩论，组织网络。"①

　　教学中，要营造"深究型对话"的教学文化，建立基本的对话规则，鼓励表达，引导倾听，组织讨论，对话中产生思维碰撞，促进核心知识的理解和思维的发展，实现学习的真实发生。

　　1.鼓励表达

　　语言是思维的载体，表达就是将自己的理解、观点、思考过程等，用适当的语言形式表征出来，与他人交流、讨论。教学中，表达能外显学生的学习结果，让"学习可见、思维可见"，当学生把在数学学习过程中产生的认识、观点、解决问题的思路和方法等，用一定的语言形式表达出来时，学生的思维会更加明晰，学生对知识的理解和掌握才会更深刻。学生的数学表达，从表达方式来说，可以是书面表达，也可以是口头表达，从语言形式来说有符号语言、文字语言、图式语言等多种形式。

　　例如，下面是学生思考和解决"计算图形面积"的问题中，学生用不同方式表达思考过程的例子。该题要求如下：

　　如下图，已知 $CO \perp AB$，$AB=4cm$，$CO=5cm$。

　　（1）计算长方形的面积。

　　（2）用写文字、画图等方式说明你为什么这样算。

　　学生表达样例 1：以文字语言为主，结合算式等表达思考问题的过程。

　　3. 如下图，已知 $CO \perp AB$（⊥表示垂直），$AB=4cm, CO=5cm$。

　　（1）计算长方形的面积。

　　（2）用写文字、画图等方式说明你为什么这样算。

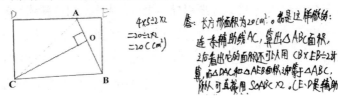

　　学生表达样例 2：以符号语言为主表达思考问题的过程。

---

① ［法］安德烈·焦尔当，裴新宁.变构模型——学习研究的新路径[M].杭零，译.北京：教育科学出版社，2010：43.

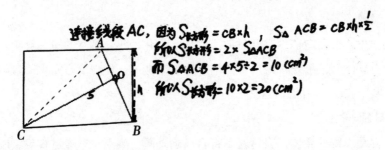

连接线段 AC，因为 $S_{长方形} = CB \times h$ ，$S_{\triangle ACB} = CB \times h \times \frac{1}{2}$
所以 $S_{长方形} = 2 \times S_{\triangle ACB}$
而 $S_{\triangle ACB} = 4 \times 5 \div 2 = 10 (cm^2)$
所以 $S_{长方形} = 10 \times 2 = 20 (cm^2)$

学生表达样例 3：以图式语言为主，结合算式等表达思考问题的过程，呈现一种新的解决问题思路。

3. 如下图，已知 $CO \perp AB$（$\perp$表示垂直），$AB = 4cm$，$CO = 5cm$。

（1）计算长方形的面积。

（2）用写文字、画图等方式说明你为什么这样算。

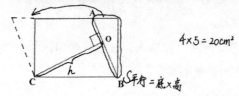

$4 \times 5 = 20cm^2$

$S_{平行} = 底 \times 高$

上述例子中，学生用不同的语言形式表达了自己的思考过程。这样的表达形式，比纯粹让学生写一个算式，更能够看到学生思考问题的过程，真正"看见了学生的思维"，教师可以基于学生的实际学情组织交流、分享以及针对性指导。通过这样的自我表达、自我解释，促使学生有条理、有主次、有逻辑地展开数学思考，并学会对不同观点分析判断、概括归纳、批判性思考，从而修正和完善自己原有的认识。

数学教学中的"表达"，先要引导学生自我思考、自我阐述、自我解释，形成自己的独特、个性化的观点，再展开同学之间的交流、讨论、质疑、争辩，通过不同观点的交流碰撞，对自己的个人观点产生补充、调整和完善，促进理解不断深入。教学中，要多创设一些学生表达自己思考过程的机会，多一些"写数学、画数学、讲数学"的机会，也就是说，学习过程中，不仅要让学生做题，更要引导学生把数学思考过程写出来、画出来、讲出来，实现"想明白，讲清楚"。

"写数学、画数学"是学生表达自己数学理解的重要方式，除了课堂中的

"写数学、画数学"的机会外，教师还可以引导学生把学习数学的心得体会、观察发现、反思和研究的结果等，通过写数学日记、写知识小结、写调查报告、写研究小论文、出数学小报、编数学故事等方式表达出来，提高学生的数学表达能力和交流能力。

"讲数学"也是阐释自己的观点、表达自己的数学理解的有效路径，"讲出来"是学的重要方式。教师要创设"说题""说观点""说探究成果"等有效的载体，创设一些同桌交流、小组讨论、全班分享等"讲数学"的机会，鼓励学生"讲数学"，使更多的学生有表达自己观点的机会，培养独立思考与阐述观点的能力，当每一个学生都能发表"一己之见"，才更有利于促进深度学习。

同时，教师还要注意培养学生"讲数学"时的一些交流技能，比如如何清晰地表达自己的观点，有礼貌地表示不同意并发表自己的观点，主动寻求其他同学的帮助等；还有，引导学生学会使用一些表达与交流的常用语言等，如自己的观点表达清楚后，可以说："大家同意我的观点吗？""大家还有什么补充吗？""我还有一个疑问，大家可以帮我解答吗？"其他同学回应时，可以这样说："我同意你的观点。""我同意你的想法，但我还想补充一下……""我不同意你的观点，我是这么想的……"这样的表达交流，可促进学生深度思考和深度理解。

2.引导倾听

学习不仅需要表达，更需要倾听。只有倾听，才能产生思考和对话。有效的倾听能帮助学生博采众长，触类旁通，弥补自己考虑问题的不足。日本学者佐藤学也曾提出："倾听他人的声音是学习的出发点，越会倾听的学生越善于学习，善于学习的学生往往都喜欢安静地思考、认真地倾听。""倾听远比发言重要。只顾自己说，只关注自己，就无法倾听别人的语言，无法思考，学习的本质就无法体现。"

只有听清楚了别人说了什么，才能发生学习的交互，才能形成"深究型对话"，才能有学习的真实发生。但是，我们在课堂里经常可以看到这样的现象，教师正在与一位学生对话，其他学生却不认真倾听，甚至旁若无人地做着自己的事；一位学生的发言还没有结束，其他学生已经高高地举起自己的手，甚至喊着：我来，我来……；有时小组讨论非常热闹，但每个学生都在抢着发言，只想把自己的观点说出来，而不注意别人说了什么。这样的讨论交流表面上看似热热闹闹，实质上没有达到信息交流、引发思考、促进理解的效果。

教学中，教师要引导学生学会倾听，提高听懂他人观点的能力。首先，教师要引导学生养成倾听的习惯，如养成认真听别人的发言、等别人把话讲完以后再发表自己的意见、必要时做一定的记录等倾听习惯。教师可以用"你听明白他的意思了吗""你听懂了吗，你能再说一遍吗""对于他的方法，你有什么想法""你真棒极了，听得这么仔细"等语言引导学生倾听，促使学生自觉地倾听别人的发言，并积极地思考。其次，教师要注意倾听方法的指导，提高学生的倾听能力。教师要引导学生"先耐心把话听完整，听懂意思，再细心区分出数学观点"，引导学生学会把握别人发言的要点，学会理解和接受他人正确的观点，学会从别人的发言中捕捉闪光点或不足之处，学会合理地评价他人的观点或想法。教学中，教师还要引导学生在倾听时关注别人的发言中错误或不严密的地方，自己深入思考后随时准备补充或质疑，通过对话，把交流引向深入，可以引导学生学会使用这样的语言："你讲的我还不是很明白，你能再解释一下吗""我的想法与你不同，我是这样想的""如果是这样，用你的方法，怎样解决这个问题呢？"

3.深度讨论

深度讨论是"深究型对话"的核心特征，也是学习真实发生的关键。在学生形成自己的观点、思路后，通过与教师同伴的深度讨论，取长补短、相互促进，使自己的思考层层深入，使自己的认识不断条理化、清晰化，逐步抓住数学本质，提升理性思辨能力。

教学中，教师要抓住契机，组织学生展开深度讨论，可以在组内讨论，也可以全班讨论。讨论时，要引导学生抓住问题的本质，陈述自己的观点，阐述自己的思维过程，同时，引导其他成员注意倾听，积极参与探讨，充分发表自己的意见。在讨论中，特别是观点有分歧时，要指导学生学会说理，学会"说服性沟通"，有理有据地说服同伴、说服老师。通过有深度的讨论，突破思维，完善观点，厘清理据，逐步形成集体认同的结论或结果，并完善自身的概念建构。

如在"认识平行"的教学中，在初步建立概念后，让学生判断"下列每一组线是不是平行线"。

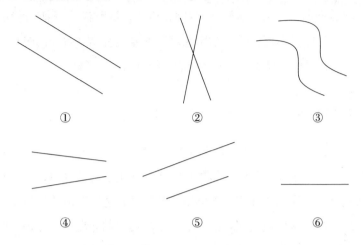

①　　　　　　　②　　　　　　　③

④　　　　　　　⑤　　　　　　　⑥

教学中，学生对 3 号图形"〜"是否是平行线发生了分歧，有学生认为是，也有学生认为不是，教师引导学生进一步展开深究型对话。

师：对于 3 号这一组线，大家有了不同的意见，现在请分别说说你们的想法。

生 1：我认为是平行线，因为 3 号图中的两条线之间的宽度是相同的。

生 2：两条线是曲线，是不能平行的。

生 1：曲线也能平行的。

生 2：曲线有些地方的长度与别的不一样。

生 3：这个 3 号图中的两条线延长下去不会交叉的。

生 4：只要宽度相等就不会交叉，曲线也一样的，所以是平行线。

生 5：我认为不是平行线，上面黑板上说了"不相交的两条直线叫作平行线，也叫作两条直线互相平行"，这里说的是直线。（教师引导学生一起读一遍前面已得出的平行线的概念）

生 6：我明白了，必须是两条直线，现在是两条曲线，所以不是平行线。

在上述过程中，教师利用适当的学习材料引导学生展开讨论，先让学生表达自己的判断，产生不同的意见后，教师不急于发表自己的意见，而是让学生自己"想问题"，并不断发表自己的观点，在生生互动的思维碰撞中，让学生充分"暴露问题"，学生最终重新回到概念的意义思考，深刻理解概念。这样的学习过程，教师没有刻意说教，学生不仅明白了概念的真正意义，更重要的是领悟了一种学习概念的方法。这样的"峰回路转"，学生有了"柳暗花明又一村"的惊喜。正是这样的深度讨论，学生在判断 6 号是否是平行线的时候，学生的回答非常准确，语言也很精美，说明他们已经真正理解了概念。

四、提出问题

"学贵有疑，小疑则小进，大疑则大进；疑者，觉悟之基也。"问题引领思考和学习，简单的记录、模仿性做题只能带给学生肤浅的理解，学生在学习中能提出问题是学习深入的标志。教学中，教师要营造安全的心理氛围，鼓励学生提出问题，培养学生提出问题的能力。学生提出的问题，一方面，学生可以提出不理解的问题、产生的疑问、反思后的质疑、遇到的学习障碍等；另一方面，可以是从日常生活、生产实际中发现的与数学相关的问题。

1.结合学习内容提出问题

每一节课的教学中，教师都要想办法给学生提问的机会，有三种具体的方式可以引导学生进行"提问"学习：一是可以结合具体情境设计专门的提问环节，二是可以有针对性地设计一些"提问课"，三是根据教学进程随机引导学生提问。教学中，教师要激发学生的好奇心和求知欲，启发学生发现问题和提出问题。

如"百分数"的教学中，教师设计了专门的提问环节，引导学生提出问题，学生提出了很多有价值的问题，如：

师：（揭题：百分数）对于今天要学的"百分数"，你们有什么问题吗？

生 1：百分数表示什么意思？

生 2：百分数能不能化成分数？

生 3：有了分数，为什么还要有百分数？

生 4：百分数与分数有什么联系和区别？

生 5：生活中很多地方用到百分数，用百分数到底有什么好处？

生 6：为什么先读圆圈（百分号），再读数？

……

2.学会反思和质疑

善于反思、质疑、多角度思考问题等习惯，能促进学生学会深入思考问题。教学中，教师要指导学生学会反思、质疑。如解决问题后，可以引导学生回顾整个解题过程，反思思考问题的过程是否严密，反思结果是否符合实际，反思是否还有不同的解决问题的方法、策略等，结合思考提出问题。

"鸡兔同笼"教学片段与分析

在教学的第二环节，组织学生自主用"列举—尝试"的方法探索《孙子算经》中的原题"今有雉兔同笼，上有三十五头，下有九十四足，问雉兔各几何？"后，呈现以下几幅作品组织学生分享交流、反思质疑。（第一行从左到右为作品1和2，第二行从左到右为作品3和4）

表2 鸡	兔	腿
30	5	80
29	6	82
28	7	84
27	8	86
26	9	88
25	10	90
24	11	92
23	12	94 ✓

表2

15	20	110
16	19	108
17	18	106
18	17	104
19	16	102
⋮	⋮	⋮
⋮	⋮	⋮
23	12	94 ✓

表2

鸡/只	兔/只	腿/条
17只	18只	106条
20只	15只	100条
25只	10只	90条
23只	12只	94条 ✓

表2

鸡/只	兔/只	腿/条
15	20	110 ✗
20	15	100 ✗
25	10	90 ✗
27	8	86 ✗
22	13	96 ✓
23	12	94 ✓

在交流反思中，学生提出了很多具有思考性的问题。

生1：（针对作品1）你为什么到23只鸡、12只兔子就不往下试了，万一后面还有答案呢？

生2：（针对作品1）你为什么从30只鸡、5只兔子开始，前面一定没有答案吗？你怎么想的？

生3：（针对作品2）你怎么想到从15只兔子、20只鸡开始的？

生4：（针对作品2）你中间用了"省略号"，你怎么能保证省略号这一段里面没有答案呢？

生5：（针对作品3）你试了17只鸡、18只兔子后，为什么直接跳到20只鸡、15只兔子了呢？

生6：（针对作品4）我觉得他的方法中有一步不合理，在试到25只鸡、10只兔子，计算得到90条腿后，因为腿已经少于94条了，所以要增加兔子、减少鸡了，但他还在减少兔子、增加鸡，这一步是多余的。

从上述教学过程中，因为学生已经有了独立思考，并通过列表格记录思考的过程，再看别人的思考过程时，学生有了很多深入的思考，提出的问题也很有价值。在这样的反思、提问的过程中，学生的思维得到有效发展。

3.联系生活，提出数学问题

爱因斯坦曾提出："提出一个问题往往比解决一个问题更重要，因为解决一个问题也许仅仅是一个数学上或实验上的技能而已，而提出新的问题，新的可能，从新的角度去看旧的问题，却需要创造性的想象力，而且标志着科学的真正进步。"教学中，不仅要培养学生"分析和解决问题的能力"，更要关注学生"发现和提出问题的能力"，联系实际提出数学问题，即能从数学的角度发现数量或空间方面的关系，并能将这些关系以数学问题的形式表达出来。

教学中，教师要善于构建熟悉而有趣的生活情境，引导学生提出数学问题，如"从这幅图中你能发现什么数学信息，你能提出什么数学问题""你能结合自己的生活实际发现并提出一个数学问题吗"，让学生不断发现和提出问题。

在联系生活情境提问时，不仅要引导学生爱问、会问，而且逐步引导学生善问，指导学生提出的问题不是停留在"现象描述＋疑问词＋问号"的水平，而是逐步从判断性问题、事实性问题，发展到评价性问题、探索性问题等，提高提问的质量。例如，看到一个玉米棒上有 16 列玉米粒，如果提出的问题是"一个玉米棒上有多少列玉米粒"，就只是一个简单的事实性问题，而如果提出的问题是"每个玉米棒上都是 16 列玉米粒吗"，就是一个质量较高的数学问题，问题的信息综合度较高，而且能激发学生收集相关数据，通过调查分析的方式得出结论。再如，在某路口组织学生进行车流量的统计，不仅要让学生会提"这个时段一共有多少辆车""客车与货车哪一种车多"这样的问题，更要会提"一天中不同时段的车流量相同吗""每天同一时段的车流量相同吗"这样的问题。

提出问题是学习真实发生的标志，学生提出问题的能力的发展是一个循序渐进的过程，要允许学生从简单问题、模仿性问题开始，逐步提高提出问题的质量。在学生探索知识的过程中，发现并提出的问题不一定每一个都是高质量的，甚至有的问题还会存在一些错误，教师要宽容和善待学生的错误，鼓励学生不断提出新的问题，并在自我反思和修正中不断提高提出问题的能力。正如爱因斯坦所说："假如我每天都提了十个问题，即使九个半都是错的，但只要有半个有价值就了不得了。"

维度三："深学"策略

人的学习一般都从具体的事实和现象及比较简单的概念开始，由浅入深、逐层抽象、逐步概括，改变已有的经验和认知结构，逐步构建起更具稳定性、清晰性和可迁移性的深度认知结构，形成自己的概念理解，实现知识的长久保持和迁移应用。

教学中，要重视通过促进经验与意义的联结、建立联系、聚焦问题长时间思考、大概念的领悟与迁移等"深学"策略，导引学生"深学细悟、学深悟透"，实现知识的意义理解和深度建构，实现知识的灵活迁移与应用，实现思维发展和能力素养的提升。

一、经验与意义的联结

学习基于学习个体已有经验和认知基础。安德烈·焦尔当等也提出："获得知识不能靠直接传递，每个个体必须炼制与其自身相容的特有涵义，而他只能通过自身经验来实现这种炼制，不经过他的质问，他的参照框架，他的意义生产方式，如何会有真正的学习？"[①]也就是说，教学要想办法激活学生已有知识和经验，与新知识产生建构联结，经历概念的解构与重构过程，实现发生于经验的意义理解。

1.基于已有经验和认知基础的意义理解

促进经验与新知识的整合，前提是了解学生已经知道了什么，再基于学生已有经验与基础组织学习，促进意义与经验的有效联结。

一方面，教师可以通过基于问题的对话、基于学习单的思考与表达等方式，"探测"出学生脑海中已有经验和基础。在教学中，再用一定方式激活这些先有知识和经验，如可以通过对话、操作、画图、列表、算式等方式让学生把经验外显出来，再通过反馈、比较、对话，在导引学生前概念与新知识的联结或冲突中，完成知识建构，实现意义理解。

比如，学生在学习体积的概念时，已经有了大量的生活经验，比如看到各种物体占空间、各种物体都有大小、水满了会溢出来、科学课中做"抓空气"实验时积累的经验等，这些经验有利于体积概念的建构，需要通过对话等方式，使这些经验外显出来，帮助学生理解体积的概念。而"一张纸有没有厚度？是一个面，还是一个体？一张纸有体积吗？"这样的问题，学生也有一些经验，但比较模糊，也可以外显出来，通过深入讨论逐步明晰，完善概念建构。又如，学习比的认识，学生脑海中有"足球比分是1∶3"这样的经验；学习"角的初步认识"时，学生脑海中有"角是尖尖的""墙角的角"等生活经验。类似这样的经验，尽管看起来不利于概念的建构，但存在于学生的脑海中，也就需要挖掘出来，引导学生进行对比与思考，从而理解数学中的"比"和数学中的"角"的概念，凸显概念的数学本质。

---

① ［法］安德烈·焦尔当，裴新宁.变构模型——学习研究的新路径[M].杭零，译.北京：教育科学出版社，2010：2.

另一方面，教师还可以通过课前学情前测、课前作业分析等方式了解学生的学情，了解学生已经会了什么，分析部分学习困难学生的知识基础，了解是否存在知识断层，从而确定学生的最近发展区，基于学习的真实起点展开教学。如下面是对三角形面积的学情调查分析。

为了更好地了解学生的学习基础，以进行相应的教学预设。进行三角形面积教学前，对 234 名四年级学生进行了一次关于三角形面积的前测，测试题及测试结果如下。

调研题 1：请你计算下面两个三角形的面积。（单位：厘米）

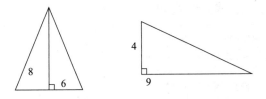

调研题 2：你能写出三角形面积的计算公式吗？

前测试结果如下：在三角形面积计算方面，有 95 名学生正确，约占总人数的 41%。在三角形面积公式的表述方面，有 38 名学生表述正确，约占总人数的 16%。随后，对这 38 名学生进行了访谈，有 15 名学生对于三角形面积公式有一定的理解。

前测结果和学生访谈表明，有一部分学生已经知道了三角形面积公式，但知道的学生中大多是依赖特殊的直角三角形建立了表象操作的直观模型，对于三角形面积公式的概念性理解还很薄弱，特别是对于三角形面积计算"为什么要除以 2"的理解很模糊。因此，教学中要激活学生已有的知识，再让学生想想是不是所有三角形面积计算都能用这种方法，并重点通过操作活动等，引导学生探究理解"为什么要除以 2"，促进知识的意义理解。

2.借助操作经验建构"心智图像"实现意义理解

体验与经验对学生理解概念有重要意义，当学生缺少一些直观的经验或自身的体验时，教师还可以组织学生通过操作活动等方式，增加他们的活动经验。如"有余数除法"的教学中，学生对"余数与除数之间的关系"理解有一定困难。教师设计了通过"搭正方形"的活动，让学生搭一搭，填一填（如下表），帮助其积累"余数要比除数小"的直接经验。

表 2.7　搭正方形活动

小棒根数	搭成的正方形	算式
13		13÷4=3（个）……1（根）
14		□÷□=□（个）……□（根）
15		□÷□=□（个）……□（根）
16		□÷□=□（个）……□（根）
17		□÷□=□（个）……□（根）
18		□÷□=□（个）……□（根）
19		□÷□=□（个）……□（根）
20		□÷□=□（个）……□（根）

上述学习过程中，教师以有结构的材料组织学生开展"用小棒搭正方形"和"写除法算式"的活动，并用图、算式等不同的方式表示有余数除法。搭正方形时，如果"余数大于或等于除数"，就可以再搭一个正方形，说明这时的余数还是太大了。这样，借助"心智图像"建立模式较直观，引导学生实现从具体操作、表象操作到抽象出知识，理解"余数不能比除数大"的道理，实现对知识的意义理解。

二、建立联系

现在的教学一般都分单元、分课时、分知识点进行教学，有的知识点分割得非常碎，而且后续整合性教学跟进也比较少，在一定程度上导致了学生的学习都是零散学习，形成的知识是碎片化知识，思维也以"点状思维"为主，这样的学习阻碍了知识的深度理解、迁移应用，影响学生解决真实情境下的"劣构问题"。"学习一个数学概念、原理、法则，如果在心理上能组织起适当的有效的认知结构，并使之成为个人内部的知识网络的一部分，那么学生就会产生他们自己的数学理解。"[①]因此，促进深度学习要强调"建立联系"，帮助学生建构具有联系性的、清晰的、稳定的知识结构体系，实现知识的长久保持、迁移应用。

教学中，教师要有"建立联系"的意识，在不同教学时段用不同的方式加强知识之间的联系，如新知探究理解时段，注意引导学生自己联系已有的知识思考和探索问题；在练习阶段，要设计一些联系与沟通的练习；在一个单元结束阶段、复习阶段，更要注重沟通平时分散学习的内容之间的联系，打通知识之间的阻隔，帮助学生形成结构化、整体性认知。

1. 加强联系性学习

教学中，要将"联系"的观点贯穿于教学的全过程，注重教学内容的丰富、关联、综合，关注数学知识之间、数学与其他学科之间、数学与生活之间、数学与学生已有经验之间的联系，通过多种方式将知识关联起来，让新学的知识与其他知识不断作用、不断联系，逐步构建起层次清晰、联系紧密的知识结构，促进学生对数学知识的整体性认识。

如"三角形内角和"的教学中，一方面，在探索新知时，引导学生思考新知识与原有知识之间的联系。如在探索"三角形内角和是180°"时，引导学生将其与平角知识联系起来，用"撕—拼""折—拼"等方法，把三角形的三个内角拼成一个平角，利用平角知识得出"三角形内角和是180°"的结论。另一方面，通过练习设计，沟通知识联系，促进知识结构的解构和重组。下面是"三角形内角和"教学的练习设计。

---

① 李士锜.PME：数学教育心理[M].上海：华东师范大学出版社，2001：64.

1. 求出三角形各个角的度数。

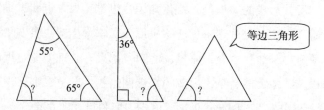

说明：这一题是将三角形内角和的知识与三角形特征结合起来，引导学生综合运用内角和知识和直角三角形、等边三角形等图形特征求三角形内角的度数。

2. 一个三角形可能有两个直角吗？一个三角形可能有两个钝角吗？你能用今天所学的知识说明吗？

说明：这一题将三角形内角和知识与三角形分类知识结合起来，引导学生运用三角形内角和的知识去解释直角三角形、钝角三角形中角的特征，沟通了知识之间的联系。

3. （1）将两个完全一样的直角三角形合起来拼成一个大三角形，这个大三角形的内角和是多少？（多媒体呈现拼的过程）（2）将一个大三角形分成两个小三角形，两个小三角形的内角和分别是多少？（多媒体呈现分的过程）

说明：这一题是通过两个三角形的分与合的过程，使学生感受图形分与合过程中三角形内角的变化情况，进一步理解三角形内角和知识。

4. 智力大冲浪：你能求出下面图形的内角和吗？

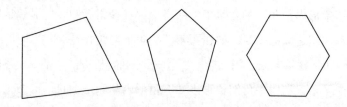

说明：这一题是三角形内角和知识的进一步拓展，引导学生进一步研究四边形、五边形、六边形等多边形的内角和，促进了图形内角和知识的整体性构建，以避免提到内角和知识，学生脑中只想到三角形内角和的知识的单一化现象。

2. 运用"结构化"图式促进联系性建构

运用具有一定"结构化"的图式表示知识之间的联系，有利于"思维可视化"，是促进学生构建知识联系的有效方式，也能提升学生的结构化思维能力。教师要引导学生自我整理知识、构建知识体系，用最简洁的语言来描述，用"结构化"图式来分析知识之间的关系。"结构化"图式也要注意简洁、有效，低年级可以采用一些文字、图形、图像相结合的方式，如圆圈图（集合图）、气泡图、树状图、比较图、桥型图等。高年级则在上述图式表达的基础上，增加括号图、流程图、"鱼骨刺图"、模型图等图示方法帮助学生建构知识网络，打通知识之间的阻隔，促进学生的逻辑性思考，提升结构化思维。

如，"图形之间的关系"复习时，导引学生自己用"集合图"表示图形之间的关系，了解学生是否真正理解概念之间的关系，还能发现学生概念理解中的问题或迷惑，进行针对性教学。下面是学生的两幅作品：

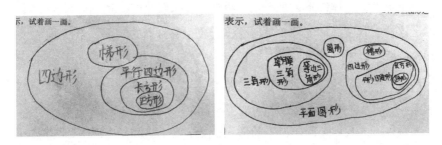

再如，分数"$\frac{3}{4}$"的认识，不仅要理解"$\frac{3}{4}$"表示"把一个整体平均分成四份，表示其中的三份"，还可以引导学生用图式表示出分数、小数、百分数之间的等值关系，形成数的联系，促进更丰富的理解。如下图所示：

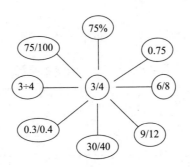

在这样的图式表达的过程中，引导学生从不同的角度来理解"数"，体会"$\frac{3}{4}$"与其他数之间的关系，促进学生对数的结构模式和关系的认识。

三、聚焦问题长时间思考

深度思考的能力是"学深悟透"的关键。我们都有这样的经验，想一件事，想久了，更能悟出东西来。学习也是如此，引导学生聚焦一个问题长时间连续性思考，仔细琢磨，直至弄懂、弄透，深度、系统理解掌握知识。这样的学习，能解决"零散学习"的缺陷，积累研究的经验。教学中，要增加学生长时间深度思考的机会，深入思考一次，或许真能胜过简单重复操练一百次。

一种方式是基于一个问题的长时间思考，就是基于一个数学问题或生活问题的深入思考，如在学习长方形和正方体展开图时，引导学生进一步思考"立体图形的展开图有哪些类型"的问题，可以思考正方体展开图的类型和数量，还可以思考其他立体图形的展开图。再如"校园绿化怎样达到'绿色校园'的标准"这样的真实性问题，学生需要综合应用各方面的知识，需要了解"绿色校园"的标准，计算校园面积需要用到"图形面积"等知识，统计全校人数需要用到"统计知识"，还需要绿化与人的呼吸等科学知识等，解决问题的过程需要学生有较强的收集信息、处理信息、综合思考等能力。

另一种方式是以"问题群"的形式引导学生长时间深入思考，即围绕同一情境或素材，提出一系列问题，引导学生思考、研究，在解决问题的同时，逐步对这类情境问题产生清晰的认识和深刻的领悟。比如，下面以"一个班学生的身高"的情境素材为例，设计一组"问题群"，引导学生用较长时间深入思考和研究。

呈现情境：光明实验学校五（1）班学生身高记录单。

表 2.8　五（1）班学生身高

136	140	158	146	144
145	153	141	134	139
148	147	138	138	135
139	155	154	154	142
130	136	131	138	137
140	142	143	132	148
135	145			

（1）五（1）班全班学生最高多少厘米？最低多少厘米？全班学生的平均身高是多少厘米？

（2）运动会开幕式，准备选10名身高比较接近的学生组成鲜花队，想一想，这些数据怎样整理一下，选起来更容易一些？请试着整理一下，并说说你准备选择哪10名学生。

（3）铁路部门规定，1.2米以下的儿童可以免票乘车；儿童身高为1.2～1.5米的，须购买儿童票；身高超过1.5米（含1.5米）的儿童，须购买全价座票。请问五（1）班有多少人需要买全价座票了？

（4）服装厂给五（1）班全班学生制作新校服。

①服装厂给他们做校服，会不会给每一个人按身高单独设计一种型号呢？说说你是怎么想的？

②现按5cm一段来确定服装的型号，完成下表。

表2.9　确定服装型号

身高段 /cm	130—134	135—139	140—144	145—149	150—154	155—159
人数 / 人	4	10	8	6	3	2

③哪个身高段的人数最多？哪个身高段的人数最少？

④你能对五（1）班订校服提一些建议吗？

（5）下面是五（2）班学生的身高记录表，体育老师想了解一下两个班学生的整体身高情况有什么不同，可以怎样比较？

表2.10　五（2）班学生身高情况

135	144	160	140	145
140	158	141	139	138
142	142	139	137	136
128	139	155	156	143
139	135	134	139	130
143	143	130	133	147
134	148			

（6）身高分布统计。

①下面是五（1）班男生、女生的身高分布情况统计图，男生和女生的身高分布情况有什么不同？

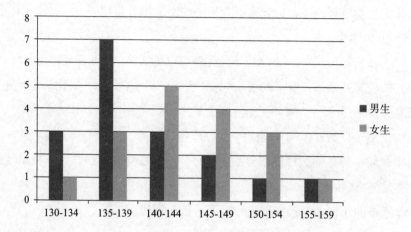

②下图为全校1—6年级男生、女生平均身高统计图。

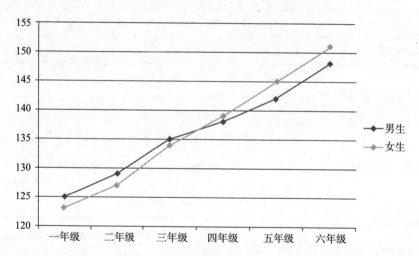

比较图中全校男生、女生的身高变化情况，你有什么发现？把1—6年级学生的身高与平均值比较一下，你有什么想法呢？

③林林是一名男生，下表为林林1—6年级的身高情况记录表。

表 2.11 身高情况记录

年级	一年级	二年级	三年级	四年级	五年级	六年级
身高 /cm	124	130	138	140	146	155

根据统计，光明实验学校全校 9 年级男生的平均身高是 165cm，请你结合前面的折线统计图，估计三年后林林 9 年级时的身高。

（7）有人说"高矮不同的两个人走路总是高个子快，而跑步却不一定"，你同意这样的观点吗？请和同学一起尝试研究，用证据说明你的观点。

类似上述这样的长时间思考，能有效突破"零散学习，点状思维"的教学，在思考和解决问题中促使学生产生更多感悟，形成对数学学习的兴趣，提高思考力和研究力，感悟科学精神和追求真理的态度。

长时间投入一个问题的思考和研究，还能有效培养学生的自控力，深度研究表明，智商和整个学习的关联性远不如自我控制力和长时间学习的关联度强，也就是说，一个人的自我控制力越强，他将来获得成就的概率就越高，所以长时间学习的本质实际上就是自我控制。

四、"大概念"的领悟与迁移

学生能将学到的知识迁移应用到新情境、解决新问题，是深度学习效果的重要标志。"概念的习得要经历比事实、主题更长的时间，但是一旦习得了概念，学生在后续类似的情境中就会产生更深刻和持久的迁移。"[①] 也就是说，学生学习时，具体的知识技能容易模仿、容易掌握，而相对上位的"大概念"的学习，往往需要较长的学习经历，但基于"概念性理解"获得的学习结果更有利于迁移应用到新情境中。

"大概念"包括学科核心概念和学科重要观点等，促进"深度学习"的教学，尤其要重视"大概念"的教学，帮助学生获得"可迁移的概念性理解"，形成概念性思维，运用概念聚合相关知识进行迁移。

---

① 夏雪梅 . 项目化学习设计：学习素养视角下的国际与本土实践 [M]. 北京：教育科学出版社，2018：36.

1.积淀与领悟

"大概念"不是能简单教会的,而是需要学生在一定积淀基础上领悟的。好的教学就是要让学生学会学习,学会"悟"的方法,"悟"出来的才是自己的、独到的,"悟"也是每一个人学会求知、学会做人、学会做事的重要路径。教学中,需要多给学生"悟"的时间和机会。

"大概念"的领悟不是一蹴而就的,往往先要通过丰富的数学学习活动的积淀,让学生对相关内容有比较多的了解和感悟。在学生有了厚实的积淀后,再通过一定的学习材料、学习任务驱动,引导学生自己思考、感悟,进行适当的概括提炼,促进学生理解"大概念"。也就是说,到了一定阶段,类似"捅破窗户纸"一样,通过一定的载体和方式促进学生的感悟和提升。

比如,体现加减法运算重要观点的"大概念":加减法计算的本质就是相同计数单位的数相加减。学习这样的"大概念",在各年级整数加减法、小数加减法、分数加减法学习的基础上,可以让学生计算下面的题,并思考"整数、小数和分数加减法的计算方法有什么共同点"。

$87+273$	$8.58+23.6$	$\dfrac{4}{9}+\dfrac{5}{9}$
$665-89$	$56.4-0.76$	$\dfrac{3}{4}+\dfrac{1}{6}$

学生计算后,先组织学生分别交流算法、算理等,再引导学生进一步思考"有什么共同点",引导学生发现,从算法上来说,整数加减法在用竖式计算时是"末位对齐",小数加减法在用竖式计算时是"小数点对齐",分数加减法是按"同分母分数,分子相加减,分母不变。如果是异分母分数的,先通分转化为同分母分数",但加减法的本质是一样的,都是"相同计数单位的数相加减"。这样就帮助学生理解了"大概念",以后遇到这些加减法问题时,都可以用这个"大概念"思考问题。

再如,"除法"是数学学科核心概念,也是小学生比较难理解的数学概念,要突破学习除法的难点,关键是理解"平均分"的具体含义。为认识除法积累较丰富的感性经验,北师大版二年级上册教材中从简单到复杂专门安排了三次分物活动,通过三次平均分的活动,逐步加深对"平均分"意义的理解,为理解"除法"意义积淀经验和基础。

表 2.12　三次平均分活动

第 1 课时：分物游戏	经历把小数目实物平均分的过程，在"两份不一样多""两份一样多"等多种分法中，体会"每份分得同样多，就是平均分"。在操作活动中积累平均分物的活动经验，并尝试用画图表示分物过程。
第 2 课时：分苹果	日常平均分东西时有两种情况：可以是"每几个一份地分"，也可以是"平均分成几份"，但不论用哪一种方法，最后的结果都是"每份同样多"，也就是平均分。"分苹果"这节课引导学生在具体的情境中，体会平均分物的两种不同分法，并引导学生发现平均分的本质特点：分的结果是"每份同样多"，帮助学生从本质上把握特征，而不需要刻意区分两种不同的分法，即除法中所谓的"等分除"与"包含除"。
第 3 课时：分糖果	"分糖果"的活动是让学生体验把大数目物体平均分的过程，感受分法的多样性与合理性。引导学生学会利用表格记录不同的"分物"过程，并通过交流体会不同的"分物"过程本质上是一样的。本节课主要体验对大数目物品进行平均分的过程，这个过程实际上就是除法的试商过程。

　　通过这样一系列的"平均分"的活动，为学生认识除法积累了丰富的感性认识。在此基础上，再通过"分香蕉"一课，建立"平均分"与除法之间的联系，引导学生用除法算式来记录有关"平均分"的问题，建立数学模型，认识除法算式中的各部分名称。

　　这样的四次分物活动，充分体现了除法概念建立的"慢过程"，学生在大量的数学活动中逐步认识了除法意义的本质，即："每几个为一份，能分成几份"的问题可以用除法；"平均分成几份，每份是几个"也可以用除法。两者的本质是一样的，都是平均分，也就是分的结果都是"每份同样多"。这样的学习过程，学生经历了从实际背景中抽象出数学问题、构建数学模型的过程，在充分的数学活动中真正产生对"平均分"和"除法"的领悟,"大概念"教学正是需要在充分体验和积淀的基础上逐步建构。

2.迁移应用于新情境

"迁移"是将获得的知识等运用到新情境中。教学中,创设迁移应用于新情境的机会,设计学习活动时应注重情境的多样性和丰富性,让学生在各类不同的情境中应用知识,促进其跨情境迁移运用,进一步理解新知识,并对"大概念"产生更多的感悟。

下面以"鸡兔同笼"的教学为例,阐述解决问题策略模型的建构和"大概念"的领悟与迁移。

"鸡兔同笼"问题的教学中,以《孙子算经》中的"鸡兔同笼"问题原题为主情境:"今有雉(鸡)兔同笼,上有三十五头,下有九十四足,问雉兔各几何?"引导学生自主探索、交流讨论,探索解决问题的思路和策略,逐步建立解决问题的模型,如"列举尝试"策略、"假设"策略等。

解决问题策略一:一般可以从中间开始,也就是假设一组答案,再采用"一一列举"或跳跃列举的方法尝试,在不断分析调整中逐步找到答案。

表 2.13　解决问题的策略

鸡的只数	兔的只数	腿的条数
20	15	100
21	14	98
22	13	96
23	12	94

得出结论:鸡有 23 只,兔有 12 只。

解决问题策略二:可以先假设 35 只全部是鸡或者全部是兔子,然后再根据腿的数量进行计算。如:

假设全部是鸡。

腿的条数:$35 \times 2 = 70$(条)。

腿总数的相差数:$94 - 70 = 24$(条)。

每只兔和鸡腿的相差数：4-2=2（条）。

兔的数量：24÷2=12（只）。

鸡的数量：35-12=23（只）。

得出结论：鸡有23只，兔有12只。

在学生探索得到上述解决问题的策略后，要设计一些新情境，促进学生的迁移与应用，进一步理解这些方法策略，并进一步感悟更上位的"大概念"。如可以让学生尝试解决下面的问题。

新情境1："猎人与狗"的问题："一队猎人一队狗，两队并成一队走。数头一共是十二，数脚一共四十二。"

新情境2：5元和2元的纸币共20张，共55元。5元和2元的纸币分别有几张？

新情境3：有38个同学去游乐园划船，共租了8条船，每条船都坐满了。大船每条乘6人，小船每条乘4人。大小船各租了几条？

新情境4：运动会赛场上，16张乒乓球台上同时有42名运动员正在进行乒乓球比赛，正在进行单打和双打比赛的球台各有几张？

新情境5：蜘蛛有8条腿，蜻蜓有6条腿和2对翅膀，蝉有6条腿和1对翅膀。现在这三种小虫共18只，有118条腿和20对翅膀，每种小虫各几只？

新情境6：有一个分数，它的分子与分母的和是20，如果分子和分母都加上5，得到的分数与 $\frac{2}{3}$ 相等。原来的分数是多少？

上述六个新情境中，其中情境1与主情境基本一致，学生模仿性解决问题就能完成，但情境2到情境6是不一样的情境，学生需要将相关策略迁移应用到新情境中，情境5还出现了三种动物，更复杂一些，情境6的问题结构上有了更多的变化。

通过新情境的激发，引导学生面对新问题时，尝试与相似的解决问题策略建立联系，探索用已知的策略解决问题。同时，在学生用学到的"列举尝试"和"假设"等策略解决上述新情境问题的过程中，导引学生进一步感悟两种方法的相通性，即其实都是在假设一个特殊的数，再列举分析或计算分析，最后得出结论，这样能感悟得到更上位的"大概念"，即"可以用假设一种特例的方式尝试分析和解决问题，使复杂抽象的问题变得具体可思考"。

第三讲　促进深度学习发生的学导设计

　　学导设计（教学设计）是一种预设，一种策划，一种构想，是实现有效教学的预案。为学习设计教学，有系统设计的学与导活动能使每一位学生充分发挥自己的潜能，实现深度学习，获得好的学习效果。通过精心的学与导设计，能使教师目标更明确，学与导的思路更清晰，学与导的针对性更强，处理课堂生成更自如，从而实现深度学习，促进学生知识的掌握、经验的积累、思维的发展、能力的增长、情智的生长。

　　学导设计一般包括教材分析、学情分析、学习目标、学习过程等，主要厘清以下几个基本问题：学生现在在哪里，学生要到哪里去，学生怎样到那里去，怎样帮助学生到那里去等。拟定一份学与导的设计主要有以下几个阶段：

　　学导设计构成预期的教学过程，是教学高效的关键。一份好的学导设计体现出教师教学规律的认识水平，体现出教师基于教学各因素的综合处理和设计能力，体现出教师的知识、理念与智慧。促进深度学习的学导设计，可以从"厘清深度学习点、确定学教方式与路径、设计学习任务导引学习、撰写学导新教案"等角度深入研究。

研究一：研读，厘清深度学习点

一份好的学导设计，首先要研读教材，研读学生，研清楚"学什么"和学生的学情如何，然后，确定学习目标，厘清深度学习点，为学导过程设计"领航"。

一、研读教材，研读学生

首先，研读教材是把握学习内容核心的主要路径，读懂教材是理清学习内容的重难点、确定学习目标和深度学习点、选择学教方式、确定学导路径的基础，也是高质量学导设计、高水平课堂教学的前提。研读教材，可以先进行"梳理式"研读，初步把握教材的基本内容及编排线索，再有重点地采用"追问式""联系性""换角度""延伸性"等方式深度研读教材，进一步理解数学知识的本质，理清知识纵横联系，把握知识的重难点，把握学习的核心内容，厘清深度学习点，从而确定学习目标，确定学与导的思路。

在研读一节课的教材时，先进行"梳理式"研读，通过整体阅读和梳理，了解"教材呈现了哪些内容，为什么这样呈现"，初步读懂问题情境，读懂教材设计的内容、编排线索，读懂习题的功能与层次，初步领会教材编写意图，明确这节课"学什么，教什么"。在"梳理式"通读教材后，教师要围绕教材核心知识进行"追问式"研读和"联系性"研读，从知识的数学本质、表达形式、形成过程等多角度进行思考，促进对知识的数学本质和教材编写意图的理解。可以围绕教材核心知识或教材的呈现过程追问自己几个问题，如"概念的内涵与外延分别是什么？在表层知识背后隐藏着哪些数学思想方法和活动经验？教材设计的情境的价值与作用是什么？为什么要设计这样的学习过程？"必要时，还可以将一节教材置于整个单元或相关知识体系中来分析，联系数学课程标准分析，从而理清知识发展的路径，确定这节课的教学应该达到的认知高度，找到知识间的衔接点和生长点；还可以查阅一些资料，或者对比一下其他版本的教材、传统教材的设计，看看其他教材是如何描述和设计的，想一想"学习内容的数学本质是什么""概念描述哪一种更合理"等，教师只有把这些问题想明白，才是真正读懂了教材，才能真正设计出符合学生学习特征的学习过程，减少学生学习的困难。

其次，研读学生是厘清深度学习点的关键。美国教育心理学家奥苏伯尔说过："影响学生的最重要的因素是学生已经知道了什么，我们应当根据学生原有的知识状况进行教学。"读懂学生的学习基础，把握学生的学习起点，顺应学生需要是学与导设计的前提。研读学生时，具体可以思考以下这些问题：

（1）学生已有的认知基础是什么？认知水平如何？通过本节内容的教学让学生在哪些方面获得发展？

（2）学生有没有与本节知识相关的生活经验？学生的生活经验情况如何？

（3）本节知识对学生而言学习困难是什么？用什么方法帮助学生突破难点？

（4）学生自己阅读本节知识会产生哪些疑问？哪些内容自己能够学会？哪些内容可以由同伴讨论学会？哪些地方需要教师点拨引导甚至讲解？

（5）学生喜欢怎样的情境？学生喜欢怎样的学习方式？

具体就方法而言，研读学生的一般方式可以通过教师的教学经验、学生的作业批改、阅读相关文献资料等把握学情。但就某一特定的学科知识内容而言，学生的学习基础和经验如何，学生之间有什么差异等，很多时候仅凭经验难以把握，就需要我们通过深入的学生研究以获得尽可能真实的信息，通过学情调查、学生访谈等方式，把我们对学生学习情况的主观判断、模糊判断转变为比较客观和精确的判断，从而正确把握学生的现实起点，厘清深度学习点，确定学与导的起点，设计合理的学习路径。

二、研清楚学什么，厘清深度学习点

在研读教材、研读学生的基础上，教师最终要想明白、研清楚这节课到底"学什么"，把握住学习内容的数学本质。还要抓住核心概念、核心知识和学生学习困难点等，厘清这节课的深度学习点。可以用提问的方式问自己，自己能回答清楚了，说明这节课真想清楚了。下面以北师大版教材"尝试与猜测（鸡兔同笼）"为例作进一步说明。

（1）"鸡兔同笼"问题中各种解决问题的方法的教学价值是什么？教材选择"列举·尝试"的方法解决问题的价值取向是什么？

"鸡兔同笼"问题是我国古代数学名题，"鸡兔同笼"集题型的趣味性、解题策略的多样性、应用的广泛性于一体。"鸡兔同笼"问题的教学不仅仅是为了解题，而是要以"鸡兔同笼"问题为载体学习解决问题的方法。但"鸡兔同笼"问题有"列举·尝试"法、假设法、列方程解决等多种解决方法，各种方法各有特点，如"列举·尝试"的方法比较直观，学生容易理解把握，但数据大时略显繁琐；假设法步骤清楚，计算也比较简便，但不容易理解；用方程解更具有通识性，但解方程的过程学生不易掌握。三种方法各有意义，一节课的教学，这些方法教学中如何取舍，教学如何定位，可以说众说纷纭，每一种选择都有一定道理，难以简单地说孰优孰劣，关键在于基于学生特征和教学价值取向的选择。

北师大版教材把"鸡兔同笼"的内容安排在五年级上册的"数学好玩"专题单元中，主要是以"鸡兔同笼"问题为载体，学习用"列举·尝试"的方法解决问题。基于教材编排和五年级学生的学习特征，本节课选择"列举·尝试"的方法学习作为基本的学习目标，也就是说，本节内容教学目标不仅仅着眼于解决"鸡兔同笼"问题本身，而是要借助"鸡兔同笼"载体让学生经历尝试、列表分析和不断调整的过程，学习的核心是"学方法，学思考，学迁移"，提高分析问题、解决问题的能力。

（2）在用"列举·尝试"的方法解决"鸡兔同笼"问题的过程中，实际需要用到尝试、列举、列表等多种方法和策略思考问题，这些方法的功能分别是什么？

敢于尝试，才有突破。尝试是解决问题的一种重要思路和方法，许多问题的解决都是经过不断尝试才取得成功的。在遇到"鸡兔同笼"这样的陌生问题时，学生从已知的头数、脚数出发，通过猜一猜、列一列、试一试等方法尝试，寻找研究问题、分析问题的方向，是解决问题的重要方式。尝试的方法尽管看起来是一种比较原始的方法，但尝试过程伴随着学生的猜测、思考，同时需要根据数量的变化进行理性分析和调整，在分享过程中解释自己的思考过程和评价尝试的结果，有利于学生高阶思维的发展，有利于促进学生面对陌生问题时形成"先试试看"的思维方式和勇于尝试的思维品质。

尝试需要方法。"列举""列表格"等方法能帮助学生有计划、有顺序地试。"列举法"是适用范围广泛的解决问题方法策略，尝试过程中采用"列举法"，就是把想到的、有可能的情况有序地列出来，然后根据条件去尝试，寻找解决问题的方案或答案，能够帮助学生学会"如何有计划、有顺序地试"。而"列表格"是结构化的记录，能够清晰地体现数量关系，用列表的方式记录"列举·尝试"的过程，有利于学生有序列举，有利于学生把握数量的意义，有利于学生发现变化规律。

（3）"列举·尝试"方法的关键点是什么？学生学习"列举·尝试"方法的思维关键点在哪儿？

学生学习"列举·尝试"方法的关键点有哪些呢？通过调研和梳理，我们认为，学习"列举·尝试"的关键点在以下几个方面：一是从哪儿入手，确定哪个条件作为固定的数，列举是从头开始，还是从中间某个数开始；二是怎么列举，是一个一个全部列举出来，还是根据情况适当"跳跃列举"，如何有计划、有顺序地试；三是如何分析调整，分析调整是"列举·尝试"方法的极为重要的环节，包括确定调整的方向（腿多了还是少了，要增加什么、减少什么），把握调整幅度，需要大调还是小调，要处理好调整的过程，这些都需要分析和推理等高阶思维过程；四是如何提高尝试的效率，怎么检验答案。

（4）怎样帮助学生学会"列举·尝试"的方法？如何帮助学生经历方法策略的过程？

首先，"列举·尝试"的方法对小学生来说比较陌生，因此可以选择从"9个头，26条腿"这样数据较小的问题情境切入，让更多的学生容易进入，每一位学生都能经历用列举法寻找问题答案的过程，有利于后续解决复杂数据问题时，实现规律的应用、方法的迁移。其次，学生探索过程中，会形成很多不同的列举、尝试的方法，教师要充分运用这些课堂生成材料，组合成"有结构的材料"，组织"有结构"的反馈过程，给学生提供更多的展示自己的思维方式和解题策略的机会，引导学生解读和讨论，理解"从头开始"或"从中间开始"，"一一列举"或"跳跃列举"，以及如何"分析调整"等方法要领，特别是引导学生分析思考"调整的方向""调整的幅度""调整过程的处理"，学习体会"尝试—分析调整—再尝试—再分析调整"的试误过程，不断促进学生思考、内化，从而真正学会"列举·尝试"的方法。

基于以上分析，可以确定本节课的学习内容的核心和学习目标，就是学习用"列举·尝试"方法解决"鸡兔同笼"问题以及同类问题，以"列表记录"为思维的外显形式，充分经历"列举尝试—分析调整"思维过程，抓住"列举·尝试"方法的四个关键点展开教学，并努力突破"学会分析调整"的学习难点，掌握"列举·尝试"的方法。这节课的深度学习点，一是从四个关键点入手学习"列举·尝试"的方法，二是基于尝试数据"学会分析调整"。

研究二：选择、确定学教方式与路径

在厘清学习内容的核心和学习目标后，在学导设计时，要根据学习内容的特点、学生的学习特征等选择适合的学教方式，并确定相应的学导路径。

一、选择适合的学教方式

学习方式具有多样性，如自主学习、合作学习、探究学习、体验性学习、做中学、数字化学习、有意义的接受学习等。同样，学习内容也有多样性，学习者具有差异性，因此，不同的年段、不同的内容、不同的课型就需要有不同的学教方式及其学导路径。在约翰·D·布兰思福特等编著的《人是如何学习的》一书中，提出了多样的学教方式（如下图①），教师要根据学习内容和特定的目标等选择合适的教学方法。

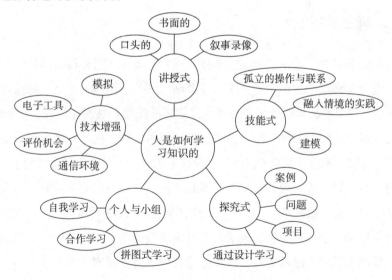

① ［美］约翰·D·布兰思福特．人是如何学习的——大脑、心理、经验及学校（扩展版）[M]．程可拉，孙亚玲，王旭卿，译．上海：华东师范大学出版社，2013：20.

在分析、借鉴国内外教学改革现状和经验的基础上，我们以"数学学科特征"和"以学习为中心"为思考改革的基石，研究了"问题导学""预学分享""做中学""混合式学习"等多样的学教方式及其课堂样态，每一种课堂样态都具有自身特定的功能、学导路径和适用范围等。教师可以根据学习内容的特征、学生的学习特征等选择适合的学教方式及其课堂样态。

如，从学习内容的角度来说，规律发现的学习、问题解决学习、具有较强探索性的概念学习等内容，如"圆周长计算方法的探索""乘法分配律""平行四边形面积"等，可以选择"问题导学"的课堂样态及其学教方式。再如，度量与度量单位、常见的量与计量单位、图形的展开与折叠等需要实践活动经验支撑的学习内容，如"厘米的认识（统一长度单位）""克和千克""长方体的展开图"等，可以选择"做中学"的课堂样态及其学教方式等。

当然，"教学有法，教无定法"，好的教学方法并不唯一，课堂样态及其学教方式的适合性是相对的，对于某一学习内容而言，也不是说只能选择某一种学教方式，还是可以选择不同的学教方式，最终都能设计出"以学生的学习为中心组织教学"的课。如"认识正负数"这一内容，既可以选择"预学分享"的学教方式，也可以选择"问题导学"的学教方式。

二、确定学导路径

在根据学习内容选择了相应的学教方式后，接下来需要确定的是学与导的路径，也就是确定"教学序"。"序"是思路，"序"是线索，"序"是路径，理出清晰的"序"是教学设计的关键要素，从某种程度上说，对于某一节课而言，是否已经理出清晰的"序"是是否已经备好课的标志，教师应该在每天走进教室准备上课前，先想一想今天的课的"序"是怎样的，是否已经理清楚了。

每一种学教方式一般都有基本的学教结构，教师应以此为基础，结合具体的教学内容分析"知识序""认知序"，构建形成这节课的"教学序"。教师要善于研究把握学生学习某一特定教学内容时实现数学化的过程，即学生是如何一步一步理解知识的，以及实现数学化的过程中有哪些要素（如思维材料、转化过程、语言抽象过程等），厘清"知识序""认知序"，确定合理的"教学序"，使学生能循序渐进地学习。同时，在研究分析"认知序"的过程中，还要从学生的角度分析清楚哪些内容是学生能够独立学习的，哪些内容是需要重点展开探索的，还要了解学生的学习困难、思维节点，了解学生学习该知识时"问题会出在哪儿"，从而在"教学序"中安排合理的学教方式。

如"认识正负数"选择"问题导学"的学教方式，通过分析构建了下面的学导路径。

（1）引入。创设情境，引入正负数，感受引入正负数的必要性。

（2）提问。引导学生提出问题，梳理确定核心问题，以问题引领学生的学习。

（3）认识。以"正负数怎样表示"的问题为引领，初步学习正负数的表示方法，认识正号、负号。

（4）理解。以"正负数的意义是什么"的问题为引领，借助海拔、温度、盈亏等多个情境思考、解读正负数所表示的相反意义的量的含义，深化对 0 的内涵的认识。

（5）拓展。丰富情境，拓展理解正负数的意义。拓展点一：0 作为一个标准，可以是一个具体的量，如羽毛球的标准质量、转学人数的记录（把学校原有 1000 人看作是 0）；拓展点二：学生体会在具体情境中，0、方向等都是一种规定，而规定是可变的。

这样的"教学序"，有利于学生层层递进的学习，真正理解正负数的意义。需要注意的是，课堂教学是一个动态的复杂的过程，教师的"导"是为了更好地促进学生的"学"，在"以学生的学习为中心"的课堂中，有更多的不确定性，学与导的进程不能完全按照事先设计好的学导路径进行。因此，在设计学导路径时，我们要尽可能考虑到学习过程中生成的各种情况，并根据不同的情况预设学导路径的调整和变化方案，构建"多通道"的学导路径。

研究三：预设，设计任务导引学习

数学教学的过程由一个个学与教的活动组成。在确定了学教方式与学导路径后，需要精心设计学与教活动，构建思路清晰、适度开放的教学预案。学与教的活动设计主要是"选材"和"预设"，选择合适的学习材料，并设计有价值的问题或任务，设计问题或任务驱动下的学与导的过程。学导活动的设计包括很多内容，如情境设计、问题或任务设计、活动方式设计、媒体运用设计、交流反馈方式设计等。学与导活动的类型特点不同（如主体探究活动、巩固应用活动、体验性活动、拓展性活动），活动设计及学习任务设计的侧重点也不同。

教学中，基于学生的"先有概念、思维困惑、认知冲突"等，以探索性、开放性、挑战性的高认知水平任务驱动学习，学习以理解、应用、分析、推理、综合、评价、创造等高层次认知活动为主要学习活动，以感知觉、记忆、模仿、操练等低层次认知活动为辅助学习活动，真正能够深入地思考问题。

下面试以"认识正负数"的学导活动设计为例，从不同的角度阐述学习活动与任务的设计，导引学生的学习。

示例 1：数学情境的设计——"认识正负数"的主体情境设计

为了帮助学生体会引入"正负数"的必要性，教师创设了关于海拔的情境，并分步呈现：

（1）教师口头描述：杭州吴山的海拔是 74 米，就是离海平面的距离是 74 米。老师还了解到新疆吐鲁番盆地，海拔高度是 –155 米。你们认为哪个地方高呢？

（2）出示示意图，引导学生理解高于海平面与低于海平面，尝试用不同的方式表征，引出正负数，初步理解"海拔"中正数与负数的意义。

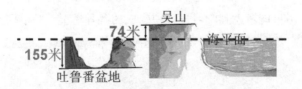

好的情境能有效激起学生的学习欲望，激发学生的数学思考。教师要善于设计好的情境，一个好的情境一般具有这样的特征：有数学内涵，知识融于情境之中；与生活实际或学生的经验紧密关联；能激发学习欲望；蕴含数学思考。在上述"认识正负数"的教学中，教师创设的"海拔"情境，将"要表示相反意义的量需要引入正负数"的知识体现在情境中，而且结合图形，学生也比较容易理解"相反意义的量"的意义，由学生原有经验而引发的认知冲突，也较好地激发了学生的学习欲望，激发了学生的数学思考。

示例2：高认知水平学习任务设计——"理解正负数的学习任务设计对比"

富有思考性的、高认知水平的学习任务能有效驱动学生的学习，能激发学生主动建构知识，是实现"以学生的学习为中心组织教学"的有效方式，也能避免简单地把现成的知识传递、灌输给学生。无论选择哪一种学教方式，教师都要善于把学习内容设计成问题或学习任务，导引学生的自主学习，激发学生的思维投入，充分暴露学生的知识现状和思维过程，提高学与导的针对性，获得好的学习效果。问题或任务的设计应适合学生的知识基础和认知水平，有利于学生的自主参与，并具有一定的思考性、开放性和探索性。问题或任务的设计不仅要设计让学生"做什么"，还要关注让学生"想什么"，要想办法促使学生形成自己的想法，有效暴露学生的思维过程。下面是前后两次设计"理解正负数意义"的学习任务的对比。

1.学习任务的初次设计

生活中有很多现象可以用正负数来表示，想一想，填一填。

（1）某一天的最高温度比0℃高6度，记作（　　）℃；

最低温度比0℃低2度，记作（　　）℃。

（2）存入银行200元，记作（　　）元；

从银行取出200元，记作（　　）元。

这是学生在通过"海拔"情境理解了"海拔"中正负数的含义后，进一步丰富情境理解正负数的意义，结果在上述第一次学习任务设计后进行教学时，学生填的情况基本都是正确的，是学生有效掌握正负数的意义了吗？还是"学习任务"的设计没有有效暴露学生的思维？于是，进行了学习任务的改进设计。

2.学习任务的改进设计

生活中有很多现象可以用正负数来表示，请写出下面温度中的正负数分别表示什么。

杭州
最高温度：+6℃
最低温度：−2℃

先填一填，再在右面的"温度计"上标出这两个温度。

+6℃表示（　　　　　　　　　）

−2℃表示（　　　　　　　　　）

这样改进学习任务设计后，有效驱动学生的思维，学生积极地用语言表达自己对正负数意义的理解，下面是收集到的部分学生作品。

先填一填，再在右面的"温度计"上标出这两个温度。

+6℃表示（　刚好是 6℃　）

−2℃表示（　刚好是 2℃　）

先填一填，再在右面的"温度计"上标出这两个温度。

+6℃表示（正 6 度　　　）

−2℃表示（负 2 度　　　）

先填一填，再在右面的"温度计"上标出这两个温度。

+6℃表示（高于0℃　　　）

−2℃表示（低于0℃　　　　）

先填一填，再在右面的"温度计"上标出这两个温度。

+6℃表示（比原来的温度增加6度）

−2℃表示（比原来的温度减少2度）

先填一填，再在右面的"温度计"上标出这两个温度。

+6℃表示（比0℃高6℃　）

−2℃表示（比0℃低2℃）

先填一填，再在右面的"温度计"上标出这两个温度。

+6℃表示（高气温6℃　　　）

−2℃表示（低气温2℃　　　）

　　在收集的学生作品中，我们看到了学生自己的理解以及差异，"学生的差异"正是课堂生成的最好的课程资源，组织讨论中促进了学生进一步理解正负数的含义。

　　再如，在引导学生"体会正负数表示法"时的一项学习任务设计：古代人很早以前就开始尝试表示生活中具有相反意义的量，下面收集了三种表达方式，你能看懂古人是怎样区分和表示正负数的吗？

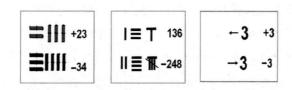

　　在上述的案例中，教材中有一篇"数学阅读"，目的是帮助学生了解历史上关于正负数的多种表征方式，常规的教学一般是让学生读一读，了解一下就过

了，学生往往印象不深。本案例中，教师将教材中的"数学阅读"设计成了一项富有思考性的学习任务，驱动学生的学习思考，引导学生体会古人区分、表示正负数的不同方式以及共同点（都区分了两种相反意义的量），加深了正负数意义的理解，最后再呈现"+""-"的正负数表示方式，进一步体会"正号""负号"的简洁性。

示例3：练习性任务设计——"判断是否是正负数"的活动与反馈设计

练习题：判断下面的数中哪些是正数，哪些是负数。

-9，$+\dfrac{3}{5}$，-3.2，20，$-\dfrac{1}{7}$，0

活动过程与反馈交流预设要点：

（1）目标与要点把握：判断，读数，拓展到分数、小数，"20"解决"正号省略"的问题，"0"的归类，完善小结分类。

（2）判断反馈方式：判断用手势表示——正数举手比桌面高，负数举手比桌面低。判断完后，教师将这些数板书在黑板上，以便整理和小结。

（3）学情与生成预设：0的归类学生可能会有疑惑，可以先让学生充分发表自己的观点，再引导学生结合前面的情境思考讨论，最后，教师用多媒体呈现情境直观图演示，帮助学生理解"0既不是正数，也不是负数"。

（4）整理小结：画"正数、0、负数"的集合圈，完善板书，形成较完整的认识。

数学练习是学生学习过程中的重要活动，数学练习具有"巩固知识、形成技能、发展思维"等功能。教师要注重练习性学习任务及练习活动方式的设计，数学练习的设计要注重针对性、层次性、思考性和一定的开放性，还要注意练习活动方式与反馈的多样性。在上述案例中，教师设计了判断正负数的一题练习，在练习中注重设计的目的性，本题练习的功能很丰富，除了基本的判断、读数等目标外，练习还承载了"将负数拓展到分数、小数，正号省略，0的归类"等功能。同时，教师还注意了练习反馈方式、课堂生成处理、媒体的使用等问题的预设，便于练习活动的展开。特别是对"0的归类"的问题，教师充分预设学生可能会出现的"认知冲突",并预设了教学处理的方式,为恰当处理"课堂生成"作了充分准备,以做到"有备而来,不慌不忙,有效引领"。

示例4:拓展性任务设计——"拓展深化正负数理解的活动"

拓展问题一:解读"羽毛球质量中的正负数"。

比赛用的羽毛球规定了标准质量,4个羽毛球称重并和标准质量比较后,记录为:

1号	2号	3号	4号
−0.2克	+0.15克	0克	−0.1克

活动过程反馈交流要点:

(1)独立思考回答:你能说说上面的几个正负数表示的意思吗?

(2)问题讨论:3号真的是0克吗?讨论中,帮助学生理解"选择标准质量作为0,这时的0并不是表示没有"。

(3)延伸思考:如果羽毛球的标准质量是5克,这4个羽毛球的质量分别是多少呢?

拓展问题二:解读"世博园路线中的正负数",体会正负数的规定性(方向的规定、0刻度的规定,渗透数轴)。

分步呈现以下线路图:

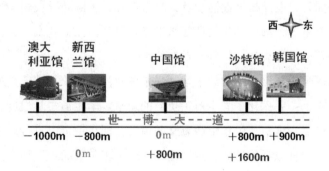

活动过程与反馈交流要点:

(1)沙特馆是世博会的热门馆,距中国馆800米,但新西兰馆也在距中国馆800米的地方,你有什么办法把两个800米记录下来,让大家一看就清楚呢?

(2)学生尝试记录、反馈。注意发现、反馈学生的两种表示方式,并引导学生讨论，体会"方向的规定性"。两种方式如下：

以东为正，往东 800 米就是 +800 米，往西 800 米就是 -800 米。

以西为正，往西 800 米就是 +800 米，往东 800 米就是 -800 米。

（3）呈现"韩国馆、澳大利亚馆"，让学生说出表示的数。

（4）延伸思考：有人认为中国馆可以记作 +800 米，他是怎么想的？像沙特馆同样的一个位置，怎么会有两种记录的方法呢？（进一步体会依据的标准不同，体会 0 的规定性，深化对正负数的理解）。

《数学课程标准（2011 年版）》提出："人人都能获得良好的数学教育，不同的人在数学上得到不同的发展。"学生在学习中的差异是客观存在的，如何在班级集体教学中实施有差异的教学，真正实现"不同的人在数学上得到不同的发展"，也是我们在教学设计时需要考虑的问题。实施有差异的教学，一方面，在探究知识的过程中，考虑不同学生的需求，促进学生的差异发展；另一方面，在实现基本学习目标的基础上，设计一些拓展性活动，使学有余力的学生有更大的思维发展空间，发展高层次思维，而一般的学生也在学习讨论中拓展了知识的内涵和外延，深化知识理解，学得更灵活。

拓展性学习任务可以是拓展性练习、趣味性练习等练习活动，也可以是观察、制作、实验、查资料、社会调查等实践性活动；可以在课内进行，也可以适当延伸到课外。设计拓展性活动及其学习任务，关键是寻找相关知识的拓展点，同时又要基于大部分学生的认知水平进行设计。在上述案例中，在基本理解掌握了正负数的知识后，教师将对 0 的规定性、方向的规定性、正负数在数轴上的表示等作为拓展点，设计了学生易于理解的情境，并结合直观图等让学生思考、讨论，拓展深化了学生对正负数的理解。学生通过从温度、海拔、盈亏等生活中已经约定俗成的正负数意义的理解，到认识可以自行规定的正负数的意义，以及数轴原型的适时渗透，逐步实现了正负数的理解从生活化向数学化的过渡。

以上通过一些"认识正负数"学导设计中的几个案例说明了学习活动与学习任务的设计，关键是要基于学习目标选择适当的学习材料，设计出好情境、好活动、好问题、好任务、好习题，导引学生的学习，促进深度学习的发生。

研究四：呈现，写好学导新教案

　　教案是组织学生学习时学与导的预设方案，是学与导的重要蓝本。一般来说，有什么样的教案，往往就有什么样的教学过程。完成立序、构思、预设等学导设计后，要通过教案的方式呈现出来，体现"学为中心"课堂转型的教案也应在"学"与"导"的关键处着力。具体在撰写教案时，除了基本的教材分析、学情分析、学习目标等内容外，学导过程的撰写要注意可操作、过程清晰、适度开放，不要把复杂的教学过程简约成了"师问生答式"的"教案剧"。可以有两种格式：一种是"活动任务或问题＋活动过程与反馈交流要点"的方式，在"活动过程与反馈交流要点"中体现对学情的关注，并预设一些课堂生成的处理，形成具有开放性的教学预案；第二种是可以写成表格式，表格中撰写教学环节与目标、学习任务与活动、学导活动与过程。这里推荐一种学导过程预设写成表格式的"学导新教案"的形式及其撰写要领（如下表）。

表 3.1　学导新教案

学习内容		执教时间	
设计者			
学习内容分析与学教方式选择			
学习目标（含学习重点、难点）			
课前准备			
学导环节与目标	学习任务与要点	学导活动与过程	
学与导反思			

附件：导学稿、学习单、需要补充的较长的文字材料、板书设计等附在表格下面。

为了更好地帮助大家了解各栏目的要求，对"学导新教案"的一些栏目和要素作如下说明。

（1）学习内容分析与学教方式选择："学习内容分析"的核心是研读教材，阐述学习内容的学科本质、知识联系等。"学教方式选择"注重学教方式的多元性，体现"不同的内容、不同的年级、不同的学习对象"，选择适当的学教方式，并适当展开，叙述学教方式选择的思考及学教结构、学习路径等。

（2）学习目标（含学习重点、难点）："学习目标"的表述应注意多元、清晰、可操作、可检测。"学习重点、难点"的表述应在教材分析和学生分析的基础上作清晰的表述。

（3）学导环节与目标：一般包括序号、环节标题。其中环节标题能初步体现环节目标，环节目标也可以用一两句话表述，但不宜过长，本环节具体的学习要求可以在学习任务栏目的"学习要点"中体现。

（4）学习任务与要点：一节课由若干个环节活动的学习任务组成，这是学生学习、理解知识，实现"深度学习"的"学习支架"，体现学习内容、学习路径、学习进阶、学习方式。

①学习任务：学习任务的本质就是这个环节学生"用什么方式学什么"，一般采用问题或实做任务（问题解答、阅读表述、动手操作、实践活动、项目研究）等形式，通过语言讲述、PPT、学习单（导学稿、任务单）等方式呈现，学习任务的类型可以有导入性任务与探究性任务、基础性任务与挑战性任务等，一般一节课的核心环节倡导采用"大问题、大任务"，强化问题探索，强调人人参与，真正以学习任务（问题）驱动学生"卷入学习"。

②学习要点：主要是这一环节学习任务的具体学习要求，即学会什么、体验什么等，也可包括学与导的关注点、注意点等，便于教师对这一环节中学习任务核心要点的把握。

（5）学导活动与过程：主要是学的活动与导的过程，并以流程的形式呈现（便于教师清晰地把握上课流程），同时，学与导的关键处应该有怎么展开的呈现，包括学情预设、追问等。"学导活动与过程"中，"学导核心模块"结构要清晰，要突出学生的"学"，体现"少教多学"和"智慧导学"，要关注学生的"思考、对话、表达、倾听、提问"。学导活动环节的表述要过程清晰，详略适度，不要过于简单，看不出具体过程，但也不宜过于繁琐。

（6）学与导反思：着重是针对本节课的反思，要关注学与导的过程，关注课堂细节，关注课堂生成，关注学生的思考和表达，关注具体教学问题的解决过程和策略提炼。

（7）附录：导学稿（学习单、预学稿）、组织学习时需要补充的较长的文字材料、板书设计等附在表格下面。

一节好课需要有好的教案，一份好的学导设计，源自于教师对学与导规律的理解，对学习内容本质的把握，对学生学情的研究，源自于教师"研析、定标、择法、立序、选材、预设"等六方面的教学设计能力。"冰冻三尺，非一日之寒"，教学设计能力的提升需要持久的研修，正如苏霍姆林斯基在《给教师的建议》一书中提到的一位教师的一段话："对这节课，我准备了一辈子，而且总的来说，对每一节课，我都是用终生的时间来备课的。不过就这个课题的直接准备，只用了大约十五分钟。"我们需要学习著名特级教师于漪老师的"三次备课，两次反思"的方法和精神，不断研修、琢磨、反思，不断提升自己的教学设计能力。同时，我们还需要注意的是，备课需要写教案，但备课不只是写教案，有了文本的教案，也不等于已经备完了课，关键是要"心中有教案，心中有思路，心中有目标，心中有学生"，只有在课前充分预设的基础上对教学设计了然于胸，才能有课堂的得心应手、精彩演绎。教案既要"写得好"，更要"用得好"。

典型课例 ②："三角形三边关系"学导新教案

表 3.2 "三角形三边关系"学导新教案

课题	三角形三边关系	执教时间	2017.4
设计者	朱德江		
学习内容分析与学教方式选择	"三角形三边关系"是"三角形认识"单元的学习内容，是学生在初步认识三角形后，进一步从边的关系角度来认识三角形的特征，探索并理解"三角形任意两边的和大于第三边"。与"三角形三边关系"紧密相关的知识是"两点之间线段最短"的数学公理，在中学数学中，一般用这一公理来证明三角形的三边关系，而小学阶段则主要是通过学生经历数学活动，通过操作或测量活动、举例等方法探索发现，并用不完全归纳法得出"三角形任意两边的和大于第三边"。通过这一内容的学习，一方面帮助学生从边的关系维度进一步认识三角形，另一方面帮助学生积累研究图形的数学活动经验。 从学生学习的角度来说，学生很少研究"关系"，更少思考"两边的和与第三边的关系"。另外，在让学生"画图"举例验证的时候，部分学生对是否存在"两边的和等于第三条边"的三角形存在困惑。		

学习内容分析与 学教方式选择	如何选择适合的学教方式？如何设计合适的学习路径？在三角形三边关系的教学中，如果采用"搭小棒（纸条、吸管）"的活动，先探究"怎样的三根小棒能围成一个三角形"。这实际上选择的是"逆向探究"的学习路径，即先探究"怎样的三根小棒能围成一个三角形"，得出"任意两根小棒大于第三根小棒时能围成三角形"，这个结论是"三角形任意两边的和大于第三边"的逆命题，需要通过转换和进一步举例验证才能真正得出三角形三边关系的结论。为此，设计本节课教学时，采用了"问题导学"的学教方式，通过设计学习任务导引学生的学习，并选择直接研究图形特征的"顺向探究"的学习路径，具体学习路径为： 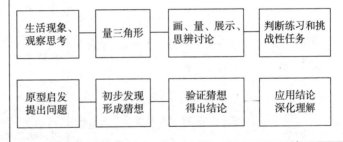
学习目标（含深度学习点）	1. 通过量、画等数学活动，探索并发现"三角形任意两边的和大于第三边"，积累研究图形的基本活动经验。 2. 能判断指定长度的三条线段能否组成三角形，能根据三角形的三边关系解释生活中的现象。 深度学习点：（1）学生自己通过量、画等数学活动，发现并举例验证"三角形任意两边的和大于第三边"。 （2）是否存在"两边之和等于第三边的三角形"是学生思维的困惑点。

课前准备	学习单	
学导环节与目标	学习任务与要点	学导活动与过程
一、原型启发，初步发现	学习任务1：量一量三角形三条边的长度，用数学算式说明你的想法，并思考你有什么发现。 学习要点： 1. 从生活现象中得到启发，能用数学算式（如 $2+3>4$）表示生活中的现象。 2. 写出三个算式和集体反馈后，能初步发现"三角形任意两边的和大于第三边"。	1. 原型启发。课件呈现出情景图。 海洋动物表演 11:30 明明　笑笑 师：笑笑和明明去海洋馆分别有几条路？走哪条路近？ 2. 学生根据生活经验讨论交流，一般学生都知道走直的路近，即走三角形的一条边近，走两条边远。 3. 呈现学习任务1，学生活动，量一量、写算式和观察发现。 4. 反馈交流：呈现几个学生写的算式，$2+3>4$，$2+4>3$，$3+4>2$。 5. 师：观察这些算式，你有什么发现？ 6. 初步得出结论：三角形任意两边的和大于第三边。

学导环节与目标	学习任务与要点	学导活动与过程
二、举例验证，研讨思辨	学习任务2：每人画一个或几个三角形，验证是否所有三角形都具有"三角形任意两边之和大于第三边"的特征。 学习要点： 1. 学生能尝试画一个或几个三角形，并测量三条边的长度，再计算、比较，写出三个数学算式。 2. 观察、判断是否符合"任意两边的和大于第三边的特征"。 3. 结合画、量、算活动，思考：是否存在"两边的和等于第三边的三角形"。	1. 师：同学们对刚才发现的特征还有什么问题吗？ 引导学生说明仅凭一个三角形就得出结论，证据是不充分的，需要研究更多的三角形来验证。 2. 师：请每位同学任意画一个三角形，并量一量，看是不是所有的三角形都有这个特征。 3. 学生独立画三角形，测量说明。 4. 组织反馈，展示学生作品，根据学生作品组织深入讨论。展示交流讨论中，对于是否存在"两条边等于第三条边的三角形"这样的困惑，教师要组织学生充分思辨，并适时用课件演示帮助学生思考和想象。（方法：错例—思辨—媒体演示、想象—判断、结论） 5. 得出结论：三角形任意两边的和大于第三边。

学导环节与目标	学习任务与要点	学导活动与过程
三、应用结论，深化理解	学习任务3：判断下列每组的三条线段能否围成三角形。 第一组：4，6，9。 第二组：2.5，8，3.5。 第三组：11，2，9。 第四组：三条长度相等的线段。 第五组：三条线段，其中两条长度相等。 学习要点： 1.学生能独立判断，并说明自己判断的方法。 2.反馈交流中，深化对三边关系的理解，在第一组的交流中，发现可以用"较短的两边之和大于第三边"来判断是否能围成三角形。 3.在第四组和第五组的反馈交流中，学会用"举例"的方法说明自己的观点。	1.学导组织方式：一组一组地判断交流讨论。（呈现题目—独立思考—手势语判断—交流讨论）。 2.第一组。学生判断后，引导学生说说自己判断的方法。引导发现：可以用"较短的两边之和大于第三边"判断是否能围成三角形。 3.第四组：学生说明观点时，一般会用举例的方法说明自己的观点，教师适当强化。 4.第五组：会出现不同的观点，引导学生举例说明观点，如能围成的，5、5、4；5、5、2；不能围成的，5、5、10；5、5、11。最后发现：两种情况都可能，无法确定。

学导环节与目标	学习任务与要点	学导活动与过程
四、解决问题，拓展延伸	学习任务4（挑战性任务）：把一根长20厘米的纸条剪成3段，要使这3段围成一个三角形，该怎么剪？（补充性问题：第一刀怎么剪？可以随意剪吗？第二刀再剪两段中的哪一段呢？） 学习要点： 1. 学生能用画一画、借助纸条或小棒试一试等方式思考问题。 2. 通过思考讨论得出：第一刀不能随意剪，不能剪在中间，其他是可以的。第二刀，要剪两段中长的一段，而且要考虑"较短的两段的和要大于第三段"。 3. 如果班级基础比较好，课堂教学时间也允许，可以进一步延伸追问：如果第一刀分成了12厘米和8厘米两段，第二刀将12厘米的再剪成两段，有哪些答案呢？	1. 呈现学习任务，学生整体感知大任务后，再呈现补充性问题：第一刀怎么剪，可以随意剪吗？第二刀再剪哪一段呢？ 2. 学生独立思考。 3. 分组交流，可说明自己的想法。 4. 全班交流，讨论，教师适时追问小结。 5. 总结延伸。 （1）通过今天的学习，你学会了什么？ （2）在探索发现结论、知识应用的过程中，你还有其他收获吗？ （3）学习了"三角形三边关系"，你还想到了什么或者还有其他想研究的问题吗？
学与导反思	（略）	

下篇　课堂样态

第四讲 "问题导学"课堂样态

"问题是数学的心脏"，有思考价值的问题能成为促使学生积极思维的动力，有了问题，思维才有了方向。在问题的导引下，学生能积极主动地参与探究发现活动，创造性地解决问题。数学教学要以问题驱动数学思考，让学生"愿想问题，会想问题"，在问题探索过程中，学生的知识和经验被激活，解决问题的方法策略和学生的智慧在"想问题"的过程中凝聚生成。"问题导学"是促进深度学习的重要课堂样态之一。

"问题导学"课堂样态要义

"问题导学"的课堂样态，是以问题导引学生学习的学与教方式。"问题导学"的课堂以围绕学习目标的一个"大问题"或一组具有一定结构的"问题串"，引领学生学习与思考，引导学习过程的走向和思维活动的深入，促进学习的真实发生，让学生在知识探究中产生自己的体验、理解和思考，从而有效建构知识、发展能力、积淀经验、感悟思想，有效提升学生的数学素养。"问题导学"课堂样态的基本学教结构如下：

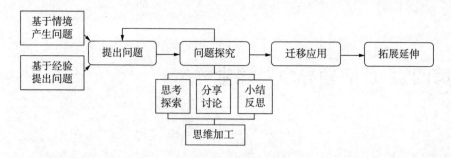

"问题导学"的课堂样态一般分为四个主要环节：一是提出问题。"问题导学"的问题应是依据学习目标和学生学情提出的有利于学习展开、学习目标达成的引领性问题，问题应具有一定的认知张力和适度的挑战性，应是促进学生思维参与、学习深入的关键性问题。问题的提出，可以是基于情境，师生共同提出问题、展开学习；也可以是基于学生已有的认知基础和经验，围绕学习内容由学生提出问题，教师基于学生提出的问题组织学生展开学习。二是问题探究。问题探究的基本单元是"思考探索—分享讨论—小结反思"。在一个问题解决、小结反思后，可以进入迁移应用的环节，也可以继续提出问题，继续进行问题探究，在一个个问题的探索中，学生的思维不断展开，学习情感也不断卷入，实现了学习的不断深入。三是迁移应用。此环节一方面巩固新知识，另一方面是知识迁移，应用知识进行变式练习和深化练习，以及应用知识解决实际问题。四是拓展延伸。在知识学习、学习方法、数学思想、数学文化、鼓励学生研究新问题等方面拓展延伸，能让学生带着新的问题或思考结束一节课的学习。

"问题导学"的课堂样态的适用范围比较广泛，大部分学习内容都可以用这样的学教方式。特别是一些探究性较强的内容，更是适合采用"问题导学"的学教方式，如概念的建构、方法和规律的探索、问题的解决等学习内容。

学导策略要点与关键技术

"问题导学"的学导策略要点与关键技术主要有"问题导引、任务驱动、深度讨论、针对性助学"等。

一、问题导引：以"问题串"触发深度学习的发生

问题激活思维，思考磨炼智慧。"问题导学"的课堂，问题是导向深度学习的关键，是聚焦教学重点和难点的载体，每一个问题都应精心设计成学生思维的阶梯，有效引导学习层次由浅入深。"好"的问题能激发学生产生"曹冲称象"式的智慧迸发，需要注意的是，"问题串"的问题不要过多、过于琐碎，"边讲边问，小步快进"的问题会导致学生思考力水平的下降。教学不能过度地"零敲碎打"，"大问题"才有"大张力"，一节课的"问题串"中应有一两个问题为"大问题"：问题开放性大一点、思考性和探索性强一点，甚至有的问题可以"结构不良"，导引学生沉浸、深入、彻底地思考，促进学生学习的真实发生。问题的产生有两种主要方式。

第一种方式是围绕学习目标精心设计"情境+问题串"，由情境中产生问题、提出问题，以"问题串"导引学生的学习过程。首先，情境的选择与设计，教师要善于创设多样化的问题情境，由情境产生疑问并形成数学问题，把静态的知识转化为动态性的探索性问题。其次，"问题串"的设计，基于情境围绕学习目标精心设计一组问题，通过一个个问题指向数学知识、方法、思想等发生发展过程，从而引导学习过程的走向和思维活动的深入，有效实现学习目标。"问题串"的设计是教师基于学生认知基础对学习目标进行分解、调整、定位的过程，是教师对一节课的整体架构。"问题串"设计的关键在于寻找学习目标与学生实际认知水平间的契合点，形成适合学生的最佳学习路径，从而引领学生主动探究，实现学习目标。一节课的"问题串"一般由 3～4 个问题组成，其中可以有导入性问题、基础性问题等，但更需要有 1～2 个有较大思考空间的、富有一定挑战性的"大问题"，给学生提供挑战高水平学习的机会，启动学生的思维，实现深度学习，从而获得知识、积累经验、提高能力、发展素养。

如在"三角形内角和"的学习中，通过问题情境激发学生的思考，产生问题，并用一个"大问题"导引学生的学习，即"所有三角形的内角和都是 180°吗"，围绕这个"大问题"，学生通过多种方式验证说明，如"测量求和"验证，"剪拼"或"折拼"转化联系"平角是 180°"说明等，也可以基于"长方形的内角和是 360°"的数学事实探究思考，深度讨论，使学习逐步深入。

又如，北师大版数学教材一年级下册的《开会啦》一课（如右图），本课是学生第一次学习解决比多比少的实际问题，通过具体情境和实际操作，初步体会"两个数量比多比少"的数量关系，丰富对减法含义的认识。教材创设了这样的情境：11个学生开会，只有7把椅子。并通过三个问题启发学生思考，引导学生分析问题、解决问题，问题1"每人坐1把椅子，够吗"，引导学生借助自己的生活经验说一说自己的想法；问题2"还缺几把椅子"，通过引导学生用学具摆一摆或画一画的方法，分析"两个数量比多比少"

的数量关系，借助直观得出结果，体会符号化、一一对应的思想方法等。问题3"你能列式解决问题吗？下面的列式你同意吗"，引导学生学会列式解决问题，进一步加深对比多比少数量关系的理解。三个问题的设计，基于学生的生活经验和认知水平，有效引导学生操作、分析、思考，从而理解数量关系、解决问题。

再如，在"认识面积"的学习中，设计了以下几个问题：

问题1：找面活动中，说说"面在哪儿"和"面积指的是什么"。

问题2：比较平面图形面积的大小，说说你是怎么想的。

第一组：

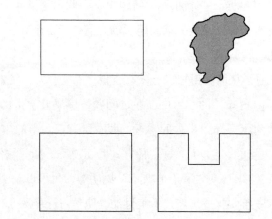

第二组：

问题3：比较下面长方形和正方形的大小，可以借助相关学习工具材料，说说你是怎么比较的，结果是什么。

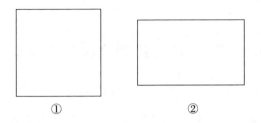

① ②

什么是"面积"？一般的描述是"物体表面或封闭图形的大小叫作面积"。《辞海》中关于面积的解释："几何学的基本度量单位之一，是用以度量平面或曲面上一块区域大小的正数，通常以边长为单位长的正方形的面积为度量单位。"也就是说，面积的本质是一个数，是用一个数刻画"一个区域的大小"，是用"数"描述"形"，更具体地说，就是一个区域的大小有多少个面积单位。在上述"认识面积"的教学设计中，围绕"理解面积的意义"的学习目标，教师设计了三个层次的问题，导引学生深入理解面积的意义。第一个问题是导引学生借助直观初步体会"面的大小就是面积"，帮助学生建构"面积指的是'一块区域大小'的表象"；第二个问题是导引学生直观比较"面"的大小，并在辨析中体会面积与周长的区别；第三个问题，在两个图形难以直接比较的情况下，导引学生用"工具"进行测量，也就是可以用"小正方形"作"单位"测量面积，通过"数单位"用一个数刻画面的大小。这是"度量"的本质，也是面积与长度、体积相通的地方，也就是说，要测量，就要先确定一个标准作单位，然后数出有几个这样的单位。

这样，通过三个问题导引学生的学习过程，问题引领着学习的发生和学习的不断深入，"学"与"导"着力在两个"核心点"上，突出"一块区域大小"表象的建立，突出"用正方形作单位测量"，促进面积概念的深度建构。

第二种方式是引导学生自己提出问题，也就是基于学生的认知基础和经验，导引学生自己提出问题，以学生提出的问题组成"问题串"导引展开教学。这样的方式一般比较适合学生有较多认知基础和经验的学习内容。

如"百分数的认识"的学习中，先通过"关于百分数，你想知道什么"，引导学生提出问题，学生提出了"为什么要学习百分数""百分数的意义是什么""百分数有什么用""百分数与分数有什么区别""百分数怎么读、怎么写"等问题，教师以学生提出的问题为基础，适当梳理，以若干个关键问题导引学生学习的展开。

二、任务驱动：以"学习任务"驱动学习走向深入

任务驱动学习，任务导引学习。教学中，核心问题可以用学习任务的形式呈现，让学生先想一想、写一写、做一做等，放大"想问题"的过程，促进学生"卷入学习"，全面展现学生的思维过程，实现学习的深度发生。

如，上述问题3，教师先让学生"目视"，直接观察比较下面长方形和正方形的大小，并用手势语反馈自己的观点，学生出现了不同的观点，有的说正方形面积大，有说长方形面积大，也有的说一样大。

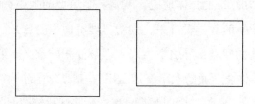

在学生表达自己不同的观点后，教师以"学习任务"的方式让学生自主探索两个图形的大小，"学习任务"如下：像这样难以通过直接观察判断的图形，有什么办法来比较它们的大小呢？请同桌合作，借助学具研究一下，并记录下你们的方法与结果。给同桌的一组学生提供以下材料：（1）被测量的两个图形；（2）10cm×10cm 的透明方格纸1张；（3）20多个 2cm×2cm 的小正方形纸片。

学生同桌合作研究，记录方法和结果。

然后组织反馈，请同桌两人一组上来说明他们的研究方法。于是，有了以下有一定学习深度的学习过程。

组1：我们用了"重叠"的方法，看剩余部分都是多出来一块，所以一样大。

生：（质疑）重叠部分不是一样大的，还是比不出来。

生：可以再去量一量，比剩下部分的大小。

师：看来重叠的方法不能直接比出这两个图形的大小，还要想办法比剩下

部分的大小。那么，你们还有没有其他方法呢？

组2：我们是先重叠，再把多出来的部分，用小正方形去摆一摆，正方形多出来的可以摆4个，长方形多出来的可以摆3个，所以正方形大。

组3：我们用这个正方形（2×2）摆，正方形摆出来是4×4=16个，长方形摆出来是3×5=15个，正方形大。（教师在两个图形下板书：15、16）

组4：我们用"透明小方格纸"放在两个图形上面数一数，正方形有64个小正方形，长方形有60个小正方形。（教师在两个图形下板书：60、64）

组5：我们是把图形放在透明方格纸上面，被长方形遮住后剩下40个方格，被正方形遮住后剩下36个方格，所以正方形大。

师：这个方法也挺有意思，比剩下的方格的多少，再推算出来。

师：看来有很多方法，后面这几种都是用了"数小正方形"的方法，比出了两个图形的大小。这是常用的方法，测量面积的大小就是可以数有几个这样的"小正方形"，就是"数单位"。

师：大家认识面积了吗？还有问题吗？

生：没有。

师：（指板书，追问）为什么都是用"正方形"摆，结果却不一样呢？比如正方形数出来是16个"单位"，另外一组数出来是64个"单位"呢？

生：因为用的"小正方形"不一样大。

师：作"单位"的小正方形的大小不一样，数出的结果也就不一样。

师：刚才我们用"数正方形"的方法，比较出了两个图形面积的大小。看来，线段可以通过测量知道长度，"面"也可以通过"数小正方形"测量知道面积的大小。

以"问题导学"组织学生的学习，要放大"想问题"的过程。教师要引导学生围绕问题主动地进行观察、操作、思考、推理等数学活动，让学生自主地"做"和"悟"，经过多次尝试和改进，用自己的方式去探索问题。从上述教学片段中，可以看到，"用数单位的方法比较长方形与正方形的面积大小"作为这节课的一个关键问题，教师采用了"学习任务"的方式呈现，让学生借助学具"卷入"到学习过程中，用"重叠"比较的方法，用"小正方形"作面积单位数的方法，用"透明小方格纸"数面积的方法（本质也是数单位），在活动中学生充分积累"数单位"的活动经验，丰富了对面积概念的理解。

三、深度讨论：抓"关键点"激发认知冲突

在"问题导学"组织学习的过程中，教师要善于激活学生的思维状态，驱动学生积极思考和探究，特别是要抓住一些学习的关键点，通过问题、学习材料等方式，给学生提供认知冲突和建立意义的机会，促进深度思考，在辨析讨论中深入学习。

比如，在"面积"教学中，由于受已有经验和知识基础等影响，学生在学习"面积"的过程中，会有一些思维中疑惑或困惑的地方，如，"周长"对于学生认识面积具有"负迁移"，因为在一个平面图形中，"边"属于强刺激源，"面"属于弱刺激源，加之长度的学习在先，学生在学习面积时，在潜意识中会受到周长的影响，感到周长长的图形的面积更大些。为此，教师设计"口"字形与"凹"字形两个图形面积的比较，并引导学生展开辩论，在辩论和教师借助媒体的演示中，逐步厘清周长与面积的区别，知道周长是边线一圈的长度，而面积是整个面的大小。

具体学习过程如下：

师：（呈现两个图形）这两个图形哪个面积大呢？请用不同的手势语表示你的观点。

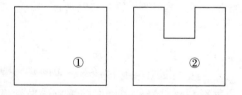

学生用手势语表示观点，出现了不同的观点：①号大、②号大、一样大。

师：有三种不同的观点，你支持哪一种？说说你的想法。

生1：一样大，有凹下去的不一定比平的小。

生2：我也觉得一样大，②号图形的那条横线往上移，它们就一样了。

生3：我觉得第二个图形大，我觉得把第二个图形的横线往上移的话，就多

了两条边了，所以第二个图形比第一个图形大。

生4：我要质疑，我觉得第一个图形大，如果把这两个图形重叠的话，明显第一个图形多一块。

生5：第一个图形多出来那一块，就是第二个图形凹下去的那一块。所以第一个图形大。

生6：②号图形缺了一块，②号图形的面积小。

师：但刚才的同学不是说了，把第二个图形的那条线往上移的不就多了两条了吗？你用什么方法说服他们呢？

生1：那条边往上移的话，这个图形就变了，面积也变了。

生2：我知道他们说的意思是什么了，多了两条线，其实是周长大。

师：周长和面积是不是一回事？

生：不是。

师：谁来说说周长是指什么，面积是指什么？

生：周长就是它的四条边的长，面积是四条边围起来的地方的大小。

师：请大家再看看老师这里的PPT中的演示，想想周长和面积一样吗？（教师多媒体演示两个图形的周长和面积，并演示重叠比较面积的大小）

生1：第二个图形的面积大。

生2：第二个图形比第一个图形的周长要长，多的两条线是图形的周长。

师：看来刚才的同学是混淆了周长和面积，现在知道周长和面积的区别了吗？比如这本数学书的周长与面积分别是什么呢？请你与同桌说一说。

（学生与同桌分享）

在上述教学片段中，教师精心设计的"口"字形与"凹"字形两个图形面积的比较的学习材料，激发了学生原有的认知，充分暴露学生的前概念和思维状态，成就了课堂的精彩，促进了概念的深度理解。

在"问题导学"过程中，教师还应指导和鼓励学生提问与质疑，鼓励学生多问几个为什么，使学生在"质疑—研讨"的循环过程中碰撞出智慧的火花，通过提问深化对知识的理解，通过质疑将知识升华为智慧。

四、针对性助学：适时适度为学生的学习提供有效支持

学生的"学"需要教师的"导"的有力支持，而学生学习的"需求点"正是教师"导"的着力点。在"问题导学"的学习过程中，学生自主探索问题、交流讨论的过程中会碰到各种困惑或问题，需要教师"该出手的时候再出手"，适时适度地提供"针对性助学"，以"针对性助学"提供有效支持，实现不教之教。

"针对性助学"可以根据学习内容和学情采用不同的方式，如提供学具、媒体演示、实验操作、呈现新的学习材料等方式，给学生的学习提供支持。如上述"面积"的学习过程中，为了帮助学生比较长方形和正方形的大小，体会"用单位正方形测量图形面积"，教师为每组学生提供以下材料：（1）被测量的两个图形；（2）10×10 的透明方格纸 1 张；（3）20 多个 2×2 的小正方形纸片。并给学生充分的探索时间，引导学生自主采用多种方法探究，学生可以选择不同的学具、用不同的方法进行测量、比较，经历用"数"刻画"形"的学习过程，促进概念的理解。再如，在"口"字形与"凹"字形两个图形面积的比较时，学生充分发表了自己的观点后，教师用 PPT 演示进行了"针对性助学"，通过"图形涂色"和"图形重叠"等动画演示，直观感知图形的大小，通过边线变成红色，突出边线，感知周长的长短，进一步帮助学生确认两个图形的大小以及周长的长短。

学生学习过程中，教师要善于"把握学情，铺路搭桥，顺学而导"，进行引导、启导、疏导，引在重点上，导在疑难处，点在困惑时，以"针对性助学"实现"不教之教"。

典型课例❸：知其然，也知其所以然

—— "小数点搬家" 教学案例

【课前深思】

"小数点搬家"是北师大版义务教育课程标准实验教科书四年级下册"小数乘法"单元中的学习内容，其核心内容是"小数点位置的移动引起小数大小变化的规律"。这部分知识是在学生认识小数的意义、小数的性质和小数加减法等知识基础上学习的，"小数点位置的移动引起小数大小变化的规律"是小数乘法和除法计算的依据，也是小数和复名数相互改写的重要基础。对学生来说，形式化地记住"规律"的这几句话并不困难，但要自己探索发现并真正理解却并不容易。

一、学什么：研读学习内容与学生学情，厘清"学什么"与"深度学习点"

（1）"小数点搬家"的学习内容是什么？"规律"的语言怎么表述更有利于学生理解？

"小数点搬家"这节课主要学习"小数点位置移动引起小数大小变化的规律"，"规律"常见的表述是这样的："小数点向右移动一位，小数（或这个数）就扩大到原数的 10 倍，小数点向左移动一位，小数（或这个数）就缩小到原数的 $\frac{1}{10}$；……"这样的表述，实际教学中学生理解起来比较困难，原因之一是其中的"小数（或这个数）"指向不明，究竟是"原来的数"，还是"移动后得到的数"，指向不是很清楚。原因之二是其中"扩大到""缩小到"这样的表述，给出了一种动态的过程，但"谁是谁的 10 倍"和"谁是谁的 $\frac{1}{10}$"表述得不是很清楚，增加了学生理解的难度。教学设计时，我在不断思考：规律怎样表述既合理，又容易让学生理解呢？在反复思考后，选择了这样的表述："小数点向右移动一位，得到的数是原数的 10 倍，小数点向左移动一位，得到的数是原数的 $\frac{1}{10}$；……"这样的表述，两个比较的量比较清楚，学生容易理解，有利于学生"知其然"。而且，这样的表述，也有利于学生将"规律"应用到运算之中，因为这样的表述与下面的表述是等价的：一个数乘 10，得到的数是原数的 10 倍；一个数除以 10，得到的数是原数的 $\frac{1}{10}$。因此，一个数乘 10，只要把这个数的小数点向右移动一位；一个数除以 10，只要把这个数的小数点向左移动一位。同时，在教学中，引导学生表述"规律"时，先让学生说说移动后是"扩大了"，还是"缩小了"，再具体表述"谁是谁的几倍"和"谁是谁的几分之几"，这样既能让学生直觉感知小数大小的变化，又容易清晰地表达变化的结果。

（2）怎样才算实现"规律"的"意义理解"，真正做到"知其然，也知其所以然"？

"小数点向右移动一位，得到的数是原数的 10 倍，小数点向左移动一位，得到的数是原数的 $\frac{1}{10}$；……"小数点位置移动引起小数大小变化的规律，看上去是一些简单的文字叙述，但要真正使学生理解并不容易。显然，导引学生探索理解"规律"是本节课的一个深度学习点，怎样才算达成了"规律"的真正理解呢？

首先，学生能调动自己已有的知识和生活经验，想办法解释"0.1 是 0.01 的 10 倍，0.01 是 0.1 的 $\frac{1}{10}$"等。如学生能用"元、角、分"和"米、厘米"等模型解释，0.1 元是 1 角，也就是 10 分，0.01 元是 1 分，10 分是 1 分的 10 倍，1 分是 10 分的 $\frac{1}{10}$，所以 0.1 是 0.01 的 10 倍，0.01 是 0.1 的 $\frac{1}{10}$。再如，学生还能根据"小数的意义"的直观模型图、画线段图等解释小数点位置移动前后的两个数之间的关系。

其次，对"小数点位置移动引起小数大小变化的规律"的理解，还要能结合已有知识，体会并尝试解释规律的本质，沟通和建立知识之间的联系。小数和整数一样，是按照十进制来计数的，数字所在的位置不同，表示的数值大小就不同。小数点位置移动后，原来的数字所在的数位发生了变化，也就使这个数字表示的数值发生了变化，进而导致整个小数的大小发生变化。又因为"两个相邻计数单位之间的进率是十"，也就是"十进制计数"，所以小数点移动后，得到的数与原数之间是 10 倍、100 倍、1000 倍或 $\frac{1}{10}$、$\frac{1}{100}$、$\frac{1}{1000}$ 的关系。

（3）学习的基础有哪些？学习的困难在哪儿？

在学习本节课的知识前，学生已有了一些小数的知识和分数的知识。在学习过程中，学生在理解和解释"得到的数是原来的数的几分之几"时，需要用到"一个数是另一个数的几分之几"的知识，但由于学生只是在三年级学习过"分数的初步认识"，之前对分数的理解也主要是借助"图形直观"认识的，所以理解"小数点向左移动一位、两位、三位，得到的数是原数的 $\frac{1}{10}$、$\frac{1}{100}$、$\frac{1}{1000}$"比较困难，如"0.01 是 0.1 的 $\frac{1}{10}$，0.01 是 1 的 $\frac{1}{100}$，0.001 是 1 的 $\frac{1}{1000}$，0.25 是 2.5 的 $\frac{1}{10}$"等，对学生来说比较困难，显然，这也是本节课的一个深度学习点，需要教师充分利用"图形直观"，帮助学生理解知识，有效突破了学习的难点，真正实现"知其然"。

（4）教材中设计了"小数点搬家"的情境，情境的价值是什么？如何使用？

"小数点搬家"的故事情境，能激发学生的学习兴趣，同时能以"搬家"的动态过程帮助学生初步感知小数点位置移动与小数大小变化的联系。

二、怎么学：选择组织学生"学"的方式，设计"深度学习"发生的路径

1.学教方式

"小数点搬家"的学习内容主要是探索"小数点位置移动引起小数大小变化

的规律"，作为规律探索课，本节课选用"问题导学"的学习方式，以问题驱动数学思考，激活学生的知识和经验，层层深入地引领学生探索理解"小数点位置移动引起小数大小变化的规律"，促进知识的深度理解，积累"想问题"的基本活动经验。

2.学导路径

基于"问题导学"的学教方式和"知识序""认知序"的分析，确定了"教学序"，构建了下面的学导路径。

（1）感知。情境驱动，以"小数点搬家"的故事激发学生的学习兴趣，以"搬家"的动态过程帮助学生初步感知小数点位置移动与小数大小变化的联系，并引出问题。

（2）探索。分步探索"小数点位置移动引起小数大小变化的规律"。

①以"$0.01 \rightarrow 0.1$"为例，探索、发现小数点移动一位引起小数大小变化的规律。通过这个问题，驱动学生的知识储备和生活经验（小数的意义、人民币模型等），引导学生自己想办法解释"0.1 是 0.01 的 10 倍，0.01 是 0.1 的 $\frac{1}{10}$"等。

②迁移研究"移动一位的规律"的探索经验，探究小数点移动两位、三位引起小数大小变化的规律，理解规律。

③总结规律，得出结论。

（3）联系。深入追问，借助"数位顺序表"沟通"规律"与"小数的意义""计数单位""十进制"等知识之间的联系，帮助学生"知其所以然"，深化对规律的理解。

（4）应用。根据"规律"按要求移动小数点位置等知识应用中，巩固规律的理解。通过阅读材料进一步体会"小数点"的作用，促进学习习惯的养成。

3.学导要点

（1）情境创设。用教材的"小数点搬家"，以教师现场讲故事、中间适当提问导思的方式导入，导引学生初步感知小数点位置移动引起小数大小的变化。

（2）设计核心问题，导引学生展开学习。基于学生探索理解"规律"的路径设计了以下三个问题，教学中，基于问题组织学生对话、思考。

问题 1：怎样说明 0.1 是 0.01 的 10 倍呢？怎样说明 0.01 是 0.1 的 $\frac{1}{10}$ 呢？

问题 2：我们已经知道了小数点向右、向左移动一位，小数大小的变化规律，如果小数点向右、向左移动两位、三位，小数的大小会发生怎样的变化呢？你能解释说明吗？

问题 3：为什么小数点的位置移动会引起小数的大小变化呢？为什么是 10 倍、100 倍、1000 倍或 $\frac{1}{10}$、$\frac{1}{100}$、$\frac{1}{1000}$ 的关系呢？

（3）选择适合的方式与材料，组织或支持学生的学习。在学生学习过程中，适时用百格图、长方形格子图、立方体、数位顺序表等帮助学生理解知识。

【学导过程与解析】

一、创设情境，初步感知

1.出示主题图，讲故事

师：今天，我给大家带来"小数点搬家"的故事。

蚂蚁在森林里开了一家快餐店，刚开业时，他的快餐 0.01 元一份，很多动物都来用餐，生意好极了。可是，过了几天，蚂蚁算一下账，发现没什么利润，还亏了一点，他想这样可不行。这时候小数点说话了："只要我搬搬家就行了。"你们知道小数点怎么搬家的吗？（动画呈现小数点移动过程，再呈现"0.1 元"），来餐厅用餐的小动物尽管少了一些，但还是开始有利润了。蚂蚁很高兴，小数点也很开心，小数点又说："搬家搬对了，我再搬一次家。"这次小数点怎么搬家的呢？快餐多少钱一份了呢？（呈现 1 元），可是没有动物来吃快餐了。

2.感知"小数点位置怎么移动"，初步体会小数点位置移动与小数大小变化的联系

师：在这个故事中你发现了什么变化？

"小数点搬家"的故事的价值是什么？一方面，拟人化的故事能吸引学生的学习兴趣；另一方面，"搬家"的动态过程有利于学生对"小数点位置移动"有直观体会。

教学通过教师讲故事的形式展开，中间适时用问题导引学生关注和思考小数点位置的变化以及价格的变化，可激发学生的学习兴趣，同时通过"搬家"的形态经验帮助学生体会小数点位置的移动。在"故事"讲完后，重点导引学生关注"变化"，如小数点位置的变化，价格的变化，小数大小变化等，顺学而导，引出研究的问题。

生1：小数点的位置变化。

生2：（补充）小数点的位置在移动。（师板书：小数点位置移动）

师：还有什么变化呢？

生：小数的大小也发生了变化。（师板书：小数大小变化）

师：我们再来看刚才的几个数，看看小数点是怎么移动的。0.01元的小数点向右移动一位是0.1元，0.1元的小数点再向右移动一位是1元。

师：小数点位置移动会引起小数大小的变化（用"→"连接两句话），都是这样的吗？我们再看一个例子，比如2.5，如果小数点向左移动一位是什么数？（演示移动过程）

生：0.25。

师：大小变了吗？

生：变小了。

师：如果小数点向右移动一位是什么数？（演示移动过程）

生：25。

师：大小变了吗？

生：变大了。

师：从刚才两组数的讨论中，你发现了什么？

生：小数点位置的移动会引起小数大小的变化。

师：这种变化是不是有一定的规律呢？今天我们就一起来研究这个问题。

二、探索规律，建构联系

1.探索小数点移动一位引起小数大小的变化的规律

（1）师：我们先来研究小数点移动一位的情况。

比如 0.01 → 0.1，小数点的位置发生了什么变化？

生：向右移动了一位。

师：小数的大小发生了什么变化呢？

生：小数扩大了 10 倍。

师：（追问）扩大 10 倍是什么意思？谁是谁的 10 倍？

生：0.1 是 0.01 的 10 倍。

师：就是说，扩大后，得到的数是原数的 10 倍。（板书：小数点向右移动一位，得到的数是原数的 10 倍。）

师：得到的数是原数的 10 倍，你有办法说明"0.1 是 0.01 的 10 倍"吗？

（先让学生独立想一想后，与同桌交流，再组织反馈。）

生 1：0.01 元 =1 分，0.1 元 =1 角 =10 分，10 分是 1 分的 10 倍，0.1 元是 0.01 元的 10 倍。（板书）

生 2：0.01 是百分之一，0.1 是十分之一。0.01 是一百份中的一份，0.1 是十份中的一份。

师：（适时呈现下图）他说得是不是这样的意思，是根据我们前面学习的小数的意义和计数单位来说的？从图中我们可以知道 0.1 里有几个 0.01？

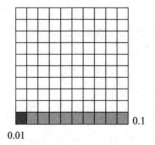

0.01   0.1

学生已有了一些小数知识的基础，教学时，教师注意驱动学生的知识储备和生活经验，引导学生自己想办法解释"0.1 是 0.01 的 10 倍，0.01 是 0.1 的 $\frac{1}{10}$"等，我们可以看到，这样的问题激活了学生的经验，学生运用了"元、角、分"和"分米、厘米"等模型帮助解释。同时，由于学生只是初步认识分数，之前对分数的理解主要是借助"图形直观"认识的，因此，理解"0.01 是 0.1 的 $\frac{1}{10}$，0.01 是 1 的 $\frac{1}{100}$，0.001 是 1 的 $\frac{1}{1000}$，0.25 是

2.5的 $\frac{1}{10}$"等，对学生来说比较困难。教学中，充分利用"图形直观"，用了"百格图"等多种直观模型，数形结合，帮助学生理解知识，有效突破了学习的难点，真正实现"知其然"。教师也注意引导这些方法的小结，让学生在后面的学习中多次用这些方法进行解释，促进学生理解"规律"。另外，为了学生容易解释，教学中先用了"0.01和0.1"这样比较特殊的数据，再迁移到"0.25和2.5"这样一般的数据，并借助长方形直观模型，引导学生思维上的提升，即不管什

生3：0.1里有10个0.01。（师板书）

生4：小数单位之间的进率是10。

师：他说的其实就是"两个相邻计数单位之间的进率是10"（板书），这里0.1和0.01正好是两个相邻的计数单位，所以也能说明10倍关系，对吗？

（教师引导学生小结一下上面三种不同的角度说明"小数点向右移动一位，得到的数是原数的10倍"的方法。这时又有一位学生举手要说自己的想法。）

生5：还可以这样想，0.1看成1分米，0.01看成是1厘米，1分米是1厘米的10倍，所以0.1是0.01的10倍。（学生鼓掌）

师：我们班的同学真的厉害，又想到了一种解释的方法，非常了不起。

（2）师：刚才我们研究了小数点向右移动一位的变化情况，如果反过来看，从0.1到0.01，小数点向左移动一位，小数的大小发生怎样的变化呢？

生：缩小了10倍。

师：缩小了10倍是什么意思，得到的数与原数是什么关系呢？

生：小数点向左移动一位，原数是得到的数的10倍。

师：原数是得到的数的10倍，那么反过来说得到数是原数的多少呢？

生：是原数的 $\frac{1}{10}$。

师：你理解这句话的意思吗？你能说明道理吗？你也能像刚才一样用一定的方法说明"0.01是0.1的 $\frac{1}{10}$"吗？

（学生同桌讨论、交流自己的想法，再组织反馈。）

生1：0.01看成1厘米，0.1看成1分米，1厘米是1分米的$\frac{1}{10}$，所以0.01是0.1的$\frac{1}{10}$。

生2：0.01是1分，0.1是1角，所以0.01是0.1的$\frac{1}{10}$。

师：两位同学解释得很好，我们还可以看下面的图想一想。（教师用图演示从10个正方形变为1个正方形的过程，即从0.1到0.01，帮助学生通过1个正方形是10个正方形的$\frac{1}{10}$的图形，直观理解"0.01是0.1的$\frac{1}{10}$"，如下图）

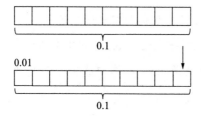

（3）师：刚才我们通过研究0.01和0.1之间的变化关系，得出了"小数点向右移动一位，得到的数是原数的10倍""小数点向左移动一位，得到的数是原数的$\frac{1}{10}$"。小数点移动一位的情况，变化规律是不是都是这样呢？

师：我们再来看几个例子，黑板上的两组中小数点移动一位的情况还有：0.1→1；0.25→2.5；2.5→25。（板书）我们以"0.25→2.5"为例，你也能说说它们的变化关系吗，你也能用刚才的几种方法来解释吗？

（学生独立思考，同桌交流。）

师：谁先来说一下结论？

么数，只要是小数点向左移动一位，变化前的数便是10份，变化后的数即为$\frac{1}{10}$，小数点向左移动一位，得到的数始终是原数的$\frac{1}{10}$。

生：2.5 是 0.25 的 10 倍，0.25 是 2.5 的 $\frac{1}{10}$。

师：谁能解释呢？

生1：0.25 元是 25 分，2.5 元是 250 分，250 分里有 10 个 25 分，所以 2.5 是 0.25 的 10 倍，0.25 是 2.5 的 $\frac{1}{10}$。

师：还有其他解释吗？

生2：0.25 是 25 个 0.01，2.5 里有 250 个 0.01，所以 2.5 是 0.25 的 10 倍。

生3：0.25 元是 25 分，2.5 元是 250 分，250 分里有 10 个 25 分，所以 2.5 是 0.25 的 10 倍，0.25 是 2.5 的 $\frac{1}{10}$。

师：刚才三位同学解释得非常好。我们也可以借助刚才的图去想（呈现图），用 1 个正方形表示 0.25，10 个 0.25 就是 2.5。从图中我们也可以看出"2.5 是 0.25 的 10 倍，0.25 是 2.5 的 $\frac{1}{10}$"。

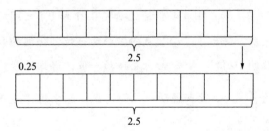

这是教学中的第二个问题，引导学生应用前面研究"小数点移动一位"的探索经验，引导学生迁移探索"小数点移动二、三位后小数大小变化的规律"，并

2.探究小数点移动两位、三位引起小数大小变化的规律

师：小数点向右、向左移动一位，小数大小的变化规律我们已经知道，如果小数点向右移动两位、三位，或向左移动两位、三位，小数的大小会发生怎样的变化呢？

（学生回答，教师板书。）

小数点向右移动两位，得到的数是原数的 100 倍。

小数点向右移动三位，得到的数是原数的 1000 倍。

小数点向左移动两位，得到的数是原数的 $\frac{1}{100}$。

小数点向左移动三位，得到的数是原数的 $\frac{1}{1000}$。

师：你也能像刚才那样通过一定的方法说明道理吗？比如以 0.01 → 1；0.25 → 25 为例来说一说。

（学生同桌之间说一说，再组织反馈。）

生 1：0.01 元表示 1 分，1 元表示 100 分，1 是 0.01 的 100 倍，0.01 是 1 的 $\frac{1}{100}$。

生 2：因为移动一位是 10 倍，再移动一位又是 10 倍，所以移动两位是 100 倍，再移动一位就是 1000 倍。

师：这位同学说的意思，你能听懂吗？以 0.01、0.1 和 1 为例，0.1 是 0.01 的 10，1 是 0.1 的 10 倍，所以 1 是 0.01 的 100 倍，反过来，0.01 是 1 的 $\frac{1}{100}$，你理解了吗？

师：我们也可以借助图来帮助理解，比如移动两位的情况，请大家看图想一想，你能看懂吗？（呈现下图）

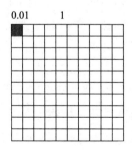

生：从图中可以看出 0.01 是 1 个方格，1 是 100 个

进一步借助"图形直观"帮助学生解释规律，理解规律，最后得出结论。

方格，1 里面有 100 个 0.01，所以 1 是 0.01 的 100 倍。

师：反过来说呢？

生：0.01 是 1 的 $\frac{1}{100}$。

师：我们再来看移动三位的情况，请大家看图。（呈现右图）

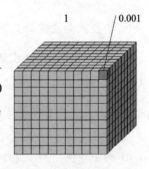

师：在这个立体图形中，0.001 是 1 个小方块，1 就是 1000 个小方块，1 里面有 1000 个 0.001，所以 1 是 0.001 的 1000 倍，0.001 是 1 的 $\frac{1}{1000}$。

3. 课堂小结

师：学到现在，你明白了什么？

生 1：小数点的移动会引起小数大小的变化。

师：是怎么变化的呢？小数点向右移动，数是怎么变的？

生：扩大。

师：向左移动呢？

生：变小。

师：具体是怎么变的呢？

生：小数点向右移动一位、两位、三位，得到的数是原数的 10 倍、100 倍、1000 倍；小数点向左移动一位、两位、三位，得到的数是原数的 $\frac{1}{10}$、$\frac{1}{100}$、$\frac{1}{1000}$。

4. 沟通知识联系，进一步理解规律

师：你们还有问题吗？老师还有一个问题，为什么小数点的位置移动会引起小数的大小变化呢？学数学，我们经常要想想为什么。

师：我们可以借助数位顺序表来想，我们把

在学生初步理解"规律"后，教师又通过追问进一步引导学生思考数学知识的本质，感悟知识联系。同时，适时呈现了数位顺

0.25、2.5、25 填入数位顺序表，想一想。

0.25→2.5→25

数位	…	十位	个位	·	十分位	百分位	…
计数单位		十	一（个）		十分之一（0.1）	百分之一（0.01）	
			0	·	2	5	
			2	·	5		
		2	5				

师：大家看数字 5 分别在什么数位上，分别表示多少呢？

生：5 分别在百分位、十分位、个位上，分别表示 5 个 0.01，5 个 0.1，5 个 1。

师：也就是说，小数点移动后，这个数字所在的数位发生了变化，表示的大小也就发生了变化。

师：这一点明白了，我还有一个疑问，为什么是 10 倍、100 倍、1000 倍或 $\frac{1}{10}$、$\frac{1}{100}$、$\frac{1}{1000}$ 的关系呢？

生：因为两个相邻计数单位之间的进率是 10。

师：大家听明白了吗？原因就是"两个相邻计数单位之间的进率是 10"。

三、应用规律，拓展深化

1.应用规律

（1）下面两个数与 2.85 比较，小数点的位置分别有什么变化？这两个数分别是 2.85 的几倍或几分之一？

序表，将"0.25、2.5、25"填入数位顺序表，引导学生依托数位顺序表和已有的知识经验，思考引起小数大小变化规律的内在数学本质，即"位值制"和"十进制"，沟通了"规律"与"小数的意义""计数单位""十进制"等知识之间的联系，促进了学生对"规律"本质的认识和理解，真正实现了"知其然，也知其所以然"。

在学生掌握理解"规律"后，通过"数的比较""移动小数点的位置后说明数的大小变化情况"等活动，促进学生对"规律"的理解与应用。

（2）请你也移一移2.85的小数点，写出一个小数点移动后得到的数，再想一想：这个数与2.85比较，是扩大了，还是缩小了，这个数是2.85的几倍或几分之一？

（3）先把2.85的小数点向左移动三位，再向右移动两位，得到的数的大小与2.85比发生了什么变化？

2.阅读材料，强化认识

（1）呈现"小数点惹的祸"的材料，学生静静阅读。

1967年8月23日苏联的一则新闻：有一位宇航员独自驾驶飞船在太空中作业，当他圆满完成任务返航途中，突然飞船发生了不可解决的故障，原来是研究人员的疏忽，弄错了一个重要数据的小数点。在人生最后两个小时里，这位勇敢的宇航员没有悲伤，而是坚持工作，最后在与女儿诀别时说："我要告诉你，我亲爱的女儿，我也要告诉全世界的小朋友，一定要认真学习，做事认真细心，不要让'小数点'的悲剧再发生了！"最后，飞船消失了……

（2）呈现问题，学生思考：读完这则新闻后，你有什么想法？

（在学生静静地阅读和思考后，下课。）

最后，通过阅读"小数点惹的祸"的材料，体会"小数点"的价值，帮助学生体会养成认真仔细的习惯的重要性。

【本节课深度学习"三学"体现点与策略解读】

表 4.1 "小数点搬家"的"三学"策略解读

"入学"	本节课采用了情境引动、问题驱动等方式激发学生积极投入学习。课始的"小数点搬家"情境生动有趣,课尾的"小数点惹的祸"的故事真实、令人惊讶,都能吸引学生投入学习,形成良好的学习氛围。课堂中的几个问题,切中学生已有知识经验与新知之间的关键处,有效激发学生的思维投入、行为投入,学生积极参与交流、合作、分享、讨论。
"真学"	本节课紧紧围绕"规律"的发现与理解的深度学习点,在"你能解释'0.1 是 0.01 的 10 倍,0.01 是 0.1 的 $\frac{1}{10}$'吗"等几个高认知水平的问题驱动下,激发了学生的深度思考与积极表达,激活了学生的经验,学生运用了"元、角、分"和"分米、厘米"等模型帮助解释,教师又用"百格图"和"线段图"等直观模型帮助学生理解,学生的学习真实发生,逐步走向深入。
"深学"	数学教学要处理好"知其然"与"知其所以然"的关系,也就是不仅要让学生记住知识,更应让学生知道知识的形成过程和数学的基本原理。本节课教学中,教师重视让学生经历规律的形成过程,理解规律,首先实现"知其然"。在此基础上,突出了"知其所以然"这一环节,通过"为什么小数点的位置移动会引起小数的大小变化呢""为什么是 10 倍、100 倍、1000 倍或 $\frac{1}{10}$、$\frac{1}{100}$、$\frac{1}{1000}$ 的关系呢"等问题,促进学生思考,感悟知识之间的联系,学生真正理解了"小数点位置移动引起小数大小变化规律"的内涵以及原理,即规律背后的本质是"位值制"与"十进制",深化"大概念"的理解。 最后,又通过"小数点惹的祸"的故事,让学生体悟"小数点的作用"和做事认真、仔细的重要性。

典型课例 ④：学会从图中看见"关系"

——"看图找关系"教学案例

【课前深思】

"看图找关系"是北师大版小学数学六年级上册"数学好玩"单元中的一个专题活动，主要是引导学生学会从图中看见"关系"，体会量与量之间的变化关系，是函数关系的渗透与蕴伏。

一、学什么：研读学习内容与学生学情，厘清"学什么"与"深度学习点"

1. "看图找关系"的教学价值是什么？

图能让我们看见关系。在报纸、杂志等各种媒体上，我们能经常看到一些表示数量之间关系的图，从图中可以看出数量的变化情况以及数量之间的变化关系，看这样的图，往往比看一长段文字或看一堆数字更直观。图能直观、简洁地刻画变化关系，在刻画函数关系中有着其他表示方式所不能代替的作用。

国际数学课程发展的趋势表明，学生早期对函数的丰富经历是十分重要的，对变化规律的探索、描述应在小学阶段就非正式地开始。本专题活动"看图找关系"，就是引导学生看懂一些简单的、直观刻画数量之间变化关系的图，如"公共汽车行驶的时间与速度的变化关系图""离家距离与时间的变化关系图"等，提高学生的读图能力，让学生从图中看见关系，并能根据图中有关信息分析量与量之间的变化关系，体会用图描述事件或行为的简洁性。这样的学习经历，能有效帮助学生积累函数学习的基本活动经验。

2. "看图找关系"学什么？需要学生学会什么？

"看图找关系"到底要学什么呢？学生学了这项内容后到底要学会什么呢？

首先，要能看懂表示数量之间关系的图，掌握看图的方法，学会从不同角度获取图中的信息，即"看图找关系"看什么、怎么看。能看懂横轴、纵轴分别表示什么量，能看懂线的变化。

其次，要初步学会从图中分析量和量之间的关系，即一幅图表示了哪两个量之间的变化关系，是怎样表示变化关系的（主要从关键的"点"的信息和线的变化情况进行分析，如线"斜着向上"说明什么，线"斜着向下"说明什么，线"平"说明什么），整体表示了怎样的变化过程，并结合具体情境，尝试用自己的语言描述事件或行为的变化过程。

最后，通过读图活动，了解图在生活中的应用，体会数学图形简洁、直观、明了的特点，体会数形结合的思想，增强数学应用意识。

从上述分析可以知道，"看图找关系"的学习应以"学会看图，学会思考，学会表达"为核心目标展开教学，其中"深度学习点"是"从关键点的信息和线的变化情况中，分析量与量之间的变化关系"，从而使学生在读图、选图、画图等活动中，积累认识两个量之间变化关系的基本活动经验。

3. 学生有哪些学习基础？"看图找关系"学习活动中的"图"与"折线统计图"中的"图"一样吗？

学习"看图找关系"前，学生已学过折线统计图、确定位置等内容，这些内容的学习对"看图找关系"有一定的帮助。但在实际看图过程中，学生更多地只能凭感觉说出"速度快了""速度慢了"等变化情况，而很少从两个角度（横轴和纵轴）来认识"点"，从两个角度来分析线的变化。因此，教学中，教师要着力引导学生掌握看图的方法，学会从不同角度获取信息，再结合具体情境描述事件或行为变化过程。

"看图找关系"学习活动中的"图"与"折线统计图"中的"图"有一定的共性，都可以理解为用"线的变化"直观刻画两个量的变化关系，但也有多方面的区别，需要教师准确把握。折线统计图主要是用图示的方式整理统计数据，学习过程中，关注让学生看懂线的变化趋势，以进行统计推断；"看图找关系"中的"图"是对两个量变化关系的直观刻画，学习过程中，让学生关注是哪两个量之间的关系（即读懂横轴、纵轴表示什么），再看线的变化，读懂两个量之间的变化关系及过程。

二、怎么学：选择组织学生"学"的方式，设计"深度学习"发生的路径

1.学教方式

"看图找关系"的学习内容主要是引导学生"学会读懂表示量与量之间关系的图，并会分析和表达量与量之间的关系"，本节课选用"问题导学"的学习方式，结合情境以问题驱动数学思考，导引学生观察、分析、讨论，逐步学会看图、学会思考、学会表达，积累"看图找关系"的基本活动经验。

2.学导路径

基于"问题导学"的学教方式和"知识序""认知序"的分析，确定了"教学序"，构建了以下学导路径：感知导入—学会看图—丰富理解—拓展提升。

（1）感知导入。情境驱动，以艾宾浩斯"记忆遗忘规律"激发学生的学习兴趣，初步感知"看图找关系"。

（2）学会看图。导引学生通过自主学习、合作学习学会"看图找关系"的方法。

①自主学习，初步体会。学生借助学习单"独学""合学"，初步体会看图的方法。

②反馈交流，掌握方法。在全班的分享展示、追问讨论中，学生掌握"看图找关系"的方法要领。

③小结提升，体验价值。小结方法，体验"用图表示关系"的价值。

（3）丰富理解。以"一面旗帜冉冉上升""一杯水慢慢变凉"等学生熟悉的情境，丰富学生对"用图表达量与量之间的变化关系"的理解。

（4）拓展提升。让学生自己用图表达"离教室的距离与时间的变化关系"，以挑战性任务促进学生的深度思考，深化知识理解。

3.学导要点

（1）用学生熟悉的情境和问题导引学习发生。

"看图找关系"的学习内容对于小学生来说比较陌生，教学时，要选择学生比较熟悉的、容易理解的生活情境，帮助学生思考和体会两个量之间的变化

关系，促进学生的学习真实发生。如本课例中所选择的"坐公交车""足球守门员把球大脚开出去""从教室去办公室""一面旗帜冉冉上升""一杯水慢慢变凉"等情境都是学生经历过的或者比较熟悉的，这样的现实情境在课堂上再现，容易引起学生的共鸣与思考，容易从图中寻找描述生活情境的信息，容易从"图"中读懂两个量的变化关系，感受用"图"描述事件或行为的简洁性、直观性，体会数学与生活的联系。

（2）导引学生把握"看图"的关键要素。

学会从图中看见关系，关键是看懂三个方面：一是能看懂横轴、纵轴分别表示什么量，了解是哪两个量的变化关系；二是看懂关键的"点"表示的数量；三是能看懂"线的变化"，想清楚刻画了怎样的行为变化过程。教学中，要围绕这些方面，引导学生经历"初步感知—具体分析—整体描述"的过程，让学生通过多次"看图找关系"的学习过程，领悟从横轴、纵轴、线的变化等角度学会"看图"的方法。

（3）让学生把想到的说出来。

"看图找关系"的学习内容是让学生体会"用图表达两个量之间的关系"。教学中，不要过多地关注形式，也不要纠缠于横轴、纵轴等术语的理解，而应关注学生能否从"图"中获取有关信息，关注学生能否运用语言描述两个量之间的关系及其变化过程。同时，语言表达能外显学生的思维过程，教学中，要尽可能给学生充分的时间进行交流讨论，把自己想到的说出来，可以通过"你看懂了什么？怎么看出来的？"等引导语，引导学生用"语言描述""讲故事""写数学作文"等形式表达"看图"后的理解，将生活情境进行再现和表述，赋予数学图像以具体形象的解释，并达成识图的目的。

【学导过程与解析】

一、情境导入，初步感知"看图找关系"

师：同学们，这是一条什么线？

上课开始，用"艾宾浩斯遗忘曲线"导入，并与学生背课文的经验相联系，激发学生的好奇心，促进学生产生学习"看图找关系"的兴趣。学生在对"艾宾浩斯遗忘曲线"的解读中，初步感知"看图找关系"。

生：一条曲线。

师：你们知道这条曲线与什么有关吗？与你们平时背诵课文有关系呢。我先采访几位同学，你平时背课文，背的速度快不快？忘掉得快不快呢？

生：背得快，忘得也快。

生：我也是背得快，忘得快。

生：我是背得慢，忘得快。

生：我是背得快，忘得还好，不是很快。

师：关于记忆每个人都有自己的感觉，其实记忆真的是有规律的，这条曲线就反映了这个规律，请大家再看看这条曲线，有怎样的规律呢？

艾宾浩斯遗忘规律的曲线

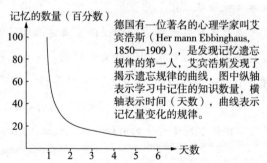

德国有一位著名的心理学家叫艾宾浩斯（Her mann Ebbinghaus, 1850—1909），是发现记忆遗忘规律的第一人，艾宾浩斯发现了揭示遗忘规律的曲线，图中纵轴表示学习中记住的知识数量，横轴表示时间（天数），曲线表示记忆量变化的规律。

师：从图中你看懂了什么呢？纵轴、横轴、曲线分别表示什么呢？

生：横轴表示时间，纵轴表示记住知识的数量。

生：曲线表示记忆量变化的规律。

师：什么意思呢？这幅图表示的是记忆的数量与时间的变化关系。我们大家一起看，从记住了100%

看起，第一天的时候遗忘的速度是不是很快，一天时间只剩下大约多少了？

生：30%左右。

师：第一天忘得特别快，再继续看，两天时间还剩下大约多少呢？

生：20%左右。

师：大家继续看，两天后，遗忘的数量明显变少了。

师：同学们，这就是著名心理学家艾宾浩斯发现的"记忆遗忘规律"，刚开始时遗忘比较快，然后逐渐变慢。这也是我们经常说要重视复习的原因，快要遗忘的时候马上复习巩固一下。

师：艾宾浩斯把这个"记忆遗忘规律"用这样一幅图表示出来，让我们看得更加清晰、明了。生活中有很多这样的图，怎样看懂这样的图呢？今天这节课我们一起学习"看图找关系"。

二、学习"看图"的方法，结合具体情境尝试用自己的语言描述事件或行为

1.呈现

师：我们先一起来看小明乘公交车从解放路站到商场站汽车行驶的速度变化图。

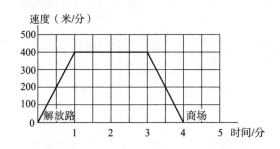

师：你看懂了吗？这幅图表示了哪两个量的变化关系？

如何引导学生学会"看图"的基本方法，如何让学生的"学"发生，而不是纯粹用"教"的办法，这一教学环节设计了让学生借

助"学习单"自学的方式，引导学生自己想方法读懂图，在独立思考的基础上，再在小组内分享交流，然后再全班学习讨论，这样有"独学""合学"的过程，有利于学生真正学会方法。

生：速度与时间。

师：你怎么看懂的，从什么地方可以看出来呢？

生：（边说边指）横的线表示时间，竖的线表示速度。

师：噢，表示哪两个量的关系可以从横轴和纵轴上看出来。（板书：横轴、纵轴——哪两个量的关系）

师：从图中你能看懂汽车速度是怎样变化的吗？先请每一位同学结合学习单自己独立看一看，想一想，再分享交流。

2.学生结合学习单独立学习，观察思考

学习单

□自主学习，合作分享。

妈妈乘公交车去商场，下图是汽车从解放路站到商场站行驶速度的变化情况。

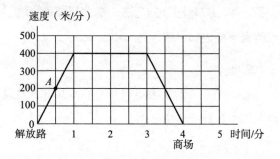

（1）从图中你能看懂汽车速度与时间的变化关系吗？结合图中的数据说一说。

提示：从0分到1分，汽车的速度_____

从（　）分到（　）分，汽车的速度____

从（　）分到（　）分，汽车的速度____

（2）看图找两个量的变化关系，你还有什么问题吗？

3.小组学习，分享交流

师：下面请大家把刚才看懂的图在组内分享交流一下，先看一下"合作分享"提示。

> "合作分享"提示：
>
> ○小组交流时，每人轮流说一小题，第四位同学连起来说一遍，做到组内人人发言。
>
> ○别人发言时，注意倾听，并能给出肯定、补充等意见。
>
> ○在自学中自己不理解的问题，提出来在组内讨论。
>
> ○最后确定一位"学习成果分享人"代表小组分享。

4.学习成果反馈讨论

师：谁代表小组先来汇报一下学习成果？

生1：从图中可以看出，汽车先是加速，从0分到1分，加速到了400米/分。从1分到3分，汽车速度不变。从3分到4分，速度下降。

生1：（在教师提示下）同学们有什么问题吗？

师：（学生没有提问）这样，我先问一个，从0分到1分汽车在加速，你是怎么看出来的呢？

生1：（用手比画）线是斜着往上的。

师：噢，从"线的变化"看出来的，斜着往上表示加速。同学们还有其他问题问她吗？

生2：你怎么看出加速到了400米/分的呢？

生1：1分的时候正好对着400米/分。

生3：为什么说"从1分到3分，汽车速度不变"呢？

生1：看上面这条线，一直是"平"的，说明速度没有变化，一直是400米/分。

"看图找关系"首先要引导学生通过横轴、纵轴看懂两个量之间的变化关系，再引导学生观察"关键的点"和"线的变化"，分析变化的过程。教学中，在个人自学、小组分享的基础上，组织学生全班分享，在学生代表小组分享的过程中，教师注意"看图"方法的指导，引导学生通过追问，关注"线的变化"和"关键点"的解读，学会从两个角度（横轴和纵轴）来分析"关键的点"和"线的变化"，提高"看图"能力和用语言描述变化过程的能力。

师：还有问题问她吗？

生4：第三条线斜着往下表示什么呢？

生1：速度慢下来，从400米/分一直到0米/分，最后汽车停了。

师：通过刚才的分享和同学们的追问，我们可以知道，原来速度和时间的变化关系可以通过"线的变化"观察分析，线斜着往上表示速度增加，线平着表示速度不变，线斜着往下表示减速。（板书：线的变化——两个量怎样变化）

师：同学们在自学过程中，还有什么问题吗？

生：图中的 A 点表示什么意思呢？

生：A 点表示半分钟的时候汽车的速度是200米/分。

师：能否看出一些"关键点"的速度，对于读懂图也非常重要，你还能看出哪些点的速度呢？与同桌说一说。（板书：关键点）

（学生互相说一说）

师：现在你能看着图，整体上说说汽车行驶中速度和时间的变化过程吗？

（先尝试同桌间说，然后再在班上说一说。）

最后，引导学生用语言完整描述两个量之间的变化关系，并体会用图表示关系的简洁、直观等特征。

生：汽车从解放路站出发，从0分到1分，汽车的速度从0米/分加速到了400米/分；从1分到3分，汽车速度不变，一直都是400米/分；从3分到4分，速度开始慢下来，从400米/分降到0米/分，最后到商场，汽车停了。

5.小结

师：通过刚才的讨论，我们可以知道，看这样的图的时候，首先要通过横轴和纵轴看明白"这幅图表示哪两个量的变化关系"，然后再通过关键的点、线的变化分析这两个量是怎样变化的。

师：请同学们再想一想，数学上你觉得用这样的图表示关系有什么好处呢？

生：看起来很清楚，简洁、直观。

生：一看就知道两个数量是怎样变化的。

师：从图中看两个量之间的关系，往往比看一堆数字或一大段文字更直观。在我们的实际生活中，经常用到这样的图，比如，在报纸、杂志上，我们常常看到一些用来表示数量关系的图。

三、用丰富的情境促进学生"看图"与思考，深化理解，拓展延伸

1.呈现关系

下面四幅图分别刻画了下面四个事件中两个量的变化关系：

①一杯水慢慢变凉——水温与时间的关系；

②一面旗帜冉冉上升——高度与时间的关系；

③足球守门员把球用力踢出去——高度与时间的关系；

④一辆汽车保持同样的速度行驶——速度与时间的关系。

想一想，在□里标出上面事件的序号，并在每幅图的（　　）中填出另一个变化的量。

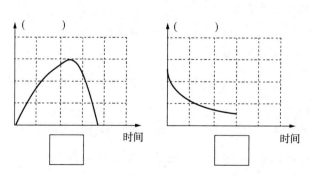

这个环节中，设计和选择了一些简单的、直观刻画两个量之间关系的图，引导学生观察、思考、分析，进一步提高"看图找关系"的能力。这几个生活情境都是学生熟悉的，容易与"图"结合思考，从"图"中看见关系。

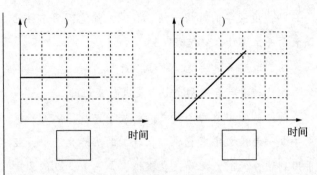

（1）学生先独立读图，填序号，填"量"。

（2）再组织反馈交流，请学生选择其中一幅，说说自己思考的过程，进一步了解图的变化与事件或行为变化的联系。

（3）学生交流后，教师结合"足球守门员把球用力踢出去"的图延伸追问。

师：有两位同学画踢足球的图是这样的，你能看懂是怎么回事吗？

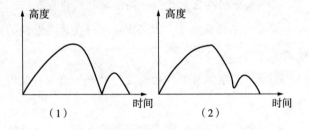

生：第一幅图中，可能是足球踢出去后，落地，然后又弹了起来。

生：也有可能，一落地就被踢起来了。

师：第二幅呢？

生：球开出去后，被队员用头顶了一下，又弹了起来。

生：如果头"顶"，那会离地面较远，但图上离地面较近，有可能是"凌空一脚"，又踢了出去。

师：为什么你们说第一幅是落地了，第二幅没有

"足球守门员把球用力踢出去"的问题讨论后，又设计了新的问题，引导学生结合生活经验充分思考与表达，进一步体会"数学表达"的价值，体会数学与生活的联系。透过几位学生精彩的发言，我们看到了学生的丰富想象力与深刻思考。

落地呢?

生:可以从图中看出来,一幅图的"高度没有了",另一幅图"高度还没有到最下面"。

2.拓展延伸,深化理解

师:这些图你们会看了,你们会画这样的图吗?

呈现问题情境:五(3)班的小明和小林都从教室到同一楼层的张老师办公室。走到办公室后,小明直接回教室了,小林听张老师分析了一题错题后再回教室。

你能用图分别表示小明和小林的行为中离教室距离的变化情况吗?请你试着画一画。

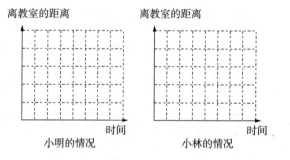

学生独立尝试画图,教师巡视,选择学生的典型作品展示,引领学生观察交流。

呈现第一组作品:选择的作品要意思表达准确清楚,且"表示来回的两条斜线的变化情况相同"(即来回的用时相同),引导学生说说他们是怎么想的。

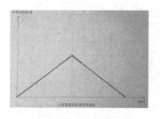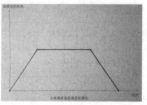

呈现第二组作品:选择的作品出现了错误,即出现了两位学生离教室的距离不同,与到同一楼层的张

经过上面的学习,学生到底理解"看图找关系"了吗?本环节通过"挑战性学习任务"驱动,引导学生自己把"事件中的行为变化过程"用图表达出来,学习任务具有一定的挑战性,但更能体现出学生对"关系"的理解。从实际的学生作品看,学生的表达丰富多彩,反馈过程中,教师选择了几组典型作品引导学生分析和思考,促进学生的理解逐步深化,体会到了"用图表达关系,用图刻画行为变化过程"的无穷奥妙!

老师办公室的信息不符合。呈现后，引导学生说说想法，分析存在的问题。

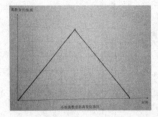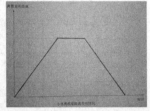

　　呈现第三组作品：选择的作品意思表达清楚，但"表示来回的两条斜线的变化情况不同"（也就是来回用时不同），引导学生体会"两个人的速度是不同的"，进一步深化学生对图的理解。

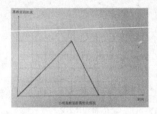

【本节课深度学习"三学"体现点与策略解读】

表 4.2　"看图找关系"的"三学"策略解读

"入学"	课堂中学生投入度高，源于本节课选择了"坐公交车""足球守门员把球用力踢出去""从教室去办公室""一面旗帜冉冉上升""一杯水慢慢变凉"等学生比较熟悉的现实情境，引起学生的共鸣与思考，从而参与到学习中来。此外，通过借助"学习单"自主学习、画变化关系图等学习任务，促进学生卷入学习。

"真学"	围绕深度学习点，在"学会看图"环节，采用了借助"学习单"自学的方式，引导学生自己想方法读懂图，在独立思考的基础上，再通过小组协同学习分享交流，然后再全班学习讨论，这样有"独学""合学"的过程，学生的"学"真实发生，逐步学会了从"图"中读懂两个量的变化关系。 课的最后，"你能用图分别表示小明和小林的行为中离教室距离的变化情况吗？"这样的学习任务具有一定的挑战性，能很好地激发学生的深度思考、尝试表达、研讨交流，有效促进学习进阶，深度学习自然发生。
"深学"	本节课围绕"从关键点的信息和线的变化情况中，分析量与量之间的变化关系"展开学习，激活学生已有的生活经验，导引学生"学会看图，学会思考，学会表达"，使学生在读图、选图、画图等活动中，积淀理解两个量之间变化关系和用图表达的基本活动经验。同时，在多层次的学习活动中，学生有思有悟，感悟用线的变化表示关系变化的丰富性，感悟"图式表达"的简洁、直观，感悟数学与生活的联系，感悟数学的美。

第五讲 "预学分享"课堂样态

"教，是为了不教"，教要为学服务，教学的重要目标是促进学生学会学习。"预学分享"的学教方式，先"预学"，再"分享"，这样的学教方式给学生创设充分的"学"的机会，体现了"先学后教、以学定教"的转型思路，促进学与教结构的转换，能有效改变传统数学课堂中"学跟着教走""老师讲，学生听和练"的教学方式，改变学生被动接受、以练代学等现象，在"学"的经历和体验中逐步从"学会"走向"会学"，提高自主学习、自主思考的能力。因此，"预学分享"也成了促进深度学习的重要课堂样态之一。

"预学分享"课堂样态要义

"预学分享"的课堂样态，就是基于独立预学的分享讨论式学习的数学课堂。这一课堂样态中的学教方式的基本要素如下：强化学生的自主学习，转换学教结构，即先由学生"预学"，让学生带着学会的知识和存在的疑问参与课堂，再组织分享学习——"分享学会的知识，提出自学中的疑问"，在师生、生生的分享讨论过程中，梳理知识，解疑释惑，促进能力素养的同步发展。"预学分享"的学教方式能切实转变学生的学习方式，因为学教结构的变化，使学生必须先行学习，同时课堂前半部分，以学生的分享交流为主，教师需要让出"讲台"，减少自己"讲"的时间，这样也促使教师更多地研究学生怎样学、怎样导学、怎样助学，有效实现从"教为中心"转到"学为中心"。

"预学分享"课堂样态对于实现深度学习来说，一是"参与的深度"，学生带着"预学"成果参与到课堂学习中，参与小组交流、知识梳理、提出问题、解决问题，有"预学"为基础，有利于学生深入参与学习。二是"探究的深度"，学生"预学"之后，课堂上学生会思考学习内容中的一些疑难点，更关注知识背后的"为什么"，促进学生的学习走向深入。

"预学分享"课堂样态的基本学教结构如下图所示：

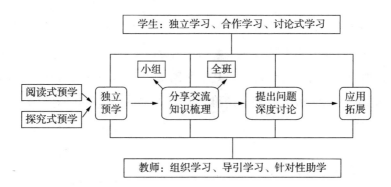

"预学分享"的课堂样态一般分为四个主要环节：一是"独立预学"，即学生自己独立自学或探究，可以是基于教材的"文本阅读式预学"或基于问题的"探究式预学"，刚开始时教师要注意"预学"的方法指导，导引学生学会自学，必要时可以设计"预学学习单"帮助学生自学。二是"分享交流，知识梳理"，主要是在学生独立阅读、思考、尝试解决问题等基础上，分享通过自学学会的知识等，一般通过小组分享、全班交流的方式进行，在学生分享"学懂了什么"的过程中，梳理该课内容的知识要点。三是"提出问题，深度讨论"，基于学生"预学后提出的问题"开展深度互动学习，鼓励学生提出自己预学中的各类问题，并通过一定的方式呈现，再基于学生提出的问题展开深入学习，教师提供一定的"针对性助学"。同时，还要适时引导学生反思归纳，帮助学生感悟。四是"应用拓展"，在学生基本理解、掌握相关概念和方法后，教师要设计一些变式或适度开放、探究的问题，导引学生及时练习，促进知识的应用和思维的拓展。

"预学分享"这一课堂样态适用范围也比较广泛，特别是一些探究性相对不强的概念学习、运算法则的学习等，也就是学生自学容易把握的内容。实施"预学分享"的学教方式，学生的重点是独立学习、合作学习、讨论式学习，教师需要组织学习、导引学习、针对性助学。实施"预学分享"学教方式的过程中，还要防止过度重视文本知识，"停留于形式，低层次模仿"等现象。

学导策略要点与关键技术

"预学分享"的课堂样态，最核心的是"预学、分享、讨论"等环节。教师需要研究"先学，学什么，怎么学"，"后分享，分享什么，怎么分享"，"讨论什么，如何将学习导向深入"等关键技术。但是，由于很多教师习惯于讲解，不擅长组织、引导和帮助，往往使得"预学"后的分享学习针对性不强、收效不高。

一、"预学"怎么学?

采用"预学分享"学教方式展开教学，学生课前预学的情况直接影响着课堂上的分享讨论，预学是课堂分享的基础，没有有效的预学，就不可能有深度的分享、讨论。预学可以有文本阅读式预学、问题探究式预学等不同的方式。预学的时段可以放在课前，也可以在课内进行。

1.预学就是阅读教材吗?

阅读教材是预学的重要方式，文本阅读式预学也是最常用的预学方式，学习范式一般是"阅读思考 + 尝试练习 + 整理归纳 + 提出问题"，导引学生基于教材的内容编排，读懂相关内容，尝试解答有关问题或练习，初步掌握知识技能，并提出没有读懂的问题或自己的疑问。阅读是理解的基础，为了帮助学生更好地读懂教材内容，教师可以通过设计问题导引自学，启发学生在自主阅读中进行有效思考，提升自学的成效，促进学生自学能力和思维能力的发展。

预学也不仅仅是阅读教材，还有一种方式是"探究式预学"，可以基于教材、跳出教材，教师通过设计一个大问题或学习任务，导引学生课前独立探究、操作实践等，在探究体验的基础上，记录相关数据，尝试表达自己的探究结论，为课堂学习展开深度讨论积淀知识和经验。特别是一些需要学生更多探索、体验的内容，可选择"探究式预学"组织预学，如"长方体、正方体的展开图"，让学生先在课前尝试剪开一些长方体、正方体的盒子，画下平面展开图，并写下自己的思考和发现等。再如"千米的认识"，可以让学生自主研究"千米有多长"，并用自己的方式表达对"千米"的理解以及对"1千米"长度的感知等。

2.如何提高学生的预学能力？

指导学生学会学习是预学分享课堂样态的重要目标。在预学过程中，当学生还不会学习时，首先要想办法教会学生预学，提高学生的预学能力，这是预学分享课堂样态的关键。然而，在很多教改实践中，因缺乏对学生预学的方法的指导，没有培养学生独立阅读教材的能力，没有培养学生尝试自行解决教材中的问题并尽可能提出新问题的习惯，导致很多学生的预学流于形式，学生往往是简单的"看过书了"，影响课堂参与深度和学习效果。

预学的前提是学生会自学，当学生还不会预学时，教师要尝试搭建一定的"脚手架"引导学生学习，指导学生学会阅读教材、学会思考问题，实现"会读、会想、会提问"，具体内容如下：

（1）看懂教材中的"情境+问题"，理解解决问题过程或解题思路，教材中有操作或探究的过程，尝试自己"做一做"。（2）阅读例题时，先读题目，自己尝试解答，再看教材是怎么解答的。结合阅读，边读边补上教材中的"留白"。（3）对教材中呈现的概念、法则和公式等，要画出关键词，弄清其意义，对不理解或有疑惑的地方做好标记。（4）尝试完成教材中的基础性练习。（5）归纳反思，提出自己没读懂的地方或疑问。

教师对学生预学方法的指导可以分阶段进行，逐步推进。第一阶段，可以在教材编排的序列导引下，教师带领学生一起读教材，现场指导学生边阅读边思考，结合不同类型的教材情况指导学生学会阅读。第二阶段，设计"预学学习单"，用若干个预学任务导引学生阅读与思考，并通过表达、练习、提问等记录预学成果，为课堂分享交流、深入讨论作准备。第三阶段，根据教材编排情况，大部分内容可以脱离"预学学习单"，学生自主阅读教材，自己尝试完成教材练习，并提出自己不理解的地方或疑问，带着自己的问题进入课堂深入学习。

3.“预学学习单”如何设计?

学习是需要技术的,在独立预学的初级阶段,学生更需要获得帮助与支持。根据学生的预学能力和学习内容的特征,必要时可以设计“预学学习单”帮助学生预学,提供让学生“自得”的学习支架,让学生的预学更深入、更有效。好的“预学学习单”不是教材解读,也不是教案呈现,而是贴着学生学的路径的“学习航标”,导引学生自学的进程。另外,“预学学习单”的设计需要注意:(1)紧紧围绕学习内容和学习目标;(2)任务要具体明确;(3)有利后续的交流、讨论和反馈;(4)预学任务适量,学生所用时间适度。

“文本阅读式预学”的“预学学习单”设计,就是把教材中的学习内容通过分解、细化、归纳等方式,设计为2~3个预学任务,用任务驱动的方式导引学生阅读教材、思考问题、尝试练习,并在预学单上记录、呈现预学成果。“探究式预学”的“预学学习单”设计,则可以跳出教材,基于学习内容设计1~2个具有一定开放性、探索性的任务,导引学生探索、思考,并在预学单上记录学习成果。“探究式预学”给学生更多自主学习的空间,课外的充分研究可以让课堂内容更丰富,课内的学习更深入,课内的交流更宽泛。

下面为两种不同样式的“预学学习单”样例:

(1)“文本阅读式预学学习单”案例——“圆的认识”预学学习单。

“圆的认识”预学学习单

同学们,你们见过圆吗?圆是一个怎样的平面图形?有哪些特征?下面的“预学导航”是为了让你们更好地读懂书本。请仔细阅读书本第57—58页的内容,边阅读边完成下列任务。

预习思考一:

1.可以用哪些方法画圆?选择一种方法试一试。

2.结合第58页图文,圈一圈重点内容,并在所画的圆上标出圆的各部分名称。

预习思考二：

1. 取一个圆形纸片，对折，打开，再换个方向对折，再打开，反复折几次。联系书本第 58 页的知识，仔细观察这些折痕，你发现了：

_____

2. 请用圆规画一个直径 5 厘米的圆。想一想以下问题：

（1）你是怎么画的？圆规对你有哪些帮助？

（2）在同一个圆中，直径和半径的长度有什么关系？

（3）你还有什么发现？

★通过看书自学后，你还有什么疑问？（请在下面写出 1 个或几个问题）

_____

（2）"探究式预学学习单"案例——"长方体、正方体的展开图"预学学习单。

"长方体、正方体的展开图"预学学习单

同学们，你们了解长方体、正方体的展开图吗？请结合下面的活动探究和思考，并把你们的发现和想法记录下来。

研究一：把一个长方体纸盒剪开（要求每两个面之间至少有一条棱相连），把得到的展开图画下来。观察这个长方体的展开图，你有什么发现？把你的发现写下来或者用图示说明。

研究二：正方体的展开图是怎样的呢？你能在下面尝试画出一种吗？再找一个正方体纸盒研究一下，正方体展开图有几种不同情况呢？把这些不同的情况画出来。

★通过长方体、正方体展开图的研究，你还有什么问题呢？请写在下面。

_____

总的来说，在"预学分享"的课堂样态中，适度使用符合学生学习能力、贴合学生学习路径的"预学学习单"，可以有效提升学生预学的效能，提高学生自主学习能力、自主思考能力。"预学学习单"的设计与使用，在学生自主学习的初始阶段是一根有价值的"拐杖"。随着学生自主学习能力的提升，当学生形成了良好的阅读教材、问题思考、反思归纳等习惯后，"预学学习单"可以逐渐简化，甚至可以不用，直接让学生基于教材自主学习和思考。

二、分享"如何组织"

"分享"是"预学分享"课堂样态的主要环节，分享环节的主要功能是分享预学成果，交流通过预学"学会了什么"以及有什么疑问，通过分享交流完成基本知识的梳理和基本技能的掌握。在大班级集体教学的背景下，分享一般可以分成"小组分享交流""全班分享梳理"两个阶段展开，两个阶段目标和任务各有侧重。

1.小组分享交流

"预学分享"课堂样态的"小组分享交流"一般作为课堂学习的第一个环节，以4人或6人小组为组织形式，主要目标和任务是：（1）基于"预学学习单"组内交流预学成果，互相检查预学情况，校对有关问题的答案；（2）小组内互助互学，讨论预学中遇到的问题或困难，初步达成本节课主要基础知识的理解；（3）汇总组内学生的不同观点和思路等，记录存留的疑难问题等。

提高小组分享交流的成效，特别要注重小组的建设。一是小组组员的合理搭配，一般以异质分组为主要形式。二是小组长的培养，在开始阶段，有必要对小组长进行培训，引导小组长学会根据组员的实际情况，给组员分配合适的任务，保证分享的进行；学会导引组内同学互帮互学，特别是学会指导学习有困难的同学；学习掌握一些组内分享、倾听、讨论和申辩等互动技术，学会组织组员讨论，总结组员的意见，记录有关问题等。三是引导学生学会倾听和表达，要学会从小组分享中获取知识、提升学习能力，并清晰地表达自己的观点。

2.全班分享梳理

"全班分享梳理"的主要目标是：在小组分享交流的基础上，基于"预学学习单"全班交流预学以及小组分享学习成果，初步梳理主要知识，进行必要的归纳并板书等。全班分享时，可以围绕学习内容的核心要点展开。全班分享梳理的形式，一般可以采用小组汇报展示的方式，选择一两个组展示，其他组补充、提出疑问等。

3."生生互动"的激发

在预学成果分享阶段，无论是小组分享交流，还是全班分享梳理，其中非常关键的是要激发"生生互动"，导引学生在小组交流或全班分享时，积极发表自己的个人观点，并互相倾听、质疑、追问、补充、纠错，让每位学生都"动"起来，参与课堂学习，互相学、互相教，促进学生全员参与分享学习成果，通过分享提高个体的表达能力，丰富个体的思考，获得知识，发展能力素养。

为了激发学生之间的互动，教师要注重指导学生学会表达、倾听、质疑、补充、纠错等，学习一些互动的常用语，还可以设计一些"生生互动"的规则和手势信号等，便于互相沟通交流。如下面一所学校在实践中设计的几种不同的手势。

我明白 我明白，但要补充

我有疑问 我不明白

4.分享中教师如何导引

"预学分享"的课堂，在分享交流阶段，学生是分享交流的主体，教师是引导者、组织者和助学者，教师的作用主要体现在课堂的组织、纠偏、整合、总结等方面。教师在课堂中的主要行为是倾听、串联和反刍，促进学生的倾听、分享、讨论，并促进学生有序表达与反思能力的提高。在学生小组分享交流时，教师要全部巡视，了解各小组交流情况，作必要的指导和帮助；在学生全班分享交流展示时，教师需要认真倾听，及时发现学生表达的亮点及不足，导引其他学生质疑、纠错等。同时，在学生全班分享交流过程中，教师要用简洁、精练的语言进行串联，促进课堂流畅地运转，适时帮助学生反刍、总结分享成果，梳理知识，并做必要的板书。

另外，由于教学中缺少引导等原因，现在的学生往往缺少敢于质疑、大胆提问的能力，或者提不出富有思维含量的问题，教师要不遗余力、不着痕迹地鼓励孩子大胆质疑、积极思辨，鼓励学生对同学的答案有疑问或自己存在困惑时，要大胆质疑、提问。

三、讨论"如何深入"

"提出问题，深度讨论"阶段是"预学分享"课堂样态中导引学习走向深入的关键阶段。教师要导引学生提出"预学"和"分享"中的问题，组织学生深度讨论，并提供针对性助学，解决学生最近发展区的问题。

教师在这个阶段有三个方面需要关注：一是营造良好的氛围，鼓励学生提出问题；二是根据学习目标，选择和安排问题讨论的"序"和"度"；三是充分"预见学习"，提供针对性助学。如"三角形认识"的教学中，学生提出了以下几个问题：

（1）三角形与其他图形有什么不一样？

（2）为什么说三角形具有稳定性？

（3）三角形的高起什么作用？

（4）直角三角形有几条高？

（5）三角形的高怎么画？

学生提问后，教师先让学生结合前面的学习讨论"三角形与其他图形有什么不一样"，再讨论关于"高"的几个问题，最后讨论关于"三角形稳定性"的问题，对于这个问题，学生很难理解三角形形状的唯一性，教师富有预见性，准备了规格相同的3根小棒和连接扣，引导学生通过动手操作、比较观察，体会"唯一性"，以针对性助学帮助学生突破认知上的难点。

典型课例⑤：预学·分享·讨论
——"体积与容积"教学案例

【课前深思】

"体积与容积"是北师大版五年级下册"体积与容积"单元第一课时的学习内容，"体积与容积"一课是一节概念学习课，属于"度量"教学的范畴，与长度、面积概念教学有相通之处。

一、学什么：研读学习内容与学生学情，厘清"学什么"与"深度学习点"

1."体积与容积"概念学习的核心是什么？

体积与容积是比较抽象的概念，教材中一般这样描述这两个概念：物体所占空间的大小，叫作物体的体积；容器所能容纳物体的体积，叫作容积。可以看出，体积概念是容积概念建立的基础，两个概念的内涵核心是"所占空间的大小"，体积是指物体占三维空间的大小，容积则是容器三维空间内部的空间大小，并用"等量填充物的体积"描述容器内部空间大小。可以看出，建立"空间大小观念"和"用单位刻画体积（容积）"是这两个概念学习的关键。

2.如何理解"体积"概念？

体积的理解有四个层面：一是直观感受物体占空间；二是直观比较两个物体体积大和体积小；三是用体积单位刻画体积的大小，从用自定单位刻画，到用公用单位刻画，再用数刻画形；四是体会"相同的体积，形状不一定相同"。

对于学生来说，对体积早就有直觉的认识，经常说"这个苹果大，那个苹果小"，"讲台占了很大的地方（空间）"等。通过学习就是要让学生从原有的生活经验抽象到数学表达——"物体所占空间的大小叫作物体的体积",但教学不应指向于记住这句话,要基于学生生活经验组织,组织学生在直观感知、操作实践、解读交流、思考辨析等数学活动中,加深对体积的进一步体验与感悟,在学生的头脑中建立起体积的图像表征。在直观感知体会的基础上,要通过"数单位"的活动,导引学生体会"用单位刻画体积",逐步由"直觉"走向"抽象",走向深刻理解,促进空间观念的建构。

二、怎么学:选择组织学生"学"的方式,设计"深度学习"发生的路径

1.学教方式

"体积与容积"的教学属于概念教学,教材对概念的描述也比较清晰,比较适合采用"文本阅读式预学"的学教方式,即在学生基于文本阅读预学的基础上组织学习。需要思考的是,如何组织学生预学?预学能学会些什么?如何基于学生的预学成果展开教学?学生会在预学中提出哪些问题?体积与容积概念理解上有哪些"模糊点"或"误解点"?如何基于这些问题展开教学?如何围绕"体积与容积"概念内涵的核心展开学习,促进深度学习的发生?

2.学导路径

基于"预学分享"的学教方式和知识要点、学生预学中可能遇到的问题等分析,确定了"教学序",构建了下面的学导路径:(1)课前独立预学;(2)小组分享,全班交流,组织学生分享、梳理知识;(3)提出问题,深度讨论。基于学生的问题或困惑组织学生讨论,促进学生深度理解知识、综合联系和拓展提升。

3.学导要点

学生预学后课堂教学如何组织展开,既不能"穿新鞋走老路——重新教一遍",也不能"按导学稿讲习题——把题讲一遍"。本节课的学导要点如下:

(1)设计适合的"预学学习单"导引学生自学。

学生独立的自主学习是"基于独立预学的分享讨论式学习"的关键环节,学生课前预学的情况直接影响着课堂上的分享与讨论的有效性,影响着学习的深入推进。教师可以通过设计"预学学习单"等方式,引导学生课前自学,使课堂分享讨论式学习成为可能。"预学学习单"的设计要注意符合学生认知规律、

贴合学生学习路径，要以问题引领的方式引导学生结合教材自学，成为引导学生自学的"航标"，逐步促进学生"会看书、会思考、会提问"。预学学习单的设计要根据学生的学习能力设计，在组织学生独立预学的初期，可以设计得详细一些、问题具体一些，随着学生自学能力的不断提升，预学学习单的问题导引可以开放一些，甚至可以不用学习单。下面是本节课设计的预学学习单，帮助学生初步理解体积和容积。

"体积与容积"预学学习单

同学们，你们听说过体积、容积吗？什么是体积呢？什么是容积呢？下面的导学是为了让你们更好地读懂书本，请带着下面的问题开始自学吧！

【预学思考】认真阅读课本第36、37页，可以看一看，比一比，填一填。

1. 什么是体积？

（1）体积是物体所占空间的大小。

　　你理解这句话的意思吗？

（2）书上设计了一个"土豆与红薯哪一个占的空间大"的实验，你能看懂吗？

（3）想一想，所有的物体都有体积吗？找两个物体比一比大小，填一填。

　　（　　　）的体积比（　　　）的体积大。

2. 什么是容积？

（1）容积是所能容纳物体的体积。

　　你理解这句话的意思吗？

（2）比一比：你自己的书包和铅笔盒，（　　　）的容积大？

（3）你还能找到两个能容纳物体的容器吗？填一填。

　　（　　　）的容积比（　　　）的容积小。

3. 想一想：通过预习，你还有什么问题，请记录下来（可以写1个或几个问题）。

（2）指导学生展开小组协同学习。

学生通过预学已经初步学会了相关知识、技能等，但学生间的差异往往也比较大。因此，可以利用小组协同学习的形式引导学生分享交流预学成果，发挥小组的作用，交流"预学学习单"上的基础性问题，并记录、积累小组中不能解决的问题。因此，小组协同学习的组织显得非常关键，要导引学生有序地在小组内分享自己的预学成果，小组成员都能积极参与，分享表达，互相学习。小组内要有学生起到组织者的作用。

（3）指导和鼓励学生提出问题。

学生预学中提出的问题，也是学生自学的重要成果，这些问题往往是学生理解知识的疑惑点或误解点，是真正基于学情组织教学的关键，也是实现深度学习的关键。教学中，要鼓励学生提出自己预学中的各类问题，并通过一定的方式呈现，通过讨论思辨、深度互动、针对性帮助等方式，帮助学生解疑释惑，达成知识的深度理解，在深度讨论中学会思考，学会学习。当然，学生的提问能力也是需要慢慢培养的，刚开始预学和提问时，学生可能提不出问题或提不出好问题，教师要相信学生、鼓励学生，不断引导学生提出问题，学生就会慢慢学会思考，学会提问，学习潜能会无限迸发。

学生基于预学提出问题的呈现方式有两种：一种是课堂上学生直接提出问题，教师通过板书等方式呈现；另外一种是直接展示呈现学生"预学学习单"上的问题，组织学生展开深度讨论。

（4）善于预见和学情研判，适时提供针对性助学。

学生的学习需要教师的帮助和引导。在问题讨论环节，要引导学生积极思考、展开深入的讨论，教师的角色是点拨、引导，必要时提供一定的针对性助学。课前，教师要善于预见学情，预设针对性助学的一些方式，如提供支持深入讨论的学习材料、提供学具操作探索、用教具操作说明、媒体演示等，以能开展有效的针对性助学。如在本节课的学习中，讨论比较两个物体的体积时，教师可以适时提供学具让学生操作，让学生体会"数小正方体"的比较方法，也体会了"用单位刻画体积（容积）"的度量学习的本质。

【学导过程与解析】

一、小组交流自学成果

师：今天这节课我们学习"体积和容积"，课前同学们在"预学学习单"的帮助下自学了"体积与容积"的内容。你已经学会了哪些知识，自学过程中有疑问吗？下面，请在四人小组里分享一下你的收获，有疑问的在小组里讨论。先请看小组交流的要求：

（1）逐题轮流在小组内交流，争取人人发言。

（2）有问题在组内交流，意见不一致时在组内讨论。

（3）组内解决不了的问题记录下来。

（学生小组交流预学成果，教师巡视，了解学生自学情况。）

二、全班分享，梳理知识，初步建构体积与容积概念

1.什么是体积？

师：下面一起交流，说说你已经学会了哪些有关体积与容积的知识？什么是体积呢？

生：物体所占空间的大小，叫作物体的体积。

师：这句话的意思你能看懂吗？

生：（齐答）看懂了。

师：书上有一个"土豆与红薯哪一个占的空间大"的实验，你们能看懂吗？你们做过这个实验吗？哪两位同学上来做一下这个实验呢？

（两位学生上台做实验，一人做，一人讲。）

做实验的学生1：现在有两个杯子，里面的水是一样多的。现在我们把土豆放进去，我们看到水面

为使小组交流有效展开，教师通过导引语的方式指导学生小组内的交流，强调"逐题轮流在小组内交流"，使小组交流有序进行。在这样的学习过程中，促进学生互讲、互学能力的发展。

在学生小组学习过程中，教师深入组内了解、指导，关键要注意小组交流方法的指导。

"物体所占空间的大小，叫作物体的体积"这句话，学生一般都能看懂，但书上的实验不一定能看懂，而这个实验恰恰能让学生直观地看见"物体占空间"，而大部分学生在自学时不一定尝试做这个实验。因此，在全班交流阶段，引导学生再做做这个实验，并讲解自己的发现，还是很有必要的。

升高了；再把红薯放进另一个杯子，也看到水面升高了。我们可以知道红薯的体积大。

做实验的学生2：大家有什么问题吗？

生：我看到的是放土豆的杯子的水面高，应该是土豆的体积大。

做实验的学生1：我是解释书上的实验，书上是红薯体积大。

生：但实际是土豆的体积大。

师：书上的实验结果是红薯的体积大，是不是我们做的实验一定也是红薯的大呢？你们现在做的实验是什么情况？是应该根据事实得出结论，还是按照书上的结论说呢？

做实验的学生1：不是一定红薯的体积大，按照刚才做的实验结果是土豆的体积大。

师：好，眼见为实，刚才这位同学的质疑非常好，我们需要这样的科学态度。老师也问一个问题：为什么土豆放下去，水面会升高呢？

做实验的学生1：那是因为土豆有体积，放进去后占了水的空间。

师：看来体积概念中"占空间的大小"很关键，刚才的实验让我们看到了"占空间"。

师：看来理解"什么是体积"，关键大家要明白什么是"占空间"和"占空间的大小"，我们教室里哪些东西或物体占空间呢？

生：桌子、椅子占空间。

生：黑板占空间。

生：人占空间。

师：（随机请一位学生站在身边）他占空间吗？再指指自己，老师占空间吗？我们两个人谁占的空

实验过程中，导引学生观察、发现、思考、质疑，特别是本实验中的红薯和土豆的大小与教材中不同，也有利于学生根据实际观察表达自己的观点。

间大呢?

生:老师占的空间大。

师:(追问)怎么知道的呢?

生:直接可以看出来。

师:我站在这儿是占空间的,现在我往前走几步(朝前走几步),我占的空间一样大吗?

生:一样大的。

师:如果我人斜了呢(人斜站着)?

生:还是一样大的。

生:就是你这个人,大小不变的。

师:我们通过实验、讨论,知道了物体的体积就是占空间的大小,而且知道了体积是有大小的。

2.什么是容积?

师:体积我们明白了,什么是容积你们看懂了吗?

生:容器所能容纳物体的体积,是容器的容积。

师:这句话不是很好理解吧,什么是"容器"?

生:能装东西的,就是容器。比如杯子。

师:还有吗?

生:书包。

生:铅笔盒。

生:抽屉。

师:(出示杯子)这个"杯子的容积"的容积指的是什么?

生:里面部分的大小。

师:"杯子的容积"指的是杯子里面的空间的大小。

师:(出示幻灯片,如下页图)哪个杯子的沙的体积是这个杯子的容积呢?

"容器所能容纳物体的体积"这句话中"容器"的意思学生还是比较好理解的,但"所能容纳物体的体积"并不太好理解,教师通过三杯沙子的直观演示,帮助学生初步理解容积的内涵。

通过"独立预学—小组交流—全班分享,梳理知识"三个环节,学生初步掌握了"什么是体积""什么是容积"等相关的知识,并通过演示实验、讨论交流、教师引领等多种方式,对直接比较两个物体的体积大小、用"排水法"比较体积大小等知识也有了初步的感知。

（学生先同桌讨论一下）

生：中间这一杯，这杯正好。

生：左边这杯没有装满，右边这杯超过了。

师：也就是说，中间这一杯容纳的沙的体积就是这个杯子的容积。

师：（呈现纸箱、电冰箱、仓库）它们的容积指什么呢，与同桌交流。

三、提出问题，深度讨论，深化理解体积与容积概念

师：看来通过预学，同学们基本掌握了什么是体积，什么是容积。刚才看到很多同学的学习单上还提出了很多问题，下面我们一起来讨论同学们提出的问题。

"问题讨论"如何组织？教师采用了直接呈现"学习单上的问题"的方式，呈现学生提出的问题，这样的方式相对比较节约课堂时间，也便于教师组织深度讨论问题的过程。

学生会提出各种各样的问题，具体讨论时，教师可以根据学习目标有所选择，并有序呈现问题，组织学生讨论。

（教师请一部分学生把"预学学习单"交到讲台

上，呈现学生提出的部分问题。）

师：还有很多同学提出了问题，这里不呈现了。看来我们五（10）班的同学真的很会提问题、很会学习，那么大家能回答这些问题吗？我们一起来讨论。

呈现问题1：**一张纸有体积吗？**

师：对于这个问题你有想法吗？请四人小组先讨论一下。

（学生讨论后，教师组织交流。）

生：一张纸也是有厚度的，所以也是有体积的。

生：只要是占空间的，就是有体积的。

生：我们可以这么想，一张纸很薄，但我们可以把很多纸叠起来，就能清楚地看到"体积"了，如果没有体积的东西叠起来不会有体积的。

生：还可以把一张纸折起来。

师：你们真是太厉害了，很好地解释了纸有体积的问题，尽管纸很薄，但还是有厚度的，也占空间，也就是有体积的。

呈现问题2：**所有的物体都有体积吗？**

师：刚才我们举的例子都是固体，知道了固体是有体积的，那么液体有体积吗？气体有体积吗？

生：液体有体积的，刚才杯子里的水有体积。

生：水占了杯子的空间，就是有体积的。

师：占空间的就是有体积，水占了空间就是有体积，液体有体积。气体呢，比如空气有体积吗？

生：有，比如针管往下推的时候，最后推不动了，你能感受到空气在里面。

生：再比如气球，原来是瘪的，打气后就鼓起来了，说明空气占了里面的空间。

生：可以拿一个塑料袋做个试验。

"一张纸有体积吗"是一个有意思的问题，因为一张纸往往给人的直觉就是一个"面"，而不是一个"体"，通过导引学生深入讨论、解释，体会一张纸也是有体积的，促进学生对"物体占空间的大小"的理解。学生自己的解释很有想法、很生动。

（教师给学生提供一个袋子，学生演示"装空气"使袋子鼓起来的过程。）

师：刚才我们用了多种方法说明，气体有体积，液体有体积，固体也有体积。"所有物体都有体积吗"这个问题也就讨论明白了。

呈现问题3：怎样比较两个物体的体积？

（组织学生先小组讨论，再全班交流。）

生：用刚才"排水"的方法比较。（师板书：排水法）

生：有的可以直接看出来。（师板书：直接观察）

生：可以把物体切、切、切，分成一个个大小一样的小的物体，再比较。

师：他说的是什么意思？

生：比如，把两块橡皮泥都切成棱长是1cm的小正方体。

生：比如刚才的红薯和土豆，都切成大小一样的，再比较块数。

师：他们的意思是说，把物体都分成一个个大小一样的小的物体，再比较。三位同学创造的方法真是太有智慧了。

师，我们来看两个图形，比较它们的大小，你们觉得哪个体积大，哪个体积小呢？

生：1号大。

生：2号大。

生：我觉得无法比较，一个高，但要"瘦"一点，一个低，但要"胖"一点。

师：直接看，比

"怎样比较两个物体的体积"？引导学生从"直观比较"到"用单位度量"，从定性描述到定量描述，体会"用体积单位刻画体积的大小"是本节课"深度学习点"之一。

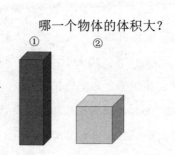

哪一个物体的体积大？

①　　　②

不出来，有什么其他方法吗？

师：老师今天带了这两个图形，你们观察一下再比较（发给学生实物，若干个小正方体搭成的长方体），让学生通过数"小正方体个数"，再比较大小。

（学生小组活动）

生：我们全部拆开，数一数就知道了。

生：我们没拆开，数小方块的个数，①号图形是 28 个小正方体组成的，②号图形是 27 个小正方体组成的，所以①号图形大。

生：我们把长方体拆了，拼成正方体，还多一个，所以①号图形大。

师：这三种方法都能数出小正方体的个数，其实与前面三位同学创造的方法差不多，对吧。就是分成一个个小的正方体，这种方法称为"数小正方体"。（板书：数小正方体）

师：另外一个长方体是 18 个小正方体搭成的，你们想象一下，这个立体图形有多大呢？

师：想好了吗，比前面两个立体图形大，还是小？

生：要小。

师：（出示下图）我们一起看一看，怎么回事呢？

生：小正方体不一样大。

师：也就是说，这样的情况下要比较大小的话，必须小正方体的大小是一样的。

教师先让学生体会直观比较的方法，在学生直观比较"一个长方体"和"一个正方体"的体积有困难时，教师适时提供了学具（由正方体搭成的长方体和正方体），受学具构成的启发，学生自然地想到了"数小正方体"的方法，精心选择的学具起到了有效的助学作用。

哪一个物体的体积大？

① ② ③

28个小   27个小   18个小
正方体   正方体   正方体

最后，教师又呈现第三个图形，导引学生在"猜想"中体会"单位"的不同，蕴伏体会"统一体积单位"的必要性。

学生"预学"过程中提出了"体积和容积有什么关系，有什么相同点与不同点""两个物体，体积一样，容积一样吗"等问题时，教师首先组织学生结合前面的学习展开讨论，结合概念进一步感知体积和容积的差异。

在讨论的基础上，教师又用两个精心准备的教具，呈现一个正方体纸盒的教具和一个小正方体，引导学生先估

师："怎样比较两个物体的大小"这个问题提得太好了，使我们的讨论很深入，明白了可以用"数小正方体"等多种方法比较物体的大小。

呈现问题4和问题5：体积和容积有什么关系，有什么相同点和不同点？两个东西（物体），体积一样，容积一样吗？

师：这两个问题，基本意思是一样的吗？先请同学们小组讨论一下"体积和容积有什么相同点和不同点"。

生：体积指的是整个物体的大小，容积指的是能容纳物体的空间的大小。

生：都是指空间大小，容积是指容器里面空间的大小。

师：我们再来看一个实际物体，这里有一个盒子（呈现一个纸盒和一个小正方体，如下图），大家估计一下，像这样的盒子能放下几个这样的小正方体？

生：约27个。

师：我请一位同学上来放一放。

（一位学生装小正方体，其他同学数，结果12个就放满了，其他学生感到非常奇怪，教师再组织学生讨论。）

师：刚才我们都认为可以装27个，怎么装12个就装不下了呢？可能是什么情况呢？请你和同桌讨论一下。

生：可能里面有东西。

（教师问装小正方体的学生，里面原来有东西吗，学生说"没有"。）

生：可能这个纸盒的壁不是一层。

生：可能没有填满。

师：填满了，有点小缝隙，但肯定放不下了。

生：体积那么大，容积不一定那么大。

生：可能是壁太厚了。

师：想看一下实际情况吗？真想看吗？

生：想。

生：很想很想。

师：好，我们看看（打开盒子，露出了很厚的"壁"）。

师：原来纸盒的"壁"这样厚，所以容积就小了。同一个物体体积尽管这么大，容积却并不大。

师：这样的情况生活中也有例子，比如大家知道，电冰箱看起来体积很大，但里面的容积不大，主要是"壁"很厚，这样才能使里面冰冻的东西不容易融化。

师：老师还有几个一样大小的纸盒（呈现另一个纸盒），你们觉得能装几个小正方体？

生：这次可以装27个了。

生：无法确定。

生：至少能装三个。

生：我觉得可能是实心的，一个也装不了。

师：大家说得都有道理，我们还是来看看，想看

计可以放多少个小正方体，学生根据体积大小猜测可以放27个；再让一个学生实际操作，发现只能放12个，引发学生的认知冲突，引导学生展开讨论，学生提出多种"可能"的情况，最后呈现盒子内部的情况，学生充分明白了"一个容器的体积与容积之间的关系"，深化了学生对体积与容积的认识。

一看吗？

（教师打开盒子，是空的。）

生：能装 27 个。

师：现在明白体积和容积的联系与区别了吗？

生：明白了。

师：同学们其实还提了很多好问题，但由于时间关系，我们一节课无法讨论完，大家课后可以进一步研究和讨论，有的问题我们在后面几节课的学习中会慢慢解决。这里要表扬每一位提出问题的同学，"会提问"是"会学习"的重要标志。

【本节课深度学习"三学"体现点与策略解读】

表 5.1 "体积与容积"的"三学"策略解读

"入学"	本节课学生的课堂参与和投入主要体现在三个方面：一是基于学习单的预学，学生有所凭借展开自学，一般就人人会尝试去学；二是小组协同学习阶段，学生组内的分享也是人人积极参与；三是针对学生提出问题的回答，特别是"两个东西（物体），体积一样，容积一样吗"，教师准备了适当的学具，让学生现场操作和讨论，吊足了学生的"胃口"，感受"见证奇迹的时刻"，激发了学生的思维，充分调动了学生的学习积极性。
"真学"	围绕本节课"体积和容积"概念学习的深度学习点，用"预学分享"的学教方式，学生在"预学学习单"的导引下展开了充分的自学，并经历了分享交流、问题讨论的学习过程。最精彩的是学生在预学中提出了很多有意思、有深度的问题，如"一张纸有体积吗""怎样比较物体的体积"等，教师顺势而为，基于学生提出的问题，激发学生深度思考，并适时提供相应学具、教具支持学生的学习，学生在深度的思考与讨论中，逐步明晰概念，完成概念的建构。"预学分享"和"问题讨论"两个环节，教师有效引导学生经历"学的过程"，引动深度思考，实现了学习的真正发生。

"深学"	"体积（容积）"是学科核心概念，"度量的本质是用单位量，再计数单位的数量"是学科重要观点，都是"大概念"范畴。本节课是在学生自学基础上展开课堂学习，学生的"学"非常充分，建立"空间大小观念"和"用单位刻画体积（容积）"两个关键学习点，学生体验非常充分，特别是"用单位刻画体积（容积）"这个点，平时教学中往往关注不够，但恰恰关乎"大概念"的理解。在基于学生的两个问题的讨论中，教师准备了"可拼可拆的长方体和正方体"学具和"大正方体纸盒和小正方体木块"这样的学具教具，导引学生深度思考、发表观点，促进了学生的深刻理解与感悟，并体悟"度量的本质是用单位量，再计数单位的数量"的"大概念"。同时在合作学习中，学生学习感悟如何进行合作、质疑、沟通等，在思悟中成长。

典型课例 **6**：课前探究式预学，让"学"更深入发生

——"圆的认识"教学案例 [①]

【课前深思】

"圆的认识"是一节几何图形的概念学习课，在认识圆形之前，学生已经经历了长方形、平行四边形、梯形、三角形等图形的学习，低年级学生也初步认识了圆，本节课主要是从圆的本质特征等角度帮助学生建构圆的概念，学生也是第一次真正探究和认识曲线图形。

一、学什么：研读学习内容与学生学情，厘清"学什么"与"深度学习点"

1. "圆的认识"的学习核心是什么？

圆是平面内到定点的距离等于定长的点的集合，这是圆的本质特征。从教材编排上看，从生活中的圆入手，通过描画、观察、折叠、测量等实践探究活动，引导学生从直观认识逐步上升到理性认识，掌握圆的基本特征和性质。这个理性认识的核心应该是"到定点距离等于定长"和"圆的对称性"，"到定点距离等于定长"决定了半径、直径的相关属性，"圆的对称性"是让圆的美在生活中运用。所以，这两个点正是本课学习的深度学习点所在。

2. 如何深度理解"圆"的概念？

六年级的学生已经有了丰富的平面图形学习经验，具备了折叠、测量、观察、比较等研究平面图形的基本方法，能从边、角、对称、周长、面积等方面研究图形。同时，不管是生活经验，还是数学知识经验，学生对于圆并不陌生，

---

① 本课例由嘉兴市南湖区新丰镇中心小学冯明老师设计、执教。

而且这种经验在平面图形学习过程中不仅仅是直观的经验，学生对圆的图形特征具有一定的认知基础。

小学阶段对于圆的理解介于直观认知与数学刻画之间，是"基于直观形象的圆"向"基于数学特征的圆"发展。对于"圆"的概念的理解应该有这样四个层面：一是基于实物形象的圆的认知；二是基于对称的实践经验的认知；三是基于半径、直径等特征的认知；四是圆的特性在生活中应用的认知。对圆概念的深度认知，学生经历的是"直观形象—操作经验—理性刻画—生活原型"这样的学习认知过程。

二、怎么学：选择组织学生"学"的方式，设计"深度学习"发生的路径

1.学教方式

基于对本课时教学内容和学生情况的背景分析，本课采用"基于课前探究式预学的预学分享式学习"的学教方式，也就是本节课的预学不是采用让学生阅读教材文本的方式，而是基于学习目标和学生的学情，设计"课前探究活动"，让学生围绕一定的问题展开自主实践探究，唤醒原有的知识经验，对圆形成进一步的直观体验与问题思考。"课前探究活动"为课堂教学的交流分享提供有效的支持，让学生运用课前研究中的操作经验与成果体验进行课堂演示，让学生真正成为课堂的主人，让学生有话说，有事做，有理辩，让学生的学习更深入地发生，实现学生对"圆"的认知不断走向深入。

2.学导路径

（1）课前探究：基于核心精心设计问题，科学制定课前探究活动，组织引导学生在课前实践探究过程中形成有价值的直观体验与疑难猜想。

（2）展示分享：合理组织展示分享，充分运用课前探究成果，在小组、全班等多形式的分享交流过程中建构圆的概念、掌握圆的特征。

（3）问题讨论：围绕学生在探究性预学活动中形成的问题与猜想，组织学生小组讨论、交流思辨，通过举例验证、实践操作、对比分析等活动解决问题，

实现对圆知识的深度解读与理解。

3.学导要点

（1）设计好课前探究活动。

学生课前探究活动的开展情况是学生预学和课堂教学能否深入的关键，这就需要教师精心设计课前探究活动。课前探究活动是学生独立预学的一种方式，需要学生具有一定的知识经验基础与探究学习的方法。设计好课前探究活动，要精准分析学生对学习内容的原有认知与经验基础，定位好课前探究活动的目的，恰当地设计与组织学生展开课前探究。

研究始于问题，可以用一个好问题引发学生的思考，在问题引领下学生自主经历探究过程。本节课的课前探究活动选择了"圆有什么特征"和"车轮为什么是圆的"两个问题，一个问题指向圆的本质特征，一个问题指向圆的生活应用，导引学生开展课前探究性预学，最终都指向于圆的数学本质理解。

有了问题以后，还要将问题转化为学习任务，以便于学生围绕操作性活动展开核心问题的研究，又便于学生的探究与学习结果的呈现，要充分考虑成果形式的多样性、丰富性、可视性等特征，为学生课堂分享与交流提供有利条件。因此，从问题与学习任务的选择与设计上来说，一是要具有开放性，期待学生多样化的探究体验；二是要具有过程性，既要提出问题，又有探究方法、成果呈现的指导，关注探究的全过程。

"圆的认识"预学探究单设计如下。

"圆的认识"预学探究单

班级：　　　　　姓名：

同学们，你们认识圆吗？我们一起来研究圆吧！

研究活动一：圆有什么特征呢？取一张圆形的纸片，通过观察、触摸、折叠等方法，探索研究圆有什么特征。请你用图文结合等形式记录在下面！（把研究过程中的记录和材料带到课堂中来交流。）

研究活动二：你们有没有发现，生活中的车轮都是圆的？为什么车轮都是圆的？请把你的研究结果记录在下面！

提问：通过研究和自学，关于"圆"你还有什么问题吗？

（2）课堂充分放手让学生展示探究成果，并组织学生互相学。学生在课前探究活动中，通过动手操作、观察比较、综合思考等自主学习活动，形成了原有认知基础上对圆的新认知，比如：圆是对称的、圆的边是弯的、直径有无数条、圆利于滚动等。这些经验都来自课前探究活动，又为课堂上的深度学习提供了资源保障。课堂上，教师要根据学生课前自主探究活动的情况，充分重视与用好课前探究实践经验，以小组、全班等多种形式组织分享交流，充分放手让学生展示预学探究成果。同时，教师要注重组织学生倾听、质疑、讨论，互相学，在交流讨论过程中建构新概念，形成新的知识体系。

（3）教师适时提供帮助和支持，推进学生的学习走向深入。学生探究式预学，增加了教学的开放度，同时也会使学生之间的差异变得更大。教师要适时给学生提供帮助和支持，组织学生深入讨论。特别是对于学生课前预学中提出的问题，组织学生小组讨论、交流思辨，通过举例验证、实践操作、对比分析等活动解决问题，实现对圆知识本质性焦点问题的深度解读与理解。另外，适时引导学生聚焦、提炼，完成知识建构。

【学导过程与解析】

表5.2　学导过程与解析

(一) 开门见山，直示课题	
师：同学们，今天我们一起来学习圆的知识（板书揭题）。	

（二）小组交流，分享成果 师：课前同学们对圆开展了一些探究，现在请在四人小组里交流探究成果，请看小组合作要求： （1）在小组内按次序展示你的研究成果，别人分享时认真倾听，并参与讨论。 （2）在小组内记录好研究成果，梳理圆的相关知识，确定全班分享的内容和人员。 （3）有不同意见或疑难问题的，请记录下来。 四人小组讨论交流，教师巡视指导。	学生的学习探究能力存在差异，组织四人小组交流，为学生创造一次展示探究成果的机会，引导学生自由表达、积极思辨、相互启发，实现关于圆的基础知识的梳理、交流，并在争议中记录疑难问题。
（三）全班分享，建构概念 师：同学们，通过课前探究和小组交流，你们对圆一定有了更多的了解，下面以小组为单位把学到的知识与大家分享一下吧！ 生1：我们是第4小组，我们组发现圆有无数条对称轴。 师：你能给同学们演示一下吗？ 生1：（呈现作品）我们找了个圆形纸片，把它对折，发现左右完全重合，说明圆是轴对称图形，然后换个角度又可以对折，这样持续下去是折不完的。 	"对折"这一操作活动，帮助学生发现和认识圆的对称、圆的直径和半径等多个问题，并建立这些知识之间的联系，使学生对圆的认知更加丰富、立体。

师：谁看明白了？

生 2：他们组的意思是把圆对折可以得到一条对称轴，可以不断地变换角度对折，所以有无数条对称轴。

师：这组同学真是太棒了，运用以前学的轴对称的知识来认识圆，你真是研究高手。同组的同学还有其他发现吗？

生 3：我有补充，我们组还发现圆是有中心的。

师：你也能像刚才这位组员一样演示给大家看吗？

生 3：（呈现作品）我像刚才那位同学那样先把圆对折，然后再对折，然后展开，两次折叠有个交点，这个点就是中心。

师：你真棒呀，这个中心我们称为圆心，用字母 o 表示（板书）。

请同学们用自己的圆折一折，找出圆心。（学生活动）

生 4：老师，我对刚才这个组找圆心的方法有不同意见，我是对折，展开，换个角度再对折，两次折痕的交点就是圆心。

师：表扬这位同学，你真会创新！同时也感谢第 4 小组的分享。

生 5：我们是第 2 小组的，我们发现圆是有半径和直径的。

师：哦，圆有半径和直径呀！什么是半径？什么是直径？

依托学生探究活动中形成的实践经验，从对称性、名称、特征等角度初步梳理圆的知识体系。这个过程把学生课前探究活动形成的经验为基础，边交流边梳理，边梳理边规范，解决好探究性实践经验与概念建构之间的联系。

生5：（呈现作品）请大家看我们的图示，把圆对折，这条折痕就是直径，再对折，就是半径。

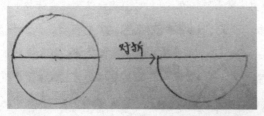

生6：（呈现作品）我可以演示一下我们组这位同学的想法，像这样把一个圆对折再对折，重复多次，打开后像这样穿过整个圆的就是直径，穿过半个圆的就是半径。

师：真形象，那你们是怎么知道这些折痕有的叫直径，有的叫半径呢？

生5：我们是从书上看到的。

师：哦，看书自学是一种很好的学习方式，感谢第2小组的分享。请大家打开教材，翻到第58页，找一找什么是半径，什么是直径。

（学生自主阅读教材）

师：现在谁能用一句话说说什么是直径，什么是半径吗？

生6：半径就是从圆心出发到圆上一点的线段。通过圆心两端都在圆上的线段就是直径。

师：根据这位同学说的，请在你的圆上画出半径与直径。

（学生在课前准备的圆上画出直径与半径）

师：在数学上，我们用字母 d 表示直径，字母 r 表示半径。

师：其他小组，还有什么发现吗？

学生在"折纸"的操作活动中自然发现了圆的直径、半径以及直径和半径之间的关系。再对照课本上的概念描述，进一步理解直径、半径。

生 7：（呈现作品）我们是第 1 小组，我们研究后发现一个圆的半径和直径都有无数条，而且半径都相等，直径也都相等。这里的直线都是把圆对折后得到的，从圆心到圆上的线段是半径，通过圆心两端都在圆上的线段是直径，因为可以进行无数次对折，就可以得到无数条折痕，也就可以得到无数条直径与半径。

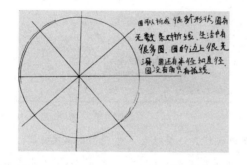

生 8：我有补充，我们还发现圆的边是弧线，这条弧线任意一个点到圆心的距离都是相等的，都是半径，所以半径有无数条而且都相等。因为两条半径合起来就是一条直径，所以直径也有无数条而且都相等。

师：第 1 组汇报得真全面！刚才第 1 组的这位同学说"两条半径合起来就是一条直径"，这是什么意思呢？

生 9：我认为他的意思是，把一个圆对折一次得到直径，对折两次得到半径，所以直径是半径的两倍，半径是直径的二分之一。

生 10：我有补充，必须是在同一个圆里，如果是两个不同的圆，这种关系就不成立了。

师：（询问生 8）你是这个意思吗？

生 8：是的，在同一个圆里直径是半径的 2 倍，不是同一个圆就不一定了。

直径与半径的关系也是学生在折纸过程中，比较容易发现的。

利用学生的作品导引学生进一步梳理和小结。

师：（呈现作品）大家的汇报真棒！通过课前研究和小组交流，我们对圆又有了这么多新认识。在同学们的课前研究作品中，老师发现这样一份预学探究成果，请你结合这份研究成果与同桌说说你学到的圆的新知识。

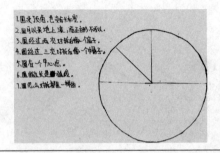

（四）拓展探究，深度体会

师：课前还有一个研究任务："车轮为什么是圆的呢？"请把你课前对这个问题的研究与思考在四人小组中讨论一下。四人小组讨论后，准备汇报你们小组的成果。

生1：（呈现作品）我认为圆没有角，边是弧线的，车轮做成圆的行驶更方便，省油而且要快！

生2：（呈现作品）我认为只有做成圆的才能滚动起来，其他形状很难滚动起来，圆形可以减少摩擦力，开起来更省力，而且很平稳。

"到定点距离等于定长"是圆的本质特质，本节课通过"为什么车轮是圆形的"的问题，引导学生探究圆的本质特征。从学生的作品和发表的观点看，学生有了比较深入的思考和发现。

答：因为车轮圆它才能滚起来，拖跑得更快，其它形状很又难滚起来，还有圆的它有很大的摩擦力，开起也更省。
1. 因为圆能滚起来。
2. 圆能滚动很快。
3. 圆化外成每车轮很平稳。

生3：我觉得这跟圆的半径有关，我昨天观察了自行车，车轴在圆心，所以车轮滚动时车轴一直在同一水平上，所以车是平稳前进的。如果车轮是正方形的话，滚动起来是上下起伏的。

生4：（呈现作品）我同意刚才这位同学的说法，如果做成正方形，中心到车轮上每个点的距离不同，不但不平稳，而且会增加路程。如果是圆的，中心到车轮上每个点的距离都是相等的，这样行驶起来很平稳，而且路程有效。

因为圆有个特性：在同一圆中，所有的半径都是相等的车轴离地面的距离等于车轮半径那么长，这样行驶起来会更平稳。

车轮平面采用圆形，是利用同圆的半径都相等的性质，把车轴装在车轮的圆心上，当车轮在地面上滚动时，车轴离地面的距离总是等于车轮的半径，因此只需道路平坦，轻松会平稳的行驶。

师：同学们研究得真深入，很多同学关注到了圆上的任意一点到中心点的距离是相等的（也就是半径是相等的）这个特点，真厉害。车轮为什么是圆的呢？我们一起观看一个微课：《车轮为什么是圆的》，再想一想这个问题。
组织学生观看微课。

（五）回顾总结，知识建构 师：这节课大家通过课前探究、课中展示，学习和认识圆，回顾圆的学习过程，想一想你学到了什么？ 生：我知道了圆是轴对称图形，有无数条对称轴。 生：我知道了圆有无数条半径和直径，我是在折圆片的过程中观察发现的。 生：在同一个圆里，一条直径等于两条半径。 生：我知道了车轮为什么是圆的，因为圆上每一点到中心的距离都是相等的。 生："车轮为什么是圆的"，这个问题真有意思。 生：我发现用圆片对折可以说明很多问题，动动手可以帮助我们学习数学知识。	回顾总结学习经历，既重视知识的积累和概念的建构，又关注学习过程与学习方法，还关注学生的学习情感，促进学生的学习持续、深入发生。

【本节课深度学习"三学"体现点与策略解读】

表5.3 "圆的认识"的"三学"策略解读

"入学"	与"文本式预学"相比，"探究式预学"更能激发学生学习的兴趣，从而产生学习的内动力，培育积极的学习情感。本节课设计了"用一张圆形纸片探究圆有什么特征""为什么车轮是圆的"两个问题，导引学生进行探究式预学，从学生的作品中，可以看到学生的积极性很高，用各种方式尝试探索研究，并有了很多独特的发现，为课堂学习的深入奠定了基础。
"真学"	整节课围绕两个探究式预学的问题展开，以学生展示预学成果为主，学生积极表达，教师注意引导学生倾听、质疑、补充等，生生互动、深究型对话自然发生，学生充分"学的过程"，学习逐步深入。学生的学习是探究的、自主的、深入的经历，学习的能力也自然得到了发展。

"深学"	圆是学科核心概念，"圆"概念的理解是本节课的核心目标。在学生展示预学成果的过程中，紧紧围绕"圆的特征"和"圆的对称性"两个深度学习点，教师适时引导学生梳理知识，逐步完成了"圆"概念的知识建构，达成了意义理解。特别是在讨论"车轮为什么是圆的"的问题中，引导学生体会"到定点的距离等于定长"的概念本质特征。通过课前的独立探究、课堂的分享讨论，学生的感受和理解是深刻的，同时会对数学学习产生丰富的认识，对合作与沟通产生更多的体悟。

第六讲 "做中学"课堂样态

心理学家皮亚杰提出："儿童的智慧源于操作，操作是儿童早期认识世界、适应环境、赖以生存的主要手段。儿童要认识物体，必须对它施加动作，在移动、拆散、合并物体的反复动作过程中，通过头脑与材料的相互作用与协调，建构自己的认知结构。""听会忘记，看能记住，做才学会"，学生在"做"的基础上获得的知识，最能够长久保持和迁移应用，1987 年，美国诺贝尔物理学奖获得者利昂·莱德曼提出了"Hands On"（动手做）学习模式，倡导学生通过"动手做"探索和建构世界。数学学习中，确实有一部分学习内容，学生的认知经验与知识之间有脱节，造成学生学习上的困难，通过任务驱动下的"做中学"数学活动，学生在做中学，在学中做，在实践中体验，在体验中获得经验，有效弥补断层，促进学生理解知识、发展能力、生成素养。"做中学"也是促进深度学习的重要课堂样态之一。

"做中学"课堂样态要义

"做中学"的课堂样态，主要是基于"做中学"的体验性学习的学教方式。"做中学"课堂样态的基本要素："做中学"的课堂以"动手做"为重要学习方式，导引学生在操作、制作、实验、实测等数学实践活动中学习。"做中学"的课堂，"做"是关键，"学"是核心，通过动手动脑相结合的方法学习数学的过程，促进学生实践体验，促进活动经验的积累、数学知识的理解、实践能力和探究能力的发展。

"做中学"课堂样态的基本学教结构如下：

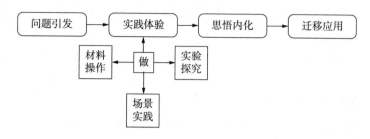

具体来说，"做中学"的课堂样态有多种变式，如操作方式的不同，有"材料操作""场景实践""实验探究"等。另外，实践操作活动可以在课前，如正式学习前先安排学生实践，经历充分的实践体验过程，再展开正式学习，也可以在课堂上将学习与实践过程相结合。

一、基于"材料操作"的"做中学"

基于"材料操作"的"做中学"，就是设计富有内涵的数学活动，利用学具、实物等材料操作体验，通过看得见、摸得着的数学学具和实物操作，让数学学习变得真实、具体，帮助学生积淀经验、理解知识。操作的材料可以是实物，也可以是正方形片、小正方体、七巧板、雪花片、磁力扣等学具。下面为"千克和克"的教学中"千克"教学的片段。

（1）称一称。请学生用台秤或弹簧秤称一袋白糖的质量，确认一袋白糖正好重1千克。

（2）掂一掂。小组内每位同学掂一掂一袋白糖的质量，感受1千克。

（3）估一估。请学生拿一个塑料袋装苹果，再掂一掂，估计一下大约几个苹果是1千克，然后再称一称，并互相说说1千克大约有几个苹果。

（4）找一找。请学生在小组内找一找哪些物体的质量也大约是1千克，并掂一掂（说明：在材料中准备了质量大约1千克的柚子），并说说自己是怎么估的（说明：以1千克的白糖为参照物）。

（5）猜一猜。教师出示1千克棉花和1千克铁，让学生猜一猜哪个重，然后让学生称一称验证，引导学生再度感知 1 千克，并明白物体体积大不一定重。

（6）拎一拎。教师让学生拎一拎一袋 5 千克的米，感受 5 千克。

（7）说一说。教师让学生以千克为单位说说自己知道的生活中熟悉物品的质量。

（8）小结。

苏霍姆林斯基曾说过："手和脑之间有着千丝万缕的联系，手使脑得到发展，使它更加明智；脑使手得到发展，使它变成思维的工具和镜子。"在上述"千克"的教学片段中，由于"千克"的概念学生比较陌生，特别是"千克"的量感的形成，必须通过学生自身经历实践活动才能积淀。因此，教师准备了充分的实物材料，调动学生多种感官参与学习活动，让学生通过掂一掂、估一估、找一找、称一称的活动，充分地去掂量、去感受生活中大约重 1 千克或几千克的物品，使学生对"千克"这个质量单位多一些亲身感受。学生在充分的操作实践中，获得"千克"的具体经验并形成表象，主动、积极地建构新的认知结构，逐步形成千克的质量观念。同时，学生在亲身实践体验中获得了积极的情感体验。

二、基于"场景实践"的"做中学"

基于"场景实践"的"做中学"，就是利用学生身边熟悉的场景，导引学生通过实践活动研究数学、发现数学，在实践中体验感悟，促进知识的理解和建构，体会数学与生活的密切联系。

如，认识"厘米和米"教学时，教材的编写意图是先让学生通过实践操作体会统一长度单位的必要性，再认识公用单位"厘米和米"，但二年级学生生活中对度量单位的体验比较少，要一节课让学生积累这样的经验往往有一定的困难。因此，教师设计了四次人人参与的场景实践活动，拉长学生的学习体验过程，让全体学生在操作实践中，体会度量和用自选单位进行度量的方法，感受统一长度单位的必要性，学生对度量及度量单位的体验更加深刻，"厘米和米"概念的建构更为清晰。下面是课前、课后组织学生开展的四次场景实践活动。

实践活动 1：请你和爸爸、妈妈一起用脚量一量你的小房间的长。

反馈时，先让学生说一说自己量的结果与爸爸、妈妈量的结果是否一样，为什么。通过交流，学生初步了解"爸爸的脚长，量出来的数据小；我的脚短，量出来的数据大"。学生初步体验到了同一物体用不同的长度作单位量，会得到不同的结果。

实践活动 2：请你和同桌一起用一拃来量一量课桌的长。

这次活动是在第一次活动反馈后，直接布置同桌在课间进行实践和交流，通过实践和交流让学生第二次体验到"虽然都用一拃来量课桌的长，但同桌两人的一拃也有长短，所以量出来的数据也不相同，但比较接近"。

实践活动 3：请你用数学书来量一量你的小房间的长、课桌的长。

活动反馈时，学生不仅得出了每个房间的长的数据，还比出了谁的房间的长要长一些，知道了课桌是一样长的。学生体会到因为这次测量都是用数学书封面的长来量的，单位统一，就可以进行比较了。

实践活动 4：请你用尺来量一量你的小房间的长和课桌的长。

第四次活动是在学生认识了米和厘米后布置与反馈的，通过实践加深了对米和厘米的认识，同时促进学生建立标准长度单位和自选长度单位的联系。

三、基于"实验探究"的"做中学"

基于"实验探究"的"做中学"，就是根据学习内容，通过设计数学实验，导引学生经历"发现与提出问题—设计实验方案—开展实验与证据收集—分析与论证—交流与反思评价"的过程，通过实验过程中的动手操作、动眼观察、动脑思考等探究发现新知识，并积累数学研究的活动经验。如下面的"球的反弹高度"数学实验活动设计。

（1）提出研究问题。

球落地后会反弹是一个常见现象，篮球、乒乓球等从高处落地后都会反弹。面对这一常见的现象，引发学生进行思考，有哪些问题可以研究。比如，篮球和乒乓球从同一高度自由落下，哪种球会反弹得高一些？如果从 1 米高的地方自由落地后，篮球和乒乓球一般的反弹高度会是多少呢？有哪些因素会影响球的反弹高度呢？

（2）设计实验方案。

主要是引导学生在动手实验前，先在小组内针对活动任务讨论设计实验方案，以保证实验的顺利完成。学生需要在设计方案时思考几个问题：如何测量球的反弹高度？实验步骤分哪几步，每一步要做什么？需要收集哪些数据，如何收集和记录？小组成员如何分工？分别要准备什么工具，用什么工具更有利于测量？

（3）分组动手实验。

按照实验方案分组活动并记录实验数据、填写实验报告单和在组内交流发现。

（4）组织交流讨论。

引导学生结合实验数据，从实验方法、实验结果、实验收获、遇到的困难、还可以研究的问题等角度交流和讨论。

（5）引导反思评价。

组织学生对实验方案的可行性、小组分工的合理性、实验过程的科学性、自我活动的参与度等角度进行反思评价。

上述"球的反弹高度"的实验活动，引导学生充分经历思考问题的全过程，在这样的过程中，学生自始至终有思维的介入，有理解能力、交流能力、搜集和处理信息能力等多种能力的共同作用，学生的学习真实发生，能有效促进学生数学素养的综合发展。同时，在实验操作过程中学生会遇到各种问题或困难，比如，球的反弹与落地都是瞬间的事情，观察、记录球的反弹高度很多小组都会遇到问题，下面就是一个小组实验中遇到的困难，不过最终还是想出办法解决了问题。

> 实验中我们遇了四个人看到的数据都不同，原来是因为我们站的位置不同，所以看到的角度有偏差，数据不一样，后来，我们三个人除扶尺员××外都蹲着看，结果数据统一了。

另外，在实验探索的启发下，学生还会提出许多新的问题，比如有的学生想研究同一种球从不同高度落下，反弹高度是怎样的，还有的学生想研究哪些因素会影响球的反弹高度等，教师可引发学生进一步深入学习。

学导策略要点与关键技术

"做中学"的课堂样态，如何实现"做中学"，需要思考的是"做什么"，如何导引学生"做"、"做"中怎么学、"做"中学到什么等问题，真正促进深度学习的实现。

一、怎样的内容需要"做中学"？

从数学学习的内容来说，"做中学"的课堂样态适用于需要实践活动经验支撑的学习内容，特别是一些缺少"做"的经验支撑难以达成深度学习的内容，需要通过"做"的过程解决认知经验与知识之间脱节的问题，比如上面案例中"千克和克"的学习，如果学生缺少大量的"掂一掂""估一估""称一称"等实践活动，就难以真正理解"千克"的含义和形成"千克"的量感。再如，上面的"厘米和米的认识"的学习，如果没有充分的"场景实践"活动的支撑，也难以体会统一长度单位的必要性，以及对"厘米和米"的实际意义的理解。又如，上面的"球的反弹高度"这样的学习内容，如果没有学生参与的实验活动，基本就是无意义的学习，因为这样的学习内容主要目标不是要让学生知道"篮球或乒乓球反弹的高度是多少"，而是让学生经历发现和提出问题、做实验探究问题的过程，激发探究的兴趣、培养探究的能力。另外，如"观察物体""长方体的展开图""圆锥的体积"等学习内容，都需要学生自身经历的实践活动的支撑，才能达成深度学习。

需要注意的是，强调"做中学"，也不是所有能操作的学习活动都需要学生自身的操作实践，不要为做而做，"倘若儿童已经具备了教学内容的相关经验，就不必再让其从做开始，如果依然坚持那样做，就会使人过分依赖感官提示，不仅不利于儿童经验的生成、改造与重组，反而会导致其丧失活动能力，这是很愚蠢的"[①]。教学中，教师要研究学生的实际学情和已有的经验，选择学生自身实践、教师演示实践或不做实践活动等方式组织学生展开学习。

二、如何驱动学生"做中学"？

"做什么"，如何能让学生真正"做"，关键有两个方面：一是基于学习内容的实践性任务的设计，二是相关场景以及操作工具、材料等准备，以"实践任务"和"操作材料"导引学生开展"做中学"的活动，导引学生经历直观感知、观察发现、实践探索、空间想象、归纳类比、猜测验证、演绎证明等数学活动的过程。

如在"圆锥的体积"教学中，教师为学生准备了胡萝卜、等底等高的空心圆柱和空心圆锥等材料，并设计了"削胡萝卜"和"实验验证"两个实践任务，导引学生探究"圆锥的体积"。以下为"圆锥的体积"的教学片段：

师：你能把这段圆柱形的胡萝卜削成圆锥形吗？老师有两个要求，一是削成的圆锥要和原来的圆柱底面一样大，高一样高；二是要思考体积发生了怎样的变化。

（学生削胡萝卜）

……

师：认为自己削成功了的同学把它举起来（大部分学生举起了削成的圆锥）。我们再来看看别人是怎样把圆柱削成圆锥的（动画演示）。我们已经知道了圆柱的体积是 12 立方厘米，现在，请你大胆地猜测一下圆锥的体积是多少？

生 1：6 立方厘米。

生 2：4 立方厘米。

生 3：5 立方厘米。

师：说说你猜想的依据。

（教师分别请上面三位学生说）

---

① 陈炳文."从做中学"应予以重新评价 [J]. 华中师范大学学报（哲社版），1999（3）：113−119.

生1：我认为是6立方厘米，因为我从屏幕上看，圆柱像一个长方形，圆锥像一个三角形，三角形面积是长方形的一半，所以我认为圆锥的体积也是圆柱体积的一半。

师：你认为"圆锥的体积是圆柱体积的$\frac{1}{2}$"。

（教师板书）

生2：我认为圆锥的体积肯定不到圆柱体积的一半，我估计是$\frac{1}{3}$，所以我用12乘以$\frac{1}{3}$，算出圆锥的体积是4立方厘米。

（教师板书）

生3：我认为圆锥的体积应该比圆柱体积的$\frac{1}{2}$要少一些，比$\frac{1}{3}$要多一些，所以我猜是5立方厘米。

（教师板书）

师：那么，圆锥的体积到底是圆柱体积的几分之几呢？你有什么办法验证吗？

（四人小组讨论后反馈）

生1：可以先称出圆锥形胡萝卜的重量和削下来的胡萝卜碎片的重量，再进行比较。如果相等就是$\frac{1}{2}$。

生2：将削成的圆锥形胡萝卜浸入盛有水的圆柱形容器中，计算出上升的水的体积，就是圆锥的体积，再和圆柱的体积比一比，看看是几分之几。

生3：可以将圆柱形的胡萝卜挖空，使它只剩下很薄的一层皮，再用同样的办法将圆锥形的胡萝卜也挖空。然后，在圆锥里面装满水，倒入圆柱，看看倒几次正好倒满。

生4：这样挖起来太费劲了。我认为可以充分利用桌上的东西，这是一个空心圆锥，只要再找到一个空心圆柱就可以了。

师：你觉得哪个比较合适？（讲台上摆着几个大小不同的空心圆柱）

生4：（跑上讲台，拿起与自己手中等底等高的一个）这个比较合适。

师：这样的圆柱，你们桌上有吗？（生：没有）老师可以"借"给你们。验证还需要什么？（生：水）老师带了些米来，可以用吗？请每个小组派一名代表来领取（教师边说边拿出盛有米的盆和空心圆柱）。

（学生实验后交流，得出圆锥的体积正好是这个圆柱体积的三分之一。）

师：老师发现有一个小组很特别，老师给他们这样一个空心圆柱，你们怎么又给老师退了回来，还换了一个去？

生：老师，你给我们的这个太小了。

师：太小了。让老师来倒倒看（教师演示，学生看到只倒一次就已经满出来了）。咦，这是为什么？

生：圆锥和圆柱必须是等底等高的。

（教师补充板书）

经历的价值在于获得自主的体验，在实践中形成丰富的经验，并激发学生进一步探究的动机。上述"圆锥的体积"的教学中，教师组织学生开展了"切胡萝卜"的实践活动，通过实践操作使学生进一步认识圆锥的特征（在切的过程中必须考虑圆锥有怎样的特征），通过实践操作凸现圆锥与圆柱的内在联系，为学生产生合理猜想提供一种直接的体验，学生比较直观地感受到"一个圆锥体的体积比与它等底等高的圆柱体体积小，可能是一半或一半也不到"，获得的有关圆锥与圆柱关系的表象，为发现"$V=\frac{1}{3}sh$"这一新知识提供了背景。

由于有了直接的体验为基础，学生就能自然地运用"比较"的数学方法，对圆锥的体积进行猜想，产生了比较合理的猜想。然后，教师引导学生自主设计验证方案，并再次提供相关材料，导引学生自己开展验证性操作活动，验证"圆锥的体积是等底等高的圆柱体积的$\frac{1}{3}$"的猜想，验证过程中，设置一定的问题情景，使学生产生认知冲突，理解"等底等高"的关键。在经历"猜想—验证"的探究过程中，逐步形成发现数学结论、体会学习探究的策略。

三、"做"中"怎么学"？

学生在"做"就是学习发生了吗？课堂观察发现，在有的课堂中，学生的实践操作活动被简化为几个固定的技能性操作步骤，学生在实践中也不做记录，也没有深度的发现与表达，最后的交流与结论的得出也是草草了事或由教师替代，分析论证、解释推理等需要高阶思维的过程更是少见，"问题探究"变成了简单的操作过程，常常是"做"得热闹，但学生在知识理解、素养生长上没有实质的进步。如何导引学生在做中学呢？

首先，要有目的地"做"。学生带着明确的学习目标参与实践活动，带着目标实践与思考，才能体验、领悟、积累相关经验。比如，同样的"将一张长方形对折，再对折"的折纸活动，如果学生没有明确的学习目标，只是在"折纸"，则可能难以获得清晰的数学活动经验。而如果学习目标是"用长方形纸折出平行线"，则学生在实践活动中就能获得关于平行线的经验和认识。

其次，"做"与"思"结合。认识来源于实践，在引导学生动手操作和实践活动时，一定要让学生带着问题"做"，调动学生思维，促进思考的不断深入，实现概念理解或问题解决。如在"用长方形纸折出平行线"的实践活动中，要导引学生不断思考"平行线的特征是什么""折出来的是平行线吗""怎样说明折出的线是平行线呢"等。

再次，"做"中有记录、有表达。在学生做的过程中，要引导学生有目的地做好相关记录、数据收集等，必要时设计记录单进行记录，在实践的基础上，鼓励学生用文字、图表等多种方式表达自己的发现和感悟，并积极地在小组讨论、全班交流等过程中发表自己的观点。

四、如何实现"做"中"学有得"？

"做"了就"学有得"了吗？也就是说，是不是经历了数学实践活动，活动经验就自然积累、知识就自然获得了呢？

在数学实践活动中，"经历过程"不能等同于"积累经验"，学生在实践操作中获得的知识和经验往往是初级的、零散的和表面的，需要通过提炼、内化等得以固化。正如美国学者科尔比认为：经验获得至少要经过具体经验、反思性观察、抽象概括、主动实践这四个阶段，并在这四个阶段的循环过程中完成。在学生通过活动体验获得一些具体经验的基础上，需要经历一个经验内化的过程，可以经过回顾、反思、表达等多种方式提升经验，有部分经验还可以通过一定的方式外显。这个活动经验内化的过程可以是学生自己独立完成，也可以在教师的引导、提炼与点拨下完成，教师要重视学生的操作实践活动成果展示，重视学生的自我评价、反思与总结，帮助学生固化学习所得。

实践操作活动后，知识和经验内化的过程进行得越扎实，知识和经验的储存就会越长久，也越容易被相似、相近的情境唤醒，从而运用已有的知识和经验解决新问题。否则，学生在提取经验学习新知或解决问题的过程中，就可能会遇到困难，或经验提取失败导致无法解决问题，如下面的"分米的认识"的案例：

在"分米的认识"教学中，教师组织了下列实践活动认识1分米：（1）通过10厘米认识1分米；（2）在尺子上找出1分米；（3）画出1分米；（4）比画1分米；（5）找一找生活中的哪些物体的长度、宽度或厚度是1分米。学生通过动手操作认识分米，这些活动的组织是比较扎实有效的。

接下来，教师安排了一道选择题：

课桌的高度大约是6（　　）。

①毫米　②厘米　③分米

以下是师生对话过程的课堂实录：

师：谁能解决这个问题？

（大部分学生踊跃举手）

生1：6毫米。

（一部分学生笑了）

师：谁有不同意见？

（部分学生陷入思考，马上有一个学生举手。）

生2：6厘米。

师：（有点着急）谁还有不同意见？

生3：6米。

师：再想一想。

（马上有一个学生举手，立刻被教师叫起来。）

生4：6分米。

师：（非常高兴）你真聪明！好，请同学们看下一道题……

在上述案例中，我们可以看到，教师组织了五个认识1分米的数学活动，帮助学生认识1分米，形成关于1分米的实际含义的理解。课堂组织的活动是充分的，关于1分米的经验与表象也已经建立，但为什么学生不能有效解决"课桌的高度大约是6（　）"的问题呢？我们认为，这里不是缺少关于1分米的知识和经验，而是缺少"提取经验、运用经验"思考问题的方法。因此，课堂上学生回答错没有关系，这正是指导学生"提取经验、运用经验"思考问题的契机，要激活学生已有的"1分米"的知识和经验思考问题，如可以这样引导："你脑子里想一想1分米有多长，6分米会有多长呢？可以比画一下，而6厘米、6毫米又有多长呢""你脑子里再想一想'课桌一般有多高呢'"。这样可较好地引导学生运用已有的知识和经验解决问题，而且又积累了思考问题的经验，即在解决新问题的过程中创造和积淀了新的思维活动经验，逐步让学生"愿想问题，会想问题"，学会有计划、全面、仔细地思考问题。

典型课例 ⑦：做学交融，动思结合

——"正方体展开图"教学案例 ①

【课前深思】

"正方体展开图"是一节基于五年级上册"长方体和正方体认识"内容学习基础上自主开发的拓展课，主要是引导学生在对正方体展开图探索中，体会立体图形与平面图形间的关系，在发展学生的直观想象力的同时，积累相应的数学基本活动经验。

一、学什么：研读学习内容与学生学情，厘清"学什么"与"深度学习点"

1. "正方体展开图"的教学价值是什么？

从图形知识的学习来看，点、线、面、体间的联系是重要的学习与体悟的内容。我们知道，"体"的特征，一般是由"线"的特点和"面"的特点决定的。由此，"体"的构成中，"面"或"线"的构架是至关重要的因素。"正方体展开图"作为"长方体和正方体认识"学习后的一节内容，在引导学生抓住"体"与"面"的关系，理解和掌握图形要素相关联的学习要点的过程中，体现出两个方面的学习价值：

一是进一步认识立体图形与平面图形间的关系，在深刻体悟正方体"6个面"的构架特征的过程中，感受立体图形与平面图形间的变化，发展学生的空间观念。

二是定位于拓展课，不仅在内容层面跳出教材固定的框架，而且在学习方

---

① 本课例由嘉兴市南湖区教育研究培训中心费岭峰老师设计、执教。

式上更为灵活，更利于让学生"经历探索过程"的理念落实到位。

2."正方体展开图"的学习能够让学生获得什么？

作为一节拓展课的内容，核心目标不在于知识的理解与掌握，而是侧重于知识探索过程的经历与体验，数学基本活动经验的丰富与形成。因此，通过"正方体展开图"这节内容的学习，希望学生能够在以下四个方面有所收获。

一是能够结合对正方体的观察，在把握基本特征的基础上，想象其展开图，并能在平面上画出相应展开图的示意图，初步体验根据图形要素特征推断相关结论的思维过程，发展直观想象力。

二是能够对所想象的展开图进行操作验证，切实把握结论的得出需要有严谨的探索过程作支撑，体会数学学习的严谨性和科学性，发展良好的数学素养。

三是能够认识图形展开图之间的异同，结合旋转、轴对称等图形变换的方式把握展开图之间的关键特征，在理解图形本质的基础上，建构正方体展开图的直观表象。

四是结合"同一展开类型中正方形的不同拼摆方式"的探索过程，经历数学思维的"开放"向"有序"发展的过程，体会"有顺序地思考"的学习意义，积累丰富的数学活动经验。

二、怎么学：选择组织学生"学"的方式，设计"深度学习"发生的路径

1. 学教方式

"正方体展开图"是一节拓展课，因在知识目标的定位相对弱化，而侧重于过程经历与活动经验的积累，故此在学教方式上更加具有开放度，主要采用"做中学"的学习方式，帮助学生结合"想""画""搭"等基本方法，经历"想象—操作—建构"的过程，引导学生"动中思""说中理"，从而认识正方体展开图的基本特点，感受"体"与"面"之间的关系。

2. 学导路径

基于"正方体展开图"知识内容的基本特点和"做中学"的学教方式的基本结构，确定本节课的学导路径：观察想象—图形表达—操作验证—形成结构。

（1）观察想象。即以正方体的初步认识为起点，引导学生观察后展开想象。此环节中，"回顾图形基本特征"是基础，"看实物"是关键，引导"想象"

是目的。

（2）图形表达。引导学生用图把想象的图形画下来，这是一种思维表达的过程，同时也可以促使学生完善自己的想象，将模糊的认识转化为比较清晰的认识的过程。

（3）操作验证。这是培养学生数学素养的重要环节，引导学生通过实践活动验证结论，发展学生"对某个假设进行科学验证，以确保结论的科学性"的学习意识，同时也是本节内容进一步探索的基础。

（4）形成结构。这也是本节课的重要环节，是指将单个结论纳入到系统中进行认识，以帮助学生建构完善的认知结构。一般来说，可以分为三个层次。

第一层次：需要有多个类似结果的发现。

第二层次：需要有对多个类似结果的比较，寻找共同点，进行归纳。

第三层次：需要有应用对多个类似结果共同点归纳后的规律的应用，以发现新的相类似的结果。

从本节课的教学来说，以上四步是一个完整的学导路径结构。它可以是一个重要的环节，当然也可以贯穿整节课。

3. 学导要点

（1）把握想象与观察的关系，让学生的想象具有现实基础。

本课的学习基础是学生对正方体基本特征的把握，即知道正方体有 6 个面，且每个面都是形状相同的正方形。虽然学生对正方体实物的认识有一定的生活基础，但因为本节课需要研究展开图的多种情况，从内容上确实有一定的难度。所以基于观察的想象，一方面，是在降低难度，另一方面，也可以让学生体验"想象"不是胡思乱想，而是有依据地想，有基础地想。同时，在观察过程中，回顾正方体几个面的名称，也是有必要的。一则可以在后续的交流中统一表达；二则同样是在帮助学生丰富直观经验，利于学生想象。

（2）把握图形与图形的关系，让学生的认识从模糊到清晰。

"把握图形间的联系"是本节课的教学重点，同时也是学生的学习难点。对于学生而言，认识单个展开图难度不是太大，但是需要理解多个展开图之间的关系，却颇具挑战性。因此，本节课的教学中，对于引导学生把握展开图之间的联系，发现相应的规律，教师要有一定的策略，引导学生"有序思考"就是一种很好的方法。其间，主要关注两个点：一是思考的完整性，二是思考的严谨性。思考的完整性在于找出所有的"可能"，思考的严谨性在于发现"可能"间的重复。

（3）把握操作与思考的关系，让动作为思维发展服务。

在研究展开图的过程中，因对学生认识的要求比较高，需要有直接经验的获得，因此动手操作成为本节课的重要学习方式。当然，在教学过程中，想象与操作应该是相辅相成的。先想象再操作验证，还是先操作再想象结构，需要由学生根据自己的学习水平自主选择。教学中，需不时地提醒学生，有困难可先"玩一玩"。"用学具玩"是本节内容学习的一个重要特点，教师特意为每一组学生的学习准备了立方体磁力片，帮助学生在做中学，学中悟。

（4）把握个体与群体的关系，让学生的学习获得更为多元的支持。

从拓展课的基本要求来看，自主探索、合作交流更应该成为其特点。本节内容的学习，思维要求比较高，学生个体与群体间的互动交流是必需的。当然，为了让交流更有效度，在群体交流之前，个体学习的深度同时需要引导。从个体学习的深度朝向群体学习的广度，构架起本节拓展课的学习效度。

【学导过程与解析】

表 6.1 "正方体展开图"学导过程与解析

（一）观察实物，回顾正方体的基本特征 师：（呈现一个正方体模型）这是什么图形？ 生：正方体。 师：正方体有什么特征？ 生1：每边大小相同的正方形。 生2：边长都是一样长。 生3：它有6个面。 （请学生指一指正方体的6个面，并引导用前、后、上、下、左、右说说这6个面。）	以正方体实物为观察对象，回顾图形的基本特征，为学生展开想象提供依据。

（二）正方体展开图的"一四一型"研究

1. 第一次想象。

师：如果把这6个面展开，请你想象一下，它会是怎样的一个图形呢？

生1：它会像一个十字架。

（很多学生表示同意）

师：你们想说的是不是这样一个形状？

（呈现"十字架"形状的正方体展开图，并将展开图的形状画在黑板上，如右图。）

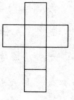

师：今天这节课，我们就来研究一个正方体展开以后的形状。

（板书课题：正方体展开图）

2. 第二次想象。

师：请同学们想象一下，这个正方体展开以后，它的6个面除了像黑板上这种形状之外，还会有其他形状吗？

（教师有意识放慢节奏，学生陆续举手。）

师：好，请把你想象到的图形画在学习纸上。只需要画出示意图就可以了！

（学生自主活动，教师巡视收集部分典型作业，用时为2分钟。）

交流第一位学生的作业，他画了3幅图（如下）：

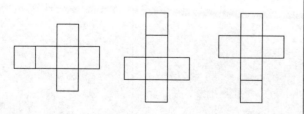

师：你能看懂他画的吗？对他画的有什么想法？

本环节的想象与展示，更多在于给学生一种呈现的方式，包括两个方面：一是有依据地想的感受；二是对想象结果的表达，即如何画出展开图。这也为后续学生表达思考结果提供了统一的方式，便于交流。

交流第一位学生的作业，意在引导学生明白正方体的同一种展开图的不同表现形式：位置、方向可以是不同的，通过旋转、翻转之后，形状仍然是相同的，则视为同一种。

生：他画的其实与黑板上的是一样的，只是转了个方向。 （教师用纸板模型进行比对确认，这位同学画的 3 种情况其实与前面老师在黑板上的是同一种，只是摆的方向不一样而已。） 展示另外两位学生的作业（如下）： 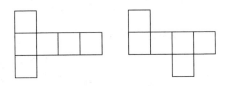	展示不同的两种情况，一则帮助学生打开思路，二则为后续讨论发现规律提供素材。
师：这两种形状是不是正方体的展开图呢？请你用手中的学具来试着验证一下吧。 （学生动手操作验证，教师巡视，适时指导，用时 2 分钟。） （学生活动后，请代表上来展示验证过程：先用 6 个正方形摆成如上图的形状，再拼成正方体。一组学生验证了最后一个图形，拼成的这个形状能够搭成正方体，确认是正方体的展开图。） 3. 观察思考展开图的特点。 师：我们已经知道了，像这样的几个图（指前面说到的 3 种展开图）都可以拼成一个正方体。这些图有什么共同点呢？同桌可以交流一下。 （学生交流，用时 1 分钟，反馈。） 生：它们都有 4 个横着的正方形。这 4 个正方形可以围起来，还有 2 个正方形摆在两边。 师：这排成一行的 4 个面可以拼正方体的哪几个面？ 生：可以拼成正方体的前面、后面、左面、右面这 4 个面。 师：还有 2 个正方形呢？ 生：就是上面和下面。	研究"一四一型"的特点，是本环节的目标。在这个过程中，注重学生的自主思考、自主发现是基本出发点。实践中，学生也确实能够找到"一四一型"的基本特点，即：中间四个正方形，围起来便可搭成前后左右四个面，还有上下两边的面，就成了正方体的上面和下面。

师：同学们，我们再来看看，这3种图形是不是都有这样的特点呢？

生：是的。

师：这3种图形中间都有4个正方形，上面1个，下面1个。中间4个面可以拼成正方体的——

生：（齐）前面、后面、左面、右面。

师：还有2个面就是上面和下面。像这样的情况我们可以称它为"一四一型"。

4.第四次想象。

师：想象一下，像这样的"一四一型"还有吗？一共会有几种情况呢？先请大家小声地议论一下吧。

（学生交流，有学生说10种，有学生说是16种。教师了解了相应的情况，请认为16种的学生说说想法，说16种的人数比较多。）

请同桌的两位学生上来展示。一开始两位学生说不太清楚，于是他们邀请了一位同学来帮忙。终于在三个人的共同努力下，把想的过程表述清楚了（如下图）：

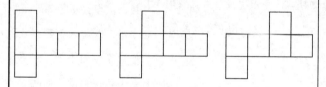

（当学生将思考过程讲清楚后，全班学生不由自主地鼓掌。）

（学生展示后，教师又以多媒体演示了这个移动的过程，帮助学生进一步认识这一"有序思考的过程"。）

师：这是他们的想法。你对他们的想法有什么疑问吗？

生1：这样移过去的时候，有几种翻过来是一样的。

生2：这16种里有重复的。

探索"一四一型"的全部情况，更多着眼于学生对有序思考的体验与数学基本活动经验的获得。讨论时，从16种到8种，一是引导学生关注数学思考的有序性，二是引导学生经历数学思维的严谨性。从学生数学思维发展来看，两者均不可少。最终得出6种的结论，难度较大，更在于学生的体验，不作基本要求。

师：他们这样数出来的 16 种，有重复的吗？

（有学生说有，有学生说没有。教师请认为有重复的学生来说想法。）

（一位学生借助自己手中的拼板说明：这样摆过去，当到了上面这一行摆到第三个时，下面这行摆的就是与前面第二组重复的。）

（下面有学生鼓掌对他表示肯定。）

［教师以第一个图形与最后一个图形为例（如下），引导学生再次比较：其实这两个是一样的。］

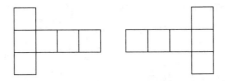

师：同学们，现在你觉得"一四一型"到底有几种呢？

（许多学生认为有 8 种，请学生表述想法。一位学生借助手中的拼板演示，当上面这行摆到第三行时，便与前面的重复了。认为：16 种的一半就是 8 种。）

5. 引导观察后再思考。

（教师结合学生的表述，再次通过多媒体演示了操作过程，并将 8 种情况展示在屏幕上。）

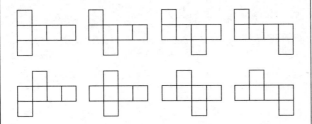

师：这 8 种情况中，还有没有重复的？

作为拓展课，到了这个时间点，可以放手让学生以"玩"为主，结合"玩"一是应用前面的学习方法进一步探索；二是感受正方体展开图的多样和丰富，在有趣的学习活动中，获得更多的数学活动经验。

続表

（学生先是静静地观察了一会儿，陆续有学生举手。）

生1：第二行的第1个和第4个。

（有学生表示反对。师生共同验证后，确认这是两种不同情况。）

生2：上面一行的第2个和下面一行的第1个。

师：说说理由。

生2：翻一下，就是一样的。

（教师借助纸片教具按照学生的说法作了演示，确认是同一种情况。）

生3：上面一行的第3个和下面一行的第4个。只要旋转一下就是一样的。

（教师以多媒体直接演示确认）

师：同学们真厉害！通过大家的努力，终于找到了"一四一型"的6种情况。

（三）玩中再探

师：我们已经知道"一四一型"肯定能够搭成正方体。那么，除了"一四一型"，还会有其他型吗？

（学生说有）

师：接下来大家就用手中的6个正方形，边摆边玩，把你发现的情况画下来。

（学生自主活动，用时3分钟。教师巡视，作个别交流。自主探究中有新的发现的，便作展示。）

（一组学生展示）

（交流时，先请学生验证这个图形是否可以搭成正方体。如行，说明它是正方体的展开图。）

（学生确认：这个图形是可以搭成正方体的。）

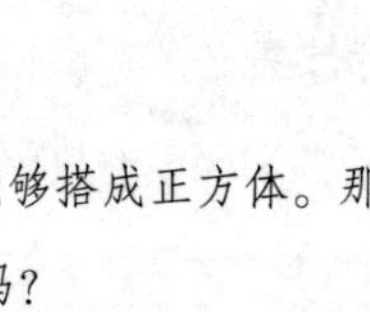

师：像这样的图形，你可以称为—— 生 1：一三二型。 生 2：二三一型。 师：都可以。 （又一组学生搭出了这样一种情况， 如右图） 师：这种形状，我们又可以称为—— 生：二二二型。 （还有一组学生搭出了不同的"一三 二型"） （学生自由交流，用时 3 分钟。） **（四）课堂总结** 师：这节课我们玩了什么？是怎么玩的? 生：我们玩了正方形展开图。 生：先指，再画，再拼。 生：还说了想法。 师：还有一种重要的方法，那就是想。而且想的时候，还 要"有顺序地想"。	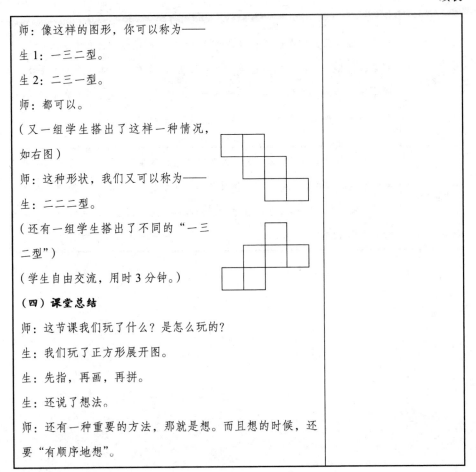

【本节课深度学习"三学"体现点与策略解读】

表 6.2 "正方体展开图"的"三学"策略解读

"入学"	本节课学生的投入度特别高，一是学习内容对学生来说具有一定挑战性，但又能"够得着"；二是有学具支撑，学生"动手做""玩中学"，学生喜欢，所以学习投入度高，通过动手操作，积极探索正方体展开图的种类，并积极与同学们交流自己的发现。

"真学"	本节课以"正方体展开图有哪些形状"为核心问题，导引学生经历猜想、想象、操作验证、画图表达等"学的过程"，探索正方体展开图的形状。学生思维活跃，不断尝试，不断发表自己的观点和思考，"深究型对话"自然形成。教师适度引导，层次推进，学生的学习真实发生。
"深学"	本节课导引学生聚焦问题长时间思考、探索，逐步发现了多种正方体展开图的形状和其中的规律，同时发展了图形探索能力、空间想象能力、发现总结规律的能力，学习了有序思考、分类思考问题的方法，实现了研究图形方法的迁移应用。同时，在"做中学"中充分体会到数学的魅力。

第七讲 "混合式学习"课堂样态

　　互联网、移动技术、人工智能、云计算、数字出版、物联网、AR 技术等信息技术的高速发展，电子白板、电子书包、多媒体数字化电子教室、网络智能学习平台等各类新技术在教育教学中的应用，技术正在撬动教育发生深度变革，特别是随着 5G 时代的来临，学生个性化、差异化、无边界的学习正在成为可能。2018 年教育部印发的《教育信息化 2.0 行动计划》中指出"推动人工智能、大数据、物联网等新兴技术为基础，积极开展智慧教育，支持教育模式变革和生态重构"。"互联网＋教育""智能＋教育"，借助信息技术将打破学校的围墙，把更多有价值的资源引入学生的学习中来，使整个世界都变成学生学习的平台，是当前教育发展变革的重要方向。

　　随着新技术的发展及在教育教学中的应用，"资源就在身边，交互即时实现"已成为可能，线上学习与线下面对面学习相结合的"混合式学习"将不断增加。混合式学习是"互联网＋教育"时代发展的必然，实现"技术改变学习"，当前，尽管由于技术条件、教师应用熟练度等的限制，"混合式学习"在教学中的应用还不是很广泛，但"混合式学习"正成为促进深度学习的重要课堂样态之一，应用也会越来越普遍。

"混合式学习"的内涵与核心要素

　　"混合式学习"是在线学习与线下面对面学习的有机结合，也就是将在线学习和传统教学的优势结合起来的"线上+线下"的学习方式，通过创造一个以学生学习为中心的、个性化的、互动开放的学习环境，将线上学习、线下学习两种教学组织形式有机结合，促进学生的学习由浅到深，逐步实现深度学习。何克抗教授阐述混合式学习概念时认为，混合式学习融合了传统学习方式的优势与 E-Learning（网络学习）的优势，换句话说，就是既要发挥教师有计划、有步骤地把握教学过程的主导作用，又要体现学生在学习过程中的主动性、探索性与创新性。只有将两者的优势结合起来，才能获得最佳的学习效果。[①]

"混合式学习"的课堂样态，是数字化学习环境下线上学习与线下学习相结合的学教方式，是指基于学习内容将学习过程设计成几个模块，其中若干个模块利用互联网、数字化学习平台等组织学生课前或课中线上学习，若干个模块组织学生课堂上线下学习，互动交流、深度讨论、解惑释疑，实现高参与、深互动的学习，促进学习目标的有效达成。

"混合式学习"课堂样态的核心要素如下：

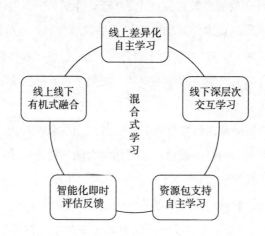

一、线上差异化自主学习

线上学习为学生提供开放、自由的学习环境和丰富的学习资源，学生基于学习目标和线上学习资源展开学习，包括线上自学、观看微课、资料查找、线

① 何克抗.从 Blending Learning 看教育技术理论的新发展（上）[J].电化教育研究，2004（3）：194.

上练习、线上测试等学习活动，可以突破时间和空间的限制，可以在课外或课内进行，自己根据自己的学习特点确定学习进度，真正实现个性化、差异化、选择性学习。同时，线上学习能记录和跟踪学生的学习轨迹，帮助教师准确判断学生的学情，以便更有针对性地展开教学。

二、线下深层次交互学习

在线上学习、学生自主学习的基础上，教师需要基于学情组织开展线下交流讨论反馈式学习，线下学习，一方面，通过学生间相互的交流讨论达成共识，并可以设计一些练习检验巩固、查缺补漏；另一方面，通过基于学生在线学习过程中反馈的共性问题、教师设计的高层次学习任务等，展开解疑释惑、深化理解、拓展提升等深层次交互学习活动，促进学习更深入、更真实地发生。

三、资源包支持自主学习

线上有学习资源供学生自主学习，是开展混合式学习的前提。教师要设计微课、学习任务单、练习作业、阅读资料、网络链接材料等组成的学习资源包，用资源包支持学生的自主学习，导引学生根据学习进度选择相关内容或材料展开学习。同时，学生学习有困难时，线上有资源帮助学生学习，如提供微课进行针对性助学，基于学习测试反馈能推送针对性练习，从而进行精准助学等。

四、智能化即时评估反馈

无论是线上学习还是线下学习，都需要给予学生及时的学习评估反馈，通过学习反馈，让学生的"学"或教师的"教"更具针对性。线上学习，可以基于在线学习平台或者其他小程序开展在线小测试活动，通过小测试，及时反馈学生的学习结果，激励学生进一步学习，同时把学生的学习结果等统计分析后即时反馈给教师，让教师的课堂教学能根据学情更有针对性地展开。线下学习评估反馈，也可以通过当堂练习、完成学习任务、课堂测试等多种方式反馈学生的学习成效，推进课堂线下学习的深化。

五、线上线下有机式融合

"混合式学习"的关键是线上学习与线下学习的有机融合，充分利用面对面学习与在线学习各自的优势组织学生的学习，通过两种学习方式的混合达到最优的学习效果。教师要精心设计学习过程，既要充分利用在线学习资源丰富、学习进度灵活、学习反馈有针对性等功能，又要发挥线下学习便于面对面交互讨论、利于学生情感交流以及便于教师启发引导、监控调整等作用，实现两种学习方式的有机融合，实现效益最大化，促进学生的学习深度发生。

"混合式学习"的实践样态与要义

在具体的教学实践中，"混合式学习"的课堂有多种实践样态，结合当前的各种技术的应用，相对比较常见的实践样态有基于微课的"翻转课堂"、基于多媒体学习平台的交互式学习、基于智能学习系统的自适应学习等，随着大数据、人工智能等技术应用的深化，"混合式学习"的实践样态会越来越丰富，下面分别阐述各种实践样态的要义。

一、基于微课的"翻转课堂"

"翻转课堂"近年来得到广泛关注与应用，主要是指学生在课前通过线上自主学习、课中进行深入交流研讨的混合式学习模式。在翻转课堂中，在课前融入在线学习，一般以微课为学习载体，学生可以根据教师的学习要求和导引提前观看微课，自主学习相关知识，并完成一些相应的练习，把自学过程中的问题记录下来留待课堂讨论和学习；在课堂中，仍旧保留面对面教学的线下学习方式，形式可以是分享讨论、学生提出问题和教师答疑指导等。这样的学与教的方式减少了教师课堂上讲课的时间，让学生有更多的时间进行课上讨论，开展高层次认知活动，促进学生知识的系统建构和高阶思维的发展。基于微课的"翻转课堂"一般学教结构如下：

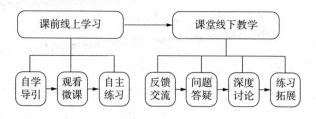

下面以"组合图形的面积"一课的教学为例阐述这一实践样态。

课前线上学习：教师在网上发布"组合图形的面积"的微课，学生基于"微课＋学习单"支持开展独立预学。

"组合图形的面积"学习单

同学们，通过微视频的学习，你们一定对组合图形面积计算有了一定的了解，接下来让我们一起来试试吧。

你能把下面这个图形转化成我们已经学过的基本图形吗？

你还有不同的转化方法吗？

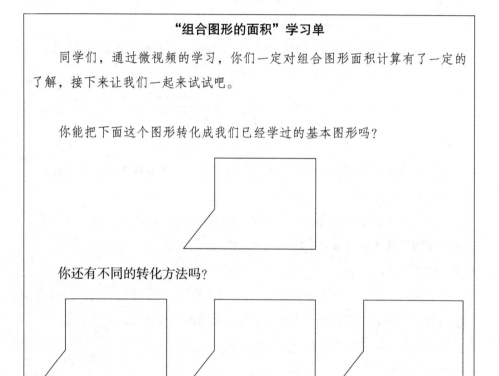

课堂线下教学：教师组织学生分享、反馈预学成果，并基于预学提出问题展开讨论。

课中线下学习，深度讨论，再通过适度练习深化理解和迁移应用。基本学习过程如下：

环节一：分享交流自学成果，梳理基本知识。

第一环节主要分享基于微课学习后的基本认识，主要是以下几个方面，学生简要说一说。

（1）什么是组合图形？组合图形的面积指的是什么？

（2）解决组合图形面积问题的基本方法是转化为两个或两个以上的基本图形。

环节二：分享组合图形的转化方法，如分割法、添补法等。

学生结合课前的微课学习和独立思考，课中结合"学习单"分享分割法、添补法等将组合图形转化为基本图形的方法。先在四人小组内分享，再全班分享，分享过程中学生互相质疑、讨论。

在小组交流的基础上，小组代表到展台上展示，同时把方法贴到黑板上。

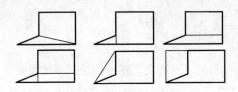

观察讨论：各个小组有了很多不同的转化方法，上面这些方法可以分成几种不同的类型呢？你还有什么建议吗？

通过讨论，引导学生体会分割法和添补法两种基本的转化方法，同时体会分成三个图形其实在分成两个图形基础上再分，一般来说分成的基本图形要尽量少，以便于计算。

环节三：尝试计算组合图形面积，进一步体会转化的方法。

教师给出图形有关数据，请学生根据下列图形中的数据，选择上述两种不同的方法计算组合图形的面积。

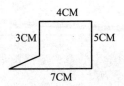

分享反馈，深度交流：

反馈预设1：比较统一、正确率高的图形，简单引导学生表达自己的方法。

反馈预设2：学生遇到困难的图形，引导学生说说遇到了什么困难。

小结：看来能不能求，关键看计算每个基本图形面积需要的信息条件是否能够找到。

反馈预设3：对于意见不统一的方法，组织学生讨论。

用展示图让学生边写边说明，引导学生体会怎么找到隐藏的信息条件。

环节四：专项练习，深化理解。

呈现三个组合图形，让学生尝试在"学习单"上进行分割或添补，并说说每种方法需要的信息条件。

上述教学过程中，学生在课前基于"微课＋学习单"进行自学，学生通过自学初步理解组合图形的意义和计算组合图形面积的转化方法。在此基础上，课堂上分享自学成果，并有更多的时间探讨转化的方法，深入理解分割、添补等转化方法，并体会要根据需要选择适当的信息、学会寻找隐藏的信息条件，学会灵活应用和迁移方法。

根据平时的教学实践，基于微课的"翻转课堂"的几个关键点如下：

一是微课的设计和录制。微课是学生课前学习的重要资源，将要学习的知识内容以学习提示、知识讲解、启发思考、网络练习等方式，制作成包含声音、文字、图像等内容的一段 5～10 分钟的微型教学视频。特别是网络在线技术，有的课甚至成为由"人灌"变"机灌"。微课的制作，首先，需要教师的设计，就是希望学生通过基于微课的自学学会什么，哪些内容可以通过启发思考的方式让学生自己尝试学，哪些内容需要教师提供必要的讲解等，是否需要一些相应的练习等，在此基础上设计微课的脚本。其次，是微课的录制和编辑，应该说一般的微课录制并不复杂，简单的屏幕录制功能就能实现，但如果要生动活泼和有一定的交互性就复杂些。基于微课的学习最关键的是要有适合的微课视频资源，好的微课一般不能是简单地讲授知识，而应适当启发学生思考数学问题、指导学生学习的方法等，微课一般由教师自己设计和录制，这样能更具针对性，但也可以利用已有的微课资源组织学生学习。

二是基于微课的自学。基于微课组织学生自学，相对于静态的预学材料，动态呈现方式的微课更吸引学生，而且，如果学生的自学能力差异较大，能力相对较弱的学生可以重复观看微课，促进自身的理解和掌握。刚开始开展这样的学习时，教师要注意指导学生学会观看微课、思考问题、尝试练习等。

三是"翻转课堂"的课堂学习，以自学成果分享和深入学习为主。基于微课学习的"翻转课堂"，由于有了课前的自主独立学习，课堂的学习以小组合作交流、全班展示分享、课堂深度讨论为主。教师要注意小组建设，促进组内协同学习的开展；要组织好全班分享，梳理知识要点，提出问题和学习困惑；要组织好深度讨论，解决困惑问题，厘清认知模糊；要组织好针对性练习，巩固提升和深化理解，促进有效迁移和应用。

二、基于多元信息技术支持的交互式学习

信息技术的发展速度超出了我们的想象，知识生产和传播的方式已经发生了深刻变革。以开放、共享为特征的 Web2.0 解决人际之间大范围交互；交互式电子白板实现了教师、学生、技术、资源之间的互动；电子书包实现了传统的学习方式与师生互动的同步呈现，并能即时呈现每位学生个性化的表达方式；AR 和 VR 等虚拟现实与多媒体技术，使学生有机会体验实景学习，有机会获得更生动、有趣的学习资源，更好地进行实践性探索活动；多种形式的移动终端，使学生将有机会进行无边界的学习；各类社交媒体，使学生将有机会开展便利的合作互助学习；网络上丰富开放的学习资源、各类 App 提供有针对性的学习资源，使学生将有机会实现个性化自主选择的学习。

面对丰富的媒体与信息技术，教师要学会根据学习的需要，选择适当的技术和学习资源组织学生展开交互性学习，有效应用技术支持学习。下面以"扇形统计图"一课的教学为例阐述这一实践样态。

表 7.1 "扇形统计图"线上线下交互式学习

教学过程	技术应用与教学分析
（一）问卷调查，统计数据 师：同学们，新年快要到了，学校要组织一次元旦迎新活动，现在作个小调查，你喜欢下列哪项活动？ ①拔河 ②多人多足 ③往返跑 ④滚履带 （学生在电脑上选择，数据汇总后以表格呈现。） 	项目	拔河	多人多足	往返跑	滚履带
---	---	---	---	---
人数	10	22	8	3		教师使用了"调查派"App进行调查，学生在电脑上作出选择，调查数据即时汇总生成。时效快，而且能让学生感受到调查的必要性和数据的真实性。
（二）认识"扇形统计图"，了解扇形统计图的特征 1.师：我们学过什么统计图？你想用什么统计图呈现这些数据呢？ 生：条形统计图、折线统计图。 （教师根据学生的回答，将数据输入 excel 表格，利用作图功能直接生成两个统计图。） 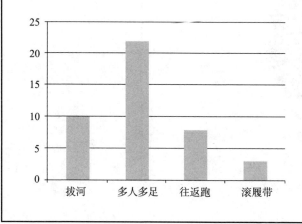	在统计数据后，教师引导学生用统计图描述数据，用 excel 表格自带的作图功能，根据学生的回答，将数据输入 excel 表格，电脑即时生成了图。重点引导学生关注图的特点，思考用怎样的图描述比较合适。

教学过程	技术应用与教学分析

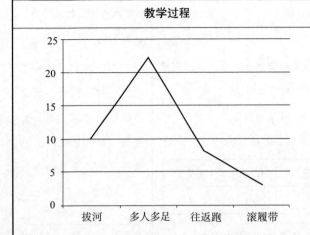

师：观察并对比这两幅统计图，各有什么特点？

（学生表达自己的观点和思考）

2.师：还有其他的统计图吗？

（学生回答后，教师呈现扇形统计图。）

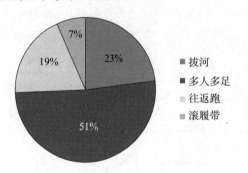

师：这幅扇形统计图中包含哪些信息呢？这幅图有什么特点呢？这个百分数有什么意义呢？同桌之间讨论一下。

（学生小组讨论，说说这些数据的意义，并发现扇形统计图能清晰地表示各部分与总数之间的关系。）

3.师：三种统计图之间有什么区别？在表示"你喜欢下列哪项活动"的问题时，哪一种图更合适呢？

教师继续用 excel 表格自带的作图功能即时完成扇形统计图，并用极域电子教室的发布功能发布到每一位学生的电脑上，导引学生观察、认识扇形统计图，了解扇形统计图的特征。学生人手一台电脑能保障观察比较清晰，并随时能与同学讨论、交流自己的发现。

在此基础上，教师同时呈现三种统计图（同一情景），导引学生观察、对比，进一步了解每一种统计图的特征，并在统计图的大背景下了解了扇形统计图"能表示整体与部分的关系"的特点。

教学过程	技术应用与教学分析
（学生交流、发现：折线统计图在这个问题情景中并不是很合适，条形统计图和扇形统计图都比较直观，能看出最多与最少，扇形统计图还能看出部分与整体的关系。）	
（三）学习画统计图，进一步深化对统计图的认识 1. 学习用 excel 表格制作扇形统计图。 师：老师还想知道大家比赛后最想得到的奖品是什么，下面我们做一下现场统计。 统计后呈现数据：	在学习画图阶段，教师继续用"调查派"现场调查，让学生感受统计的真实、可信。 在数据统计后，教师利用学生人手一台电脑的学习环境，让每位学生用 excel 表格完成一幅扇形统计图，通过交流进一步认识扇形统计图的特点。

种类	棒棒糖	粘贴纸	气球	文具	飞行棋
数量	21	3	8	6	5

你能利用电脑制作一幅扇形统计图，并说说这幅图的意思吗？
（学生自己作图，教师选择几幅典型作品发布，并组织学生交流。）

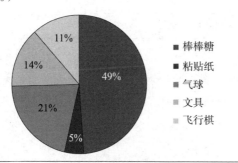

2. 画图并选择。

师：老师还统计了上周七天最高的气温，请大家用电脑分别完成条形统计图、折线统计图、扇形统计图。想一想要表示上周最高气温变化情况，用什么统计图比较合适，从你完成的三幅统计图中选择一幅留在你的电脑桌面上。

星期一	星期二	星期三	星期四	星期五	星期六	星期日
15	10	9	5	8	6	10

教学过程	技术应用与教学分析
（学生用电脑作图，然后选择留一幅图，教师选择部分作品呈现，组织学生交流、讨论用什么统计图表示比较合适，得出表示"一周最高气温变化情况"，用折线统计图比较合适。） 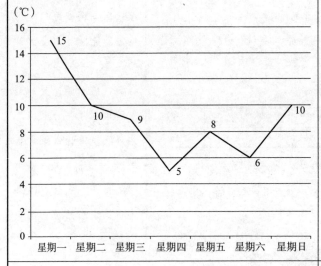	学会选择合适的统计图整理和描述数据，是重要的能力。教师选择了"一周最高气温变化情况"的情景，让学生自主作图并在比较中选择合适的统计图，进一步体会每一种统计图的特点，防止学生机械地认为"今天学扇形统计图，所以所有情景都用扇形统计图表示"。
3. 微课学习，了解"画扇形统计图"的要点。 师：今天我们学习了扇形统计图，作图时是在电脑中利用excel 表格作图的，如果不用电脑怎样画扇形统计图呢？需要注意什么呢？下面请大家观看一个微课视频。 学生观看微课，了解画扇形统计图的基本方法。 （1）根据所给的部分量和总量，求出各部分量占总量的百分比。 （2）计算扇形统计图中各部分所对应的扇形的圆心角度数。 （3）画一个半径适当的圆，根据圆心角度数画出对应扇形。 （4）完善统计图，分别在各个扇形中标出对应部分的名称和百分比，根据统计目的添加适当的标题、图例等信息。 学生观察微课后交流、提问，教师小结。	扇形统计图的学习核心目标是读图，了解扇形统计图，画图不是第一课时的主要目标。 教师借助"微课"，让学生了解画扇形统计图的基本步骤和主要方法。

本节"扇形统计图"的学习，教师利用了学校电脑房极域电子教室的学习环境，利用了"调查派"、excel 表格、微课等学习工具组织教学，使用的信息技术并不复杂，但非常有效，特别是"调查派"的应用，即时调查数据，充分体现了统计教学的特点，使学生产生真实的体验，而 excel 表格作图功能的多次应用，更是有效帮助学生认识扇形统计图的特征，以及与条形统计图、折线统计图的区别。整体来说，技术应用恰当自然，有效地支持了学生的学习。

技术支持学习，工具为学习所用。首先，教师要学会和熟悉各种信息技术，了解其功能及使用方法。其次，平时的教学中，教师要学会根据学习内容和教学的需要，合理选择各种技术和学习工具，组织学生开展线上与线下相结合的交互式学习，促进学生的学习更深入地发生。

三、基于智能学习系统的自适应学习

随着 5G 网络、大数据、人工智能等的迅猛发展，众多语音图像识别、可穿戴设备、虚拟现实成像等人工智能科技在教学中的常态化应用，我们正进入人机共生互存的智能时代。智能时代，育人目标、学习环境、学教方式也将发生深刻变革，育人目标更加重视人的综合素养与全面发展，学习环境更注重教室里的课堂学习与开放的社会实践实习有机融合，学教方式更注重主动学习、自主学习、在线学习等。

智能时代，开放式、泛在式、个性化的在线学习将成为常态。通过建构人机共生的智能学习系统，根据教师的指导和智能学习系统的提示，学生按照自己的学习水平自定学习起点、学习路径、学习进程，智能学习系统为学生提供一个完整的自适应学习运行流程，也将替代教师的一部分知识传授功能，真正实现个性化学习、针对性助学，提高学生的学习效率和学习能力。

"基于智能学习系统的自适应学习"要素与流程包括"学程安排—自主学习—测评反馈—线上助学"的自主循环学习系统，当学生自主线上学习发生困难时，还可以向教师求助，进行线下解疑，具体如下图所示：

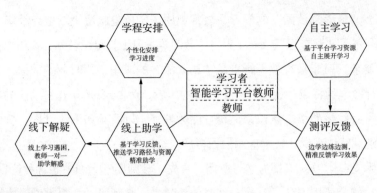

1.学程安排

智能时代的学习，将真正把以教为主变成以学习为主，借助人工智能等技术，使学习过程科学化、精准化，形成基于学生的"学"为中心的混合式教学。首先，学生的学习将学校学习、社区学习、场馆学习、实践学习等有机结合，学生需要合理安排学习场所和学习内容。也就是说，某位学生可能是上午去博物馆完成一个项目学习，下午去学校参加一门课的学习和测试，学生的学习安排越来越个性化。其次，即使在学习常规知识时，学生也能基于智能学习系统，根据自己的学习起点，在智能学习系统提示和教师的指导下，学会规划自己的学习，合理安排自己的学习进程、学习进度等。

2.自主学习

在学习展开时，学生将在智能学习伴侣、个性化智能教学机器的陪伴下完成自主学习。基于智能学习系统，学生自主利用在线课堂、微课、在线练习、网上资料等丰富的数字化学习资源，自主展开学习过程。学习过程中，根据自己的学习情况，调整学习方式或学习进程，如相对容易学的内容可以快速学习，而有困难的学习内容可以多次重复学习等，有困难的可以记录下来准备求助等。

3.测评反馈

在智能学习系统中，辅助教学智能机器将部分扮演以往教师的角色，如自动出题与批阅、学习障碍诊断与及时反馈、学生的认知过程记录与分析等。也就是说，在基于智能学习系统的学习过程中，一方面，学生通过参与学习测试能了解自己的知识掌握情况；另一方面，在智能学习系统中，学生的整个学习过程将被数据化，并形成学生认知过程、认知特点、认知结果的图谱，精准反馈学习效果，同时提高学生的元认知能力，自主调整学习进程。

4.线上助学

学生线上学习遇到困难时，辅助教学智能系统将提供多种助学方式。一方面，根据智能学习系统的精准反馈，自动形成量身定做的学习材料，如微课、针对性练习等，自动推送给学生，实现自动的精准指导；另一方面，系统还能导引学生参与线上求助、线上小组讨论、线上教师辅导等。

5.线下解疑

智能学习系统学习环境下，教师角色定位发生根本性转变，一些相对机械的传授知识、批改作业、考试阅卷等功能将被人工智能取代，教师逐步成为学习的设计者、促进者和帮助者，为学生的学习搭建支架、提供支持。一方面，教师更加专注于教学创新，帮助学生设计学习进程，组织一些基于高层次思维的、相对复杂的综合性学习活动，促进学生心智发展和综合素养的提升；另一方面，当学生在智能学习系统中遇到学习困难无法解决时，教师提供一对一的针对性助学，为学生答疑解惑、学习心理调节、学习方法指导等，使学生能更顺利地安排自己的学习。

"线上线下结合的混合式学习"尽管起步不久，但随着人工智能的迅猛发展，前景可期。有效开展"混合式学习"的关键，一是数字化学习平台的建设，如是否有充分的丰富的学习资源，是否有练习的"即时反馈"功能，能否记录学生的学习轨迹，能否差异化推送针对性助学材料等。特别是"丰富的、优质的网络化学习资源，种类丰富、功能强大的各种在线教育应用"是开展混合式学习的基础条件，使用多个平台的资源应成为课堂学习常态。二是教师的角色定位清晰，有效组织混合式学习。混合式教学中教师的核心角色是学习设计者、促进者和帮助者，教师学会设计混合式学习，并学会使用线上学习管理工具，如创建和组织教学任务、布置和检查作业、上传学习资源、与学生进行沟通交流等。三是学生能自主安排学习，有效开展自主学习。线上学习对学生自主安排自己的学习、自主开展学习的能力和自控能力都提出了很高的要求，学生能够自觉主动地进行线上学习，否则很难实现基本的教学效果。同时，线上学习的管理工具对学生参与学习活动的情况、练习与作业情况、测试情况等各种学习信息进行记录，家长也可以在线查看自己孩子的学习状态和学习表现。这样，多方有机联动，才能真正实现"混合式学习"的功能与价值。

典型课例 ⑧：基于多元信息技术支持的交互式学习

——"图形的旋转"教学案例①

【课前深思】

"图形的旋转"是"图形的运动"领域的学习内容。"图形的运动"学习引导学生从运动变化的角度去探索和认识空间与图形，领会各种不同图形运动的方式、规律，发现图形的几何性质，从而发展学生的空间观念。"图形的旋转"的内容，教材安排在两个学段进行。第一学段，学生结合实例初步感知生活中的旋转现象；第二学段，学生将进一步从旋转中心、旋转方向、旋转角度等方面认识旋转，能在方格纸上将简单图形旋转90°，能运用图形的运动知识在方格纸上设计图案。

一、学什么：研读学习内容与学生学情，厘清"学什么"与"深度学习点"

1. "图形的旋转"的学习要点是什么？

"旋转"的基本特征是图形旋转前后"对应点到旋转中心的距离相等，并且各组对应点与旋转中心连线的夹角都等于旋转的角度"，也就是说，"图形旋转后只是位置发生变化，形状、大小都没有变化"。显然，确定旋转运动需要三个要素：旋转中心、旋转方向、旋转角度。"图形的旋转"一课就是在第一学段初步感知旋转现象的基础上，从旋转中心、旋转方向、旋转角度等方面引导学生观察和描述图形的旋转现象，建构旋转概念。首先，通过学习线段的旋转，认识旋转的三个基本要素：旋转中心、旋转方向、旋转角度，体会旋转的基本特

---

① 本课例由嘉兴市实验小学曹骏老师设计、执教。

征，并尝试用数学语言描述图形的旋转过程，在此基础上，学习在方格纸上将简单图形旋转90°。在这样的学习活动中，提升学生的空间思维水平，使他们逐渐由直观思维上升至抽象理性思维，发展学生的空间观念。

2. 学生的学习困难是什么？

"图形的旋转"的学习中，"从三个维度认识和描述图形的旋转现象"对学生来说还比较容易理解与掌握，主要的学习难点有两个：一是体会旋转的基本特征，也就是体会"旋转前后图形的位置改变，形状和大小不变"，这对学生来说并不容易把握；二是"在方格纸上将简单图形旋转90°"，对小学生的空间思维的要求比较高，部分学生会有较大的困难。在小学五六年级，学生空间表象旋转能力已经开始发展，但同一年龄段的学生在图形旋转方面的思维发展水平往往是有差异的，特别是"在方格纸上将简单图形旋转90°"，学生往往要将感知动作、表象和概念三种心理成分联系起来，帮助思考和解决问题，对不同的学生来说，有的是"感知动作"起主导作用，有的是"空间表象"起主导作用，有的是"概念"起主导作用，起主导作用的成分不同，学生关于图形的旋转认知水平也就不同。教学中，既要重视操作活动，帮助学生借助动作感知形成"空间表象"，又要引导学生结合旋转的基本特征思考，逐步达到以"表象＋特征"为主导的认知水平。教学中，教师要多引导学生经历"想一想，做一做，再想一想"的过程，鼓励学生通过观察、操作、想象，体会图形旋转的过程和把握图形旋转前后的变化情况，促进空间表象旋转能力的提升，发展空间观念。

二、怎么学：选择组织学生"学"的方式，设计"深度学习"发生的路径

1. 学教方式

根据上述分析，学习图形旋转这样的内容时，学生之间的学习方式、学习能力等差异比较大，而且需要通过"观察、操作、想象"等活动展开学习，为此，本节课选择了"基于多元信息技术支持的交互式学习"的学教方式，可以让学生借助"学件"进行动态的旋转操作，支持学生的想象和思考，并及时了解学生对图形旋转的理解情况，利用"电子书包"学习平台及时展示学生的作品，有针对性地助学。

2. 学导路径

基于图形旋转的学习要点和"基于多元信息技术支持的交互式学习"的学教方式，确定本节课的学导路径。

（1）从生活现象引入。结合钟面初步认识旋转，唤醒已有的旋转认识经验。

（2）认识旋转三要素。借助"学件"尝试进行"线段的旋转"的操作，在现象与问题冲突中认识旋转三要素：旋转中心、旋转方向、旋转角度。

（3）突破平面图形的旋转的学习难点。借助"学件"学习平面图形的旋转，突破难点，体验"旋转前后图形的位置改变，形状和大小不变"的基本特征。

（4）巩固练习，针对性助学。基于电子书包的学习平台展开练习，实现练习的即时反馈和针对性助学，巩固内化知识。

（5）分层学习，延伸拓展。基于微课的自主学习，促进深度理解和拓展提升。

3. 学导要点

"基于多元信息技术支持的交互式学习"的学教方式，需要根据学习内容的特征和学生的学习需求，在教学过程中恰当、适时地使用信息技术支持学生的学习。本节课在以下三个方面作了精心设计。

（1）"学件"操作，帮助学生突破思维难点。

在学习线段的旋转、平面图形的旋转时，特别是画出旋转后的图形时，部分学生往往会遇到困难。本节课的设计，在基于电子书包的学习环境下，制作了"线段的旋转"和"三角形的旋转"两个学件，引导学生经历"先想一想，再做一做，再想--想"的过程，让学生充分想象"线段的旋转"和"平面图形的旋转"后，在"学件"上操作图形的旋转，化抽象为直观。通过"学件"的操作，不仅可以快速验证学生自己作图的正误，而且"学件"中图形旋转过程的演示和旋转前后两个图的对比显示，还能让学生感悟"旋转之后，图形上的所有的点都按照相同的方向、角度进行了旋转"的特征，帮助学生理解旋转的本质，发展学生的空间观念，这样直观的比较过程就是实物操作也难以实现的。

（2）"智能推送"，有效实现针对性学习和个性化学习。

课堂练习作为一节课的重要组成部分，是对学生学习的阶段性检测和巩固。本节课设计了基于电子书包学习平台智能推送的课堂巩固练习，首先给学生推送针对不同知识点的练习，当学生练习提交结果后，平台中的即时反馈功能会马上自动判断学生练习的结果是否正确，同时统计学生的答题情况，给出数据分析，教师可以针对性讲评，解决了传统课堂中无法快速全面了解学生答题情况的问题。然后，平台中的"个性化推荐"功能会根据每个学生不同的错误情况，从题库中选择该学生需要进一步巩固且难度相符的习题，形成一份个性化作业，再次推送给学生，解决了传统作业布置无法因生而定的问题，在一定程度上实现了"1 对 1"的个性化学习。

（3）"微课"支持，为不同学生提供针对性学习资源。

智能推送"个性化练习"功能应用后，学生的学习进程可能会产生很大的差异，如练习有错误的学生收到一份针对性巩固作业，需要一定的时间练习巩固，而练习全对的学生则无所事事了。此时，可以设计并制作不同类型的微课，以满足学生的不同需求，如让习题解答有错的学生观看相关知识模块的微课，通过微课的动态教学，引导这些学生再次复习和巩固相关知识；让练习全对的学生观看拓展性微课，如"图形的旋转从绕一个点转，到绕一条线转"，为后续学习打下基础。这样的微课要将"图、文、声、像"等合理结合，激发学生在课中借助微课自主学习，进一步激发学生对数学学习的兴趣。

【学导过程与解析】

表 7.2 "图形的旋转"学导过程与解析

（一）借助"学件"学习线段的旋转，初步认识图形旋转三要素 1. 从生活现象引入。 （大屏幕上呈现一个秒针正在旋转的钟面） 师：同学们，这是什么？ 生：时钟。 师：你能看出什么运动的现象呢？ 生：看到了秒针在旋转运动。 师：是的，在二年级时，我们已经认识了旋转，今天我们继续来研究图形的旋转。（板书课题）	学生在二年级时已经初步了解了旋转现象，课一开始，从生活中常见的钟面上的旋转现象引入，唤醒学生已有的认知，而且钟面的直观性对学生理解顺时针方向、逆时针方向也非常有帮助。

2.学习线段的旋转。

师：（如右图）这是一条线段，想象一下，线段 *AB* 旋转 90^0 后的图形会是怎么样的呢？

（生猜想，并用手比画。）

师：想好了吗？想好的同学，请在电子书包的课堂资源中，打开"学件一"，把你的想法在学件上转一转。完成后，停留在这个界面即可。

（技术应用：学生利用学件转一转，实时随机投屏。）

3.师生交流，理解旋转三要素。

呈现学生典型作品（第一行从左到右为图1、图2，第二行从左到右为图3、图4）：

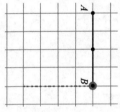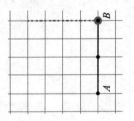
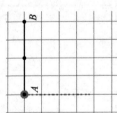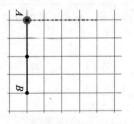

师：同学们，他们都转对了吗？都符合旋转 90° 的要求吗？

生：对的，都符合的。

师：那我们来采访一下这位同学，你是怎么转的？

生：（图1）我是这样向右边旋转到一个直角的位置。（边描述边比画）

"旋转"对学生来说是比较抽象的，为了帮助学生突破思维难点，教学中设计了借助线段的旋转来帮助学生认识和描述旋转现象。

为了引导学生关注旋转三要素，第一次引导学生进行线段的旋转时，只规定了"旋转90°"的条件，学生在"学件一"中操作时可能会出现"绕点 A 旋转""绕点 B 旋转"，甚至"绕线段中心点旋转""绕线段上任意一点旋转"的情况，反馈时，教师选择较为典型的作品进行反馈交流，引导学生思考"为什么转出来的结果不一样呢？"引导学生思考得出只有当旋转中心、旋转方向、旋转角度全部确定，旋转的结果才是唯一的，从而理解和掌握旋转三要素的知识。

生:（图2）我是向下旋转了90°。 师:看来这几位同学确实都将线段 AB 旋转了90°,可为什么最后旋转的结果却不一样呢? 生:像图1是按顺时针方向旋转的。图2是按逆时针方向旋转的。 师:(追问)同学们,他说的顺时针和逆时针是什么意思?能不能用手比画一下? 生:顺时针方向就是时针、分针、秒针走的方向,倒过来是逆时针方向。 师:那我们再看这四幅作品,你还有什么问题吗? 生:图1和图4都是按顺时针方向旋转的,为什么转出来的结果也不一样呢? 师:这位同学很善于发现问题,谁能回答他的问题? 生:旋转时绕的点不一样。第一幅绕点 A 旋转,第二幅绕点 B 旋转。 师:是的,绕的这个点叫作旋转中心。看来,单单规定旋转90°一个要求,的确会转出不同的结果来。那么,再补充哪些条件,转出来的结果就会是一样的呢? (小组讨论) 生:旋转中心和旋转方向也要确定。 师:谁愿意来下达一个旋转90°的指令,使所有同学转出来的结果都一样? 生:将线段 AB 绕点 B 逆时针旋转90°。 师:按照这个指令,想一想,转出来的结果是怎样的?大家转出来的结果会是一样的吗? 生:一样的。	在学习线段的旋转时,让学生进行了"学件一"的线段旋转操作活动,相比于实物的操作,"学件"的应用,旋转的过程更加方便、直观和准确。而且,教师可以快速地随机将学生的作品投于大屏幕上,提供课堂生成材料,供全体学生观察和讨论,提高课堂效率,提升学生的学习兴趣。

师：你们都认为是一样的？请大家在"学件一"中转一转，看看你们的猜想是否正确。

（学生在"学件一"中操作，教师随机投屏学生作品。）

师：转出来的结果一样吗？你发现了什么？

生：当旋转中心、旋转方向、旋转角度都确定了，旋转出来的结果就是唯一的。

师：刚刚，我们通过对线段的旋转的探究，明白了要清晰完整地描述一个旋转的过程，需要把旋转的三要素都说明白。接下来，我们研究一下平面图形的旋转，敢挑战吗？

（二）借助"学件"学习平面图形的旋转，体会旋转的基本特征

1. 出示学习任务：画出三角形 ABC 绕点 B 顺时针旋转 90° 后的图形。

师：根据学习任务中的要求，你们先思考一下，想一想大家转出来的结果是一样的吗？

生：都是一样的。

师：你们都认为是一样的？那你先想象一下，旋转之后是怎么样的呢？想好后，请把你的想法在作业纸上画下来，然后拍照上传。

（教师查看作品库中学生提交的作品，然后呈现不同的结果。）

师：（追问）你们前面不是说转出来的结果应该是一样的吗？可是我们看到好多不一样的结果。

（然后投屏呈现四幅学生的典型作品。第一行从左到右依次为图1、图2，第二行从左到右为图3、图4，其中一幅是正确的，三幅是有典型错误的。）

在图形运动的教学中，"先想一想，再做一做，再想一想"是发展学生空间想象能力的有效途径。相比线段的旋转而言，三角形等图形的旋转对学生的空间观念的要求更高。要求学生"画出三角形 ABC 绕点 B 顺时针旋转 90° 后的图形"时，鼓励学生先独立观察和想象，再让每个学生自己进行"学件二"的操作，最后再对比旋转前后的图形，体会旋转的本质特征。"学件"操作能帮助学生体验图形运动的过程和验证想象的过程，操作和想象的结合也有利于学生在头脑中建立正确的表象，促进学生空间观念的发展。

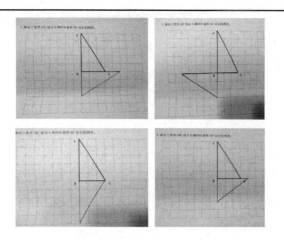

师：我们一起来看这几幅作品，说说你的想法。

（学生同桌交流，再全班反馈。）

生1：图2绕着点B是正确的，但AB这条边是逆时针旋转了90°。所以是不对的。

生2：图3是画了原来三角形的轴对称图形，也是错的。

生3：图4中AB边旋转过去后变短了，是错的。

生4：我认为图1是正确的。

2. 学生活动：探究三角形的旋转。

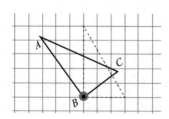

师：你们都认为图1这个结果是正确的？我们来验证一下，请打开学件二（如上图），按照要求转转看！

（生在"学件二"上操作"三角形的旋转"）

师：转好了吗？刚刚哪些同学画对了？（生举手）厉害，掌声鼓励一下。

在学生尝试自己在方格纸上画出旋转后的图形，并拍照上传作品后，教师注意选择了具有代表性的作品引导学生对比和讨论。这些有错误的作品资源，也为学生深入学习提供了研究素材。通过让学生对多种典型错误的分析，巩固了旋转中心、旋转方向、旋转角度等知识，体会了"图形的位置变了，形状、大小都没有变"的旋转的基本特征，也帮助学生在解决图形旋转的问题时，能通过"表象＋特征"的方式思考问题。

师：我们请画对的同学来分享一下经验。

生：因为是绕着 B 点旋转，所以 B 点不动，看 AB 这条线段，旋转 90° 之后画下来，再画下另一条直角边旋转后的线段，最后把两个点连起来。

师：四人小组互相交流，请会画的同学，帮助辅导一下刚才画错的同学。

（生生互动，合作交流，答疑解惑。）

师：刚刚没画对的同学，现在会画了吗？说说怎样画旋转后的图形呢？

［生回答，师提炼：（1）找到旋转中心；（2）确认旋转方向和角度；（3）旋转关键线段；（4）连接其余线段。］

师：看来，我们已经找到了画旋转图形的窍门，就是可以先画好关键线段，为什么可以这样做呢？我们借助"学件二"再看一下！

（教师再次在"学件二"中演示三角形旋转的过程，缓慢旋转或适时暂停，让学生观察过程中的变化。）

师：仔细观察了旋转的过程，你发现了什么？（提示：当三角形旋转 90° 时，BC 边怎么样了？AB 边怎么样了？你知道 AC 边怎么样了吗？）

生：所有的线段和所有的点都一起旋转了 90°。

师：所以，在画的时候，我们可以先找准关键的两条直角边，把它们旋转之后的位置画好，再把另外一条边连接就可以了。

师：我们看一下，旋转之后的图形与原来图形比较，什么变了？什么没变？

生：图形的位置变了，形状、大小都没有变。

相比于三角板等实物的操作，"学件二"的操作，不仅可以快速验证学生作图的正误，而且其旋转过程的演示和前后两张图的对比显示，还能让学生感悟到"三角形在旋转之后，图形上的所有点和线段都按照相同的方向、角度进行了旋转"的特性，帮助学生理解旋转的本质，发展学生的空间观念。

（三）基于学习平台智能推送练习与学习资源，实施针对性、个性化学习

师：我们已经学习了线段的旋转和平面图形的旋转，下面通过几个练习来检测一下大家学得如何。在此之前，我们先来看一下任务要求：

（1）请独立思考，按照顺序认真完成习题。

（2）若需要，可打开"课堂资源"中的学件，帮助理解。

（3）完成后点击提交。

学生在电子书包的练习平台中独立完成习题后，反馈交流。

1.基于数据分析的即时反馈。

师：我们先看同学们完成练习题的相关数据（包括各题正确率和解答时间等），作一个数据分析。如果正确率很高，个别同学做错的题目，等一下单独交流。

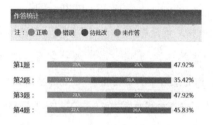

根据数据分析结果，简要分析正确率较低的习题，并分别请学生说一说错误的原因和正确的解法。

排名	姓名	作答时间	得分
1	学生10	00:02:07	7.00
2	学生02	00:02:29	7.00
3	学生20	00:02:44	7.00

基于电子书包学习平台的练习，可以实现练习数据的快速采集即时反馈，教师可以根据数据汇总表，马上得知哪些题目出错较多，分析错误的原因，给出针对性的讲解。这是传统教学手段难以实现的。

根据学生练习的情况，系统自动评价并生成一份针对该学生薄弱点的针对性练习，进行"个性化推荐"，解决了传统作业布置很难做到针对每个学生的实际学情布置作业的问题，在一定程度上实现了"1对1"个性化学习。同时，通过提供微课等资源，让一部分学生进行补弱、另一部分学生进行拓展，以满足学生的不同需求，真正做到了因人而异、因材施教。

2. 基于学习平台的针对性练习。	
师：同学们，通过练习我们发现，还有一些同学在某些方面还需要进一步学习和巩固。现在，请刚才练习有错的同学，点击电子书包练习平台界面右上角的"个性化推荐"，系统会根据你错误的情况，推送相应的练习。完成之后点击提交，系统会自动为你批改。	
（部分学生自主完成自适应平台推送的针对性练习）	
3. 基于微课的自主学习。	
师：进入"个性化推荐"练习的同学，请完成系统为你量身定做的练习题。提交后，系统会自动为你批改。	
（生完成练习，并提交。）	
师：如果还有错的题目，请点击对应"习题分析"按钮，观看习题讲解微课。当然，你也可以举手与老师交流，或者和同学讨论。	在部分学生率先完成基本练习后，通过推送"微课"组织学生进行拓展性学习，让学生根据学习进度进行自主学习，真正实现不同的学生学习不同的数学。
师：全部理解后，请观看课堂资源中的拓展性微课。	
（学生根据自身不同的学习进度进行自主学习）	
师：如果前面课堂练习全对的同学，你的练习平台界面上不会出现"个性化推荐"这个按钮。你可以直接观看课堂资源中的拓展性微课了。但看之后要跟同学分享你的收获。	
（学生观看微课学习）	
4. 课堂总结。	

【本节课深度学习"三学"体现点与策略解读】

表 7.3 "图形的旋转"的"三学"策略解读

"入学"	本节课学生的投入度高。一是任务导引,课中的几个学习任务,都需要学生参与完成,任务驱动了学习,学生完成学习任务的过程中自然"卷入学习"。二是"技术支持学生的学习",既支撑了"图形旋转时的空间想象"的学习活动,同时,学习工具的变化,现代信息技术的应用,吸引学生更积极地投入到学习活动中。
"真学"	本节课设计了两个核心学习任务,即"线段的旋转"和"三角形的旋转",两次学习活动都引导学生自己尝试实践,基于操作引发深度思考、深度讨论。第一次是直接借助"学件"操作、交流讨论;第二次是让学生在文本上画出自己的作品,并投影学生不同的学习作品,引导学生观察、对比、讨论、纠错等,生生互动,展开"深究型对话",深度学习自然引发。
"深学"	旋转是学科核心概念。"钟面的引入"和"线段的旋转"的学习任务,帮助学生认识了旋转中心、旋转方向、旋转角度三要素。"三角形旋转"的学习任务突破了本节课学习的难点,学生体会"面的旋转"的思维视角,在"纠错"等深度讨论中,感悟"面的旋转"的方法,深刻理解"旋转"概念,体会了"旋转前后图形的形状、大小不变"的旋转"大概念"的本质特征,发展了空间观念。在分层次的练习中,有效运用信息技术平台,反馈不同学生的学习情况,提供分层针对性助学,实现了不同的学生有不同的发展。

第八讲 "长程学习"课堂样态

数学学习中，由于数学教材的编排和教学一般按课时进行，学生整体性把握的学习和综合性学习相对较少，导致知识的整体性、联系性和思维的深入度不够，学习往往"只见树木不见森林"，更难有深入的"悟"。如何改变这样的教学现状？教学中，可以选择适当的内容或学习主题，组织综合探究性学习、项目性学习等，也就是引导学生用相对较长的时间，带着一个问题或项目展开学习，经历发现问题、提出问题、分析问题、解决问题的"从头到尾"思考问题的过程，促进学生用较长时间聚焦一个问题思考，从而逐步从碎片化学习走向整体性学习，实现深度学习。因此，"长程学习"也应成为促进深度学习的重要课堂样态。

"长程学习"的内涵与价值意蕴

"长程学习"有别于前面几章所述的"问题导学""预学分享"等课堂样态，从字面意义上理解，"长程学习"可以理解为长时程、长过程、长周期的学习。深究其内涵，"长程学习"是指整体把握学习目标，以问题或项目引领学生展开学习，放长学习过程、思考过程、理解过程，可以突破课时的限制，也可以打破教室的边界，让学生的学习充分展开，经历完整的思考问题、研究问题的过程，从而获得更深的理解和更多的领悟，获得思维和素养的综合提升。显然，相对于原来以课时为单位设计的学习来说，"长程学习"的实现需要一定时长，可能两三节课，可能一个单元，或者更长的时间，但"长程学习"内涵的核心不是时间的长短，而是"放长学习过程、思考过程、理解过程"，让学生能更从容地学习和思考，从而促进知识联系综合、迁移应用，实现深度学习。"长程学习"有多样的实践形态，如大单元学习、长作业、项目化学习等。

当前教学中，由于教材呈现是"内容显性"而"目标隐性"，而且限于篇幅等原因，学习内容的呈现也往往是"过程压缩"，导致教师在设计和展开教学时，"课时思维"比较强，而"整体思维"相对较弱；"课时目标"关注多，"长期目标"关注少。在这样的背景下，"长程学习"更有其独特的价值意蕴。

一、更深的"入"：挑战性问题或实践性项目激发学生全身心投入

"长程学习"通常以现实问题或真实任务来激发和组织探究活动，能激发学生全身心投入到学习中来，如"球的反弹高度"这样的项目化学习活动，当学生在尝试解决"篮球和乒乓球从 1 米高的空中自由落地后，一般的反弹高度会是多少呢"的问题时，他们需要设计研究方案，需要思考如何测量球的反弹高度、需要测量几次、测量数据如何处理、同学之间如何合作等，这样的具有挑战性的实践活动，会让学生积极投入，乐此不疲。

又如，下面是荷兰数学教育家弗赖登塔尔设计的一个活动[1]：一天早晨，学生走进教室，发现窗户开着，黑板上有个大手印，学生们认为一定是巨人来了。他们很惊讶，不知巨人有多高。老师把手掌放在巨人的手印上，看上去巨人的手长是老师的 4 倍。学生对老师的身高进行测量，然后他们剪了一根绳，是老师高度的 4 倍长，将这根绳挂在墙上，表示巨人的高度。根据这段经历，学生开始一系列调查，描述巨人的课桌、巨人的靴子、特大报纸、特大蛋糕等的长度、面积、体积。这样的学习活动，既自然引入了比和比例的内容，又使学生兴趣盎然，全身心积极投入到学习中，研究问题，研究数学。

---

① 张奠宙，王振辉．关于数学的学术形态和教育形态——谈"火热的思考"与"冰冷的美丽"[J]．数学教育学报，2002（2）：1-4.

二、更好的"学"：放长学习过程、思考过程、理解过程

"长程学习"的基本特征是放长学习过程、思考过程、理解过程，有利于学习的充分展开，特别是在一些"大概念"（学科核心概念、学科重要观点）的教学中，更要注重学习设计，拉长概念的感悟理解过程，学生学的过程更充分，实现知识的深度理解。

如"圆"概念的学习，在北师大版教材六年级"圆的认识"的教学中，安排了4次学习活动（如下表），拉长"圆"概念的建构过程，通过充分的学习活动促进概念理解，帮助学生理解"到定点的距离等于定长"的概念本质和圆的对称性等特征。

表 8.1 "圆的认识"4 次学习活动

学习活动	学习目标
圆的认识（一）	结合"套圈游戏"和"画圆"等活动，在观察与操作中初步体会圆的本质特征，即"到定点的距离等于定长"，并了解圆心、直径、半径的含义与作用。
圆的认识（一）"试一试"	结合"车轮为什么是圆的"的问题的深度探究，在活动中探讨"为什么圆心的痕迹是直线"，进一步认识圆区别于其他图形（正方形、椭圆等）的本质特征，即"到定点的距离等于定长"。
圆的认识（二）	通过"找圆心"等折纸活动，探索并发现圆是轴对称图形，有无数条对称轴，体会圆的对称性。
欣赏与设计	结合欣赏与设计图案的学习活动，进一步体会圆的本质特征、圆的对称性等特征。

三、更透的"悟"：长时间聚焦同一问题促进"学深悟透"

"长程学习"往往以富有挑战性的问题或实践性项目为载体，引导在一段时间内聚焦同一问题学习和思考，学习更从容、更深入。一段时间内聚焦同一问题思考，学生能沉浸其中、绞尽脑汁，有利于顿悟、灵感等的发生，甚至产生

茅塞顿开的那一刻，实现深度思维的发展和素养的综合提升。

如一位美国学者在第二届 LIFE 教育创新峰会上举的一个案例：爱德华州二年级学生奥斯汀，他前前后后画了 6 稿蝴蝶，在这样多次画蝴蝶的学习过程中，奥斯汀对自己有了一个重新的认识，认为自己可以变成一个艺术家。也就是说，通过一稿一稿画蝴蝶的"长程学习"过程，奥斯汀经历了一个顿悟和具有启发性的时刻，从而重新认识了自我，树立了自己可以成为艺术家的信念。

再如，圆周率"π"表示的是周长与直径的关系，是一个无限不循环小数，也是小学阶段学生主要接触的一个无理数，古今中外有很多关于圆周率的研究。一般的教学往往是课堂上做一做活动，体会"周长 ÷ 直径 = 圆周率"，知道"π≈3.14"，就切入到圆周长的计算。教学中，可以进一步挖掘圆周率"π"的教学价值，放长学习和思考的过程，使学生有更多的收获和感悟。圆周率"π"的学习可以设计成多个课时，如"实践操作探索 + 数学文化阅读 + 延伸性小研究"等，在这样的学习过程中，学生不断会有新的发现，也会有新的疑问，如真的是 3.1415926……吗？真的不会循环吗？"割圆术"是什么意思呢？"蒲丰投针实验"真的是这样的吗？产生疑问，再通过自己实践、数学阅读、网上查阅资料等方式，了解数学家的研究方法，到确信这一结论。这样的"长程学习"过程，不仅使学生找到了足够的证据，确信了结论，同时会产生很多感悟，获得科学的精神和追求真理的态度。

同时，学生在"长程学习"中往往需要综合运用多方面或多学科的知识。如"如何确定起跑线""大树释放的氧气""春游经费预算"等项目化学习活动，学生往往无法简单地应用已知信息直接解决，需要学生搜集材料和综合运用相关知识，并对信息进行加工。这样的学习过程中，需要学生亲历这些求知的过程、交往的过程，自始至终有思维的介入，有理解能力、交流能力、搜集和处理信息能力等多种能力的共同作用，促进学生的思考、促进学生的交往，有利于学生素养的综合发展。

"长程学习"的实践样态与要义

基于"长程学习"的价值意蕴，在"大概念"教学、大问题探究、延伸性学习等方面可以选择用"长程学习"的方式，使学生的学习充分展开，获得更多的感悟与理解。"长程学习"的具体实践样态可以有单元整体学习（大单元学习）、长作业、项目化学习等，下面分别阐述各种实践样态要义。

一、单元整体学习

整体结构化地学习和认识一项学习内容，是教学改革的重要方向。单元整体学习是指以单元为基本单位来设计和组织学生的学习，以单元学习目标为核心，根据单元学习内容的特征和学生的学习特点，改变"单课设计、单课教学"，整体设计单元学习的学习路径、学教方式，提高学生学习参与的深度和广度，促进学生的自主学习和对学习内容的整体把握，促进知识的深度理解和灵活运用。同时，学会数学认知方法的迁移、实现学习能力的提升，从而提升单元学习的整体效益。

单元整体学习就是基于整体思维的单元学习规划，一方面，是单元内容的整合与拓展，即以教材设计学习内容为基础，重新整合单元学习内容，把碎片化的知识结构化。另一方面，还可以从学教方式的角度整体设计学与教的方式，如根据学习内容将单元内各课分为问题导学、自学分享等课程，并采用相应的学教方式。其一，问题导学，是在教师导引和启发下学生展开探究、讨论等学习活动，教师通过精心设计问题或学习任务等导引学生的学习，通过这样的课的学习，帮助学生全面了解单元知识内容的结构安排，掌握学习本单元知识的核心方法，以迁移到后续内容的学习。其二，自学分享，教材中的一部分学习内容是在前面学习内容基础上的延伸，知识内容和方法基本一致，可以通过"同化"的方式展开学习，这样的学习内容就可以采用"辅学"的学习方式，即以学生的自主学习为主，在自学基础上展开分享、讨论等学习活动，教师提供学习单等方式给学生的学习提供"助学"支持，在学习知识的同时，不断提升学生的自主学习能力。一般来说，一些单元内知识联系性比较强的单元，适合用这样的方式统整学习，下表是以这样的思路设计的北师大版五年级上册"多边形的面积"的单元整体学习规划单。

表8.2　整体学习规划单

序	学习内容	单元课型与学教方式	学导要点分析
1	比较图形的面积	问题导学	导引学生通过观察、讨论整体把握比较图形面积大小的基本方法，如数方格、重叠、割补等，为探索图形的面积积累数学活动经验，教师适时启发引导。同时，本节课作为第一节课，还要让学生整体感知本单元要学习的内容、核心问题，导引学生整体感知学习内容。
2	认识底和高	自学分享	导引学生通过自学分享讨论，能根据已有知识经验，自主建构认知。即从生活世界中隧道的"限高"抽象出梯形的高，认识并会画梯形、平行四边形、三角形的底和高。
3	平行四边形面积	问题导学	本节课是一节重点探学课，通过问题导引学生充分经历探索平行四边形等的面积计算公式的过程，从这个过程中获得"把未知图形转化为已学过的图形"推导面积公式的思想方法，再应用这样的方法探索三角形、梯形等面积公式。
4	三角形面积	自学分享	本节课在前一节课的基础上可以让学生自学，自学三角形面积的推导方法，并分享自学成果以及遇到的问题。

序	学习内容	单元课型与学教方式	学导要点分析
5	梯形面积	自学分享	在前两节课的基础上，本节课可以让学生自学，并分享自学成果以及遇到的问题，同时鼓励学生思考还有没有其他的转化方法。
6	复习与练习	理练结合	导引学生边理边练，全面回顾、整理与建构"多边形面积计算"，并尝试沟通不同的多边形面积计算方法之间的联系。

上述单元整体学习的设计中，"比较图形面积"和"平行四边形面积"两节为单元核心课，以"问题导学"的方式展开，导引学生展开充分的探究和讨论，"比较图形面积"一课中还要启发学生整体感知单元学习内容和学习目标。而"三角形面积"和"梯形面积"教材编排与"平行四边形面积"是同构的，所以采用"自学分享"的学习方式，学生已经有了"平行四边形面积"的学习经验，容易理解解决新问题的思路，促进知识和方法的迁移应用，同时促进学习能力的发展。在上述学习的基础上，必要时还可以加一节单元总结梳理课，进一步沟通三种图形面积计算方法之间的联系，促进学生的深度理解与整体把握。

单元整体学习，除了上述基于教材的单元整体设计以外，还可以进一步突破，根据学习内容的特点和学习资源等情况，以单元核心问题为统领，完全重组教材，重新设计"大单元教学"的学习进程与学习路径，引导学生在问题探究、深度讨论中展开学习，提升单元学习的整体效益。

二、长作业

"长作业"是相对于当堂作业、课后作业等传统"短作业"而言的，特指学生需要相对较长时间完成的数学作业，这类作业注重贴近学生的现实生活，沟通生活与书本知识的联系，往往具有开放性、实践性、探索性等特征，旨在提高学生的应用意识、实践能力和创新精神，培养学生积极的情感态度。

苏霍姆林斯基说，"儿童的智慧在手指尖上"，教学中要结合学习内容与学生生活实际多设计一些"长作业"，如研究解决"一张报纸有多少字""估测一片树叶的面积""一个土豆的体积""栽蒜苗活动""一块近似于梯形的水田面积的测量计算""中秋节月饼销售情况调查"等实践性作业；再如"正方体的截面可能是几边形""多边形的内容"等数学小研究类作业。同时，教师要注意引导学生在进行"长作业"时记录相关数据与观察发现等，鼓励学生用观察报告、数学日记、调查报告、小论文等多种形式进行表达，并通过班级交流讨论、板报集中展示、报刊文集刊登等多种形式组织学生展示交流，以促进学生应用意识、实践能力和创新精神的形成。

如，在进行四年级条形统计图和折线统计图的教学时，设计一个"栽蒜苗"的"长作业"活动，学生需要提前一个月开始观察蒜苗的生长过程，每两天记录一次生长数据，再在课堂上整理数据，并用条形统计图、折线统计图等表达数据，然后结合图分析数据，分析蒜苗的生长过程。这样的学习过程，在近一个月的"长时观察、记录"过程中，学生自己参与数据的采集过程，学生的体会更深刻，数据分析观念和能力得到有效培养。同时培养了学生对观察记录的负责态度、对数据真实性的负责、对蒜苗中长期观察的坚持和毅力等。

再如学生在低年级已经认识了钟表，对生活中各种各样的钟表有着浓厚的兴趣；三年级上学期时学习了"里程表"的知识，但学生对于里程表的读数缺少直接经验，对于经过里程数的理解也因为缺少生活经验，理解相对较困难，是学习的难点，有在生活实际中继续理解和学习的需要。三年级下学期初步认识了小数，了解了小数的基本意义，具备了一定的读表能力。基于以上学生已有的知识基础和学习需要，嘉兴南湖国际实验学校在四年级上学期设计了"生活中的表"数学长实践作业。

这个长实践作业包括两个阶段，历时一个月左右，通过实践作业、交流分享等多次完成。

第一次实践作业：找表·识表·读表

第一次实践作业由三部分内容组成，主要目的是知道自己家中各类表的具体位置，学会读表，了解读数的意义，并进行记录。

活动1：生活中有哪些表？它们各自发挥着什么功能呢？请你调查一下吧。

（学生通过询问家人、到网络上查找资料等方式，了解生活中常见的各种各样的表的名称和基本用途，获得基本的经验。）

活动2：水表的表面各部分功能你清楚吗？

示例：常用水表之一。

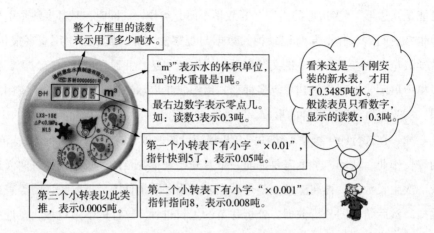

整个方框里的读数表示用了多少吨水。

"m³"表示水的体积单位，1m³的水重量是1吨。

最右边数字表示零点几。如：读数3表示0.3吨。

第一个小转表下有小字"×0.01"，指针快到5了，表示0.05吨。

第二个小转表下有小字"×0.001"，指针指向8，表示0.008吨。

第三个小转表以此类推，表示0.0005吨。

看来这是一个刚安装的新水表，才用了0.3485吨水。一般读表员只看数字，显示的读数：0.3吨。

（说明：通过提供的水表样例，学生独立自学，初步了解相对比较复杂的水表的读表方法。）

活动3：你会读水表了吗？电表或其他表呢？把它们画下来（或拍照），写下表中此刻的读数（精确到个位）。

（说明：要求学生先找到自己家的水表、电表、天然气表以及其他常见的表，通过观察表面结构，尝试读数，并了解读数的基本意义，然后通过拍照或者画图的形式把表盘展示在作业上，记录下读数及意义，并记录下当天的日期，方便后续学习以及返校后和老师、同伴进行交流。）

学生对这样的长实践作业有极大的参与热情，回家后纷纷去寻找家里水、电、天然气表的位置，并通过样例自学、上网查找资料、问询家长等方式，了解各种表的知识和读法。下面为第一次作业的两幅学生作品：

（ 10 ）月（ 15 ）日

我家的（天然气）表：　　　　读数 <u>2188-241 m³</u>

表示 <u>到今天为止，用了2188 m³天然气</u>

（ 10 ）月（ 15 ）日

我家的（水）表：　　　　读数 <u>174.1 m³</u>

表示 <u>到10月15日我家用</u>
<u>水174.1 m³。</u>

在上述学生作品中，通过画一画、写一写，学生把各种各样的表盘描画得清晰而又生动。在这个过程中，学生对于各种表的读法、表示的基本意义已经了然于胸了。

第二次实践作业：读表·调查·计算

第二次实践作业安排在一个月后进行，也由三部分内容组成，主要目的是巩固读表的方法，记录一个月后第二次的读数。通过计算增加的读数，知道家庭一个月的用水（电、天然气）的数量。调查单价后，计算出一个月水、电、天然气的费用。

活动1：经过了一个月，你家的各种表经历了怎样的变化呢？我们一起去看看吧！（说明：学生通过再次记录下家里各种各样的表的读数，巩固各类表的读表方法。）

活动2：比较两次读数的变化，你有什么发现？

（上次记录）（　）月（　）日
我家的水表：　　　　　　　读数_____

　　　　　　　　　　　　　表示_____

（　）月（　）日
我家的水表：　　　　　　　读数_____

　　　　　　　　　　　　　表示_____

　1.我知道了，我们家这一个月来，大约用了（　　　）吨水。
　我是这样计算的_____

（说明：通过两次读数的对比，发现一个月后读数增加了，通过计算两个读数的差，了解家庭一个月用水、用电、用天然气的量。）

活动3：通过调查和计算，了解家庭一个月的水、电、天然气费用。

（说明：学生通过调查，了解水、电、天然气的单价，并借助计算器，算出自己家一个月的水、电、天然气费用。）

"生活中的表"的第二次实践作业，学生找表、读表、记录读数已经驾轻就熟了，并根据三年级时学到的"里程表"中的知识和实际的生活经验，很直观地感受到增加的读数就是一个月的用量，顺利计算出结果。再通过调查单价，借助计算器的帮忙，计算出一个月的水、电、天然气费用。

（上次记录）　　　　（ lo ）月（ l6 ）日
　　我家的电表：　　　　　读数_234662 kwh_

　　　　　　　　　　　　表示_到10月16日，一共用了234662kwh_

（ 11 ）月（ 13 ）日
　　我家的电表：　　　　　读数_234783kwh_

　　　　　　　　　　　　表示_到11月13日，一共用了234783kwh_

1.我知道了，我们家这一个月来，大约用了（ 121 ）度电。
我是这样计算的_234783－234662＝121（度）_.

2.我们家一个月的电费（ 65.1 ）元。121×0.538＝65.098（元）

在这样的"长作业"学习活动中，学生对于生活中各种各样的表有了清晰的认识，并通过调查、计算等方式，了解了家庭的水、电、天然气用量及费用，感受到了数学和生活的联系。经历这样的实践学习过程，学生有了亲身的体验和感受，有了更多新的发现和新的思考，对数学和生活都有了更深刻的感悟和理解。

三、项目化学习

项目化学习（project based learning）是以问题为导向的学与教方式，主要是导引学生对真实世界的、复杂的问题（任务／主题）进行研究，以小组合作等方式制订、实施计划并进行实践探索，通过信息收集、调查研究、分享讨论，最终解决问题或完成作品。这样的项目化学习活动，通常持续时间长，更具挑战性和开放性，促进学生深度投入学习活动，能有效实现知识的综合运用，积累"从头到尾"思考和解决问题的经验，提升学生的动手能力、计划以及执行项目的能力、团队合作能力、创造力和领导力，促进终身学习技能的获得和综合素养的发展。项目化学习的一般过程：提出问题—设计方案—实践研究—展示分享—反思评价。

项目化学习的"项目"，既可以是持续一周乃至两三节课的短项目，也可以是持续一个月乃至贯穿全学期的长项目；既可以是数学单学科的项目，也可以是跨学科的项目，如 STEM 综合学习。以问题为载体的项目化学习活动的设计和组织要把握好几个关键，一是设计具有一定挑战性和综合性的问题。问题主要围绕一些开放性、挑战性的问题，特别是聚焦来自生活的真实问题，如"一棵大树释放的氧气""一个滴水的水龙头一年会漏掉多少水""楼梯的设计"等。二是组织学生设计好探究活动的方案，策划好研究过程，学会"从头到尾"想问题。三是要为学生提供充分实践、思考、交流的空间，重视激发学生自主参与、全过程参与，重视学生的学习成果展示，重视学生的自我评价、反思与总结。

下面是在"确定起跑线"学习的基础上，进行了"我们学校操场的起跑线如何确定"的项目化学习。

1.提出研究问题

"确定起跑线"是教材中学习圆的知识后的一节综合实践课：400 米标准跑

道的起跑线是如何确定的？通过教师引导下的课堂教学，学生理解了400米标准跑道的起跑线确定的方法。在课的最后，教师问学生还有没有问题时，有学生举手问："我们学校的操场跑道不是400米标准跑道，应该怎样确定起跑线呢？"问题提出后，很多学生讨论起来，有学生说："参加校运会400米跑步时，我是在第二道，第三道、第四道好像在我前面很远。"顺着学生的问题，教师进一步引导学生思考，形成了本次项目化学习的问题："我们学校操场的起跑线如何确定？"

2.项目方案设计

"我们学校操场的起跑线如何确定"，如何展开研究？首先让学生独立制订计划，包括研究思路、准备材料、方法过程、成果预设等；然后小组合作交流各自计划，小组合作交流后，研究方案更加详细、更加完善，研究方案的设计起到了由现象引发问题到实践操作之间承前启后的作用。下面为其中一个小组的研究方案：

"我们学校操场的起跑线如何确定"研究方案

（1）研究的意义：你想过吗，为什么在田径场上100米跑运动员站在相同起跑线上，而400米跑运动员站在不同起跑线上呢？而在我们学校100米跑比赛中运动员也要站在不同起跑线上，这是为什么呢？如果在学校操场上进行400米跑比赛，起跑线如何确定呢？这就是我们要研究的问题：我们学校操场的起跑线是如何确定的？

（2）研究前的准备工作：在研究以上问题时，我们要实地测量数据，并对数据进行计算，所以要准备测量尺、记录本、计算器、速写笔、修正贴等工具；我们六个人还要根据自己的特长进行分工：姜博元、杨阳负责测量，俞思佳、林忆楠负责记录，李思源、吴程阳负责计算，我们随时都要一起合作、讨论、互相帮助。

（3）要开展的研究：

①事先要了解跑道的结构以及需要哪些数据。

②测量跑道内圈的直径、直道长、道宽。（操场的弯道合起来就是一个圆，测量了直径，就可以算出周长；知道了道宽，就可以依次知道每一条跑道的

直径了。）

③计算各个圆的周长和每一条跑道的周长。

④计算出相邻跑道的周长差，也就能确定起跑线了。（注意，400米比赛在我们学校操场上要跑2圈。）

（4）会有什么收获？

①通过实际测量，提高我们的实践能力，并更深入理解"确定起跑线"的有关知识。

②通过实践研究，得出确定学校操场起跑线的数据，学以致用。

③测量数据时必须精确仔细，我们会收获更多的知识和能力。

（5）研究伙伴：×××等5人。

3.项目研究的实施

研究方案确定后，实践课上，学生都迫不及待地开展实践，各小组按照研究方案进行测量研究。但"纸上谈兵"与"实际测量"还是有很大的区别，学生在实践中遇到了很多实际问题，如"圆心找不到""卷尺不够长""如何量直径"等，原来计划用一节课来进行测量和计算，结果发现时间不够用。在实践中，可以看到学生在运用数学知识解决实际问题中会碰到困难，甚至是产生错误，但学生综合运用已有的知识和经验解决困难，纠正错误，还激发了小组合作、同伴互助、寻求帮助等解决问题策略的运用。

4.项目研究的展评

从课堂教学、设计方案时的"胸有成竹"到测量实际数据时的"问题百出"，学生收获多多。紧接着学生对数据进行计算，并以小组合作形式把此次活动成果制作成数学小报，展示自己的项目化学习成果，并选出了最喜欢的两份项目学习成果。最后，每个小组的代表还分享了活动收获、活动反思等。

上述"我们学校操场的起跑线如何确定"的项目化学习活动，引导学生充分经历"提出问题—设计研究方案—实践研究—收集数据—研究交流分享—反思和评价"的过程，即经历"从头到尾"思考问题的全过程，在这样的过程中，学生自始至终有思维的介入，有理解能力、交流能力、搜集和处理信息能力、解决实际问题等多种能力的共同作用，对学生求真务实的精神形成、认真细致的良好品质养成、反思质疑能力的发展有很大的好处，真正有效促进了学生数学素养的综合发展。

典型课例 **9**：真实问题导引下的深度学习

—— "篮圈的秘密" 项目化学习案例①

项目化学习是以问题为导向的学与教方式，主要是引导学生对真实世界的复杂的问题（任务／主题）进行研究，以小组合作的方式制订实施计划并进行实践探索，通过信息收集、调查研究、分享讨论，最终解决问题或完成作品。项目化学习活动通常持续时间长，更具挑战性和开放性，能有效促进学生更深度投入学习活动，能更有效实现知识的综合运用，积累问题思考和问题解决的经验，提升学生的动手能力、计划以及执行项目的能力、团队合作能力、创造力和领导力，促进终身学习技能的获得和综合素养的发展。下面是以"篮球圈的秘密"为主题的项目化学习的设计与实施。

一、提出研究问题

在学生学习"确定起跑线"这个教材内容之后，教师向学生提出了这样的问题：通过"确定起跑线"的项目研究，我们发现了跑道上起跑线中蕴藏的数学秘密。你们还想研究体育运动中其他哪些地方隐藏的秘密？

一问激起千层浪，同学们或单个冥思苦想，或小组七嘴八舌地讨论，纷纷寻找体育运动中自己感觉有疑惑的地方。通过思考和讨论，同学们提出了这些问题："为什么跑道两边直、两头圆""排球网的高度""身高与跳高的高度关系"……教师一一把它们罗列在黑板上，并组织大家一起再次思考和讨论。最终，有一个问题引起了大家的共鸣和浓厚的研究兴趣。那就是：为什么足球小

---

① 本案例由嘉兴市南湖区辅成教育集团姚江峰老师设计与组织实施。

网框很大，但篮球大篮圈却很小？通过对问题的进一步梳理，最终把项目研究的聚焦点指向篮圈的秘密：篮球和篮圈的大小有什么关系？

篮圈的秘密：篮球和篮圈的大小有什么关系？

【感悟与思考】

在平时的教学中，教师总是绞尽脑汁地寻找作为学生数学项目化学习活动的好材料、好内容。有诗云："众里寻他千百度，蓦然回首，那人却在，灯火阑珊处。"其实很多数学项目化学习的好材料和好内容就藏在教材之中，也可以利用教材之中的内容作再次延伸和拓展。本次项目化学习的案例是从教材"确定起跑线"一课内容出发，通过"你们还想研究体育运动中其他哪些地方隐藏的秘密"的问题，趁热打铁，触发学生的热情和兴致，拓展学生的思维，再通过对学生问题的梳理、归纳、提炼，得到了本次项目化学习的主题：篮圈的秘密。

二、项目方案设计

环节 1：分组讨论制订项目研究预案。

"篮圈的秘密：篮球和篮圈的大小有什么关系？"，如何展开研究？请学生以四人小组为单位设计一份切实可行的研究方案，研究预案要体现怎么想、怎么做的基本研究思路。

环节 2：分组展示项目研究预案。

各组到讲台前展示并说明自己组的预案，其他组进行提问。各组在展示预案时，要体现怎么想、怎么做的基本过程。

环节 3：项目研究预案的调整。

通过各组预案的展示和讨论，通过逐步筛选、辨析，大家觉得下面两个组的方案比较好。

小组 A：我们认为，要想知道篮球和篮圈的大小有什么关系，可以从数据出发去思考，用工具软尺先分别测量出篮球和篮圈的周长，然后通过对两个数的比较，推断出篮球和篮圈的大小关系。

小组 B：我们认为，篮球和篮圈的大小应该有一定关系，这个关系可以通过数据测量计算得到。但我们还思考：为什么会有这个关系？其他关系可以吗？为此，我们想通过不同大小的篮圈和不同大小的篮球的投篮，通过命中率的搜集与分析得出更有说服力的联系。

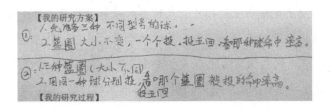

教师见学生基本已经对本次项目化学习的研究内容有了一定的了解，但还不是很清晰，于是伺机引导：这两个小组从不同的角度思考得到了不同的方案，都非常好。第 1 个小组站在数据关系角度去思考设计，它虽然是我们大多数数学项目化学习的常用思维，但确实能够发现一些现象的本质。而第 2 个小组，不仅想得到结论，还想追问结论后面的缘由。其实，通过刚才的展示和讨论，同学们已经逐步清晰了"篮圈的秘密"项目化学习主要研究的两大内容：（1）篮圈的秘密：目前我们采用的篮圈和篮球大小的关系；（2）"秘密"的缘由，即我们为什么采用这样的关系，是否可以有其他不同的关系替代。

在此基础上，教师引导这两个小组对方案进行整合优化，形成一个项目化学习的研究方案（如下）。

"篮圈的秘密"项目化学习研究方案

第一步：用软尺先分别测量出篮球和篮圈的周长，然后算出篮球和篮圈的直径和面积大小的关系。

第二步：用"同圈异球"和"同球异圈"两种方式进行投篮命中率的数据收集和比较，进一步探讨为什么我们日常篮球比赛中会采用上面第一步得出的关系的方法。

【感悟与思考】

常规的数学教学往往比较重视解答现有的数学问题，即课本上已经经过数学处理的问题。学生只要按照学会的解题方法，一步一步地去解决就可以了。在不断反复操作下，学生虽然能熟练地掌握各种题目的解题技能、技巧，但一碰到实际生活，特别是项目化学习这种开放度较高的学习方式时，往往显得不知所措，更无从下手。项目实施方案的设计是项目化学习成功的重要环节。本次项目案例采用了先分小组进行开放式预案的设计，然后通过小组展示说明和其他小组质疑提问等方式不断深入，最后结合该项目内容特点，制定统一的实施方案。这种从开放式预案到统一性方案的过程是项目式方案制订的较好路径，也是比较适合小学生开展数学项目化学习制订方案的一种方式。

三、项目研究的实施

以 8 人小组为单位，按照上面的统一研究方案，分场地实施。然后进行小组展示（教师可以为学生研究提供必要的材料支持）。

四、项目研究的展评

每个小组派两名代表进行展示，主要展示实践过程及得到的数据和结论。其他小组进行比较和提问，评选优秀展示小组。

环节一："篮球和篮圈的直径和面积大小关系"的研究成果汇报。

小组 A 汇报：

我们小组采用软尺测量周长的方法，分别得到以下测量结果：

表 8.3　软尺测量周长方法

	篮球	篮圈	占比
周长	76 厘米	138 厘米	约 55.1%
面积	459.7 平方厘米	1519.76 平方厘米	约 30.2%

通过计算，我们得到：篮球周长约是篮圈周长的 55.1%；篮球最大的横切面面积约是篮圈面积的 30.2%。

小组 B 汇报：

我们小组采用直尺测量周长的方法（先用线绕一周，再拉直用直尺测量），分别得到以下测量结果：

表8.4 直尺测量周长方法

	篮球	篮圈	占比
周长	81 厘米	142 厘米	约 57%
面积	530.66 平方厘米	1603.8 平方厘米	约 33.1%

通过计算，我们得到：篮球周长约是篮圈周长的 57%；篮球最大的横切面面积约是篮圈面积的 33.1%。

小组 C 汇报：

我们小组没有采用其他组的用软尺去测量周长的方法，而是采用网络资料检索的办法得到数据。因为我们觉得软尺测量会有一定的误差。通过网络查询得到以下几组数据。

表8.5 网络查询数据

	篮球	篮圈	占比
直径	24.6 厘米	45 厘米	约 54.67%
面积	475.0506 平方厘米	1589.625 平方厘米	约 30%

通过上面的数据，我们得到这样的结论：篮球直径大概是篮圈直径的 54.67%，也就是一半稍微多点。篮球最大的横切面面积只占篮圈面积的约 30%。

师：刚才几个小组展示了他们第一步的研究结果，看到这几组同学的结论，

你们想说什么？

生：为什么他们的数据都不一样，到底哪一组的比较准确？

生：我发现虽然他们的数据不一样，但结论其实差不多，都是篮球周长约是篮圈周长的一半多一点；而篮球最大的横切面面积约是篮圈面积的30%。

师：第二个同学的发现你们同意吗？

生：同意。

师：不同方式的测量虽然数据不太一样，但结论比较接近，我们都发现了篮圈的秘密：篮球最大的横切面面积约是篮圈面积的30%。为你们的发现点赞。

师：那么，刚才第一个同学提到的，你们有什么想说的吗？

生：这个其实我们以前也经历过，虽然大家测同一条线段、同一个角，但往往全班同学测量的结果会有很多种。我觉得这可能是测量时的误差导致了结果不一样。

师：她说的你们同意吗？

生：同意。

师：那么这几个小组，你们觉得哪个小组的结果更精确一点？为什么？

生：我觉得网络查询得到的数据应该更精确点，因为这些数据往往是很多专业人员测量出来的。

师：在思考"篮球和篮圈的大小有什么关系"这个问题时，我们有的小组采用了实际测量的方法，有的小组通过网络查询资料的方式，都得到了篮球和篮圈的相关数据，并通过数据发现了篮球和篮圈大小的关系。刚才讨论时说用工具实际测量会产生比较大的误差，确实我们刚才也看到几个小组的结果不一致，有的相差还比较大。那么实际测量是不是就一定不好呢？也不是。其实实际测量只要操作得好，它不仅能够得到精确的数据，还能够培养我们认真、细致的品质。当然，我们有时也可以像刚才这个小组的同学一样，充分利用资料检索的方式，通过检索得到我们需要的数据，但也需要考证数据的真实性与准确性。

环节二："同圈异球"和"同球异圈"两种方式投篮命中率研究成果汇报。

在这一环节的研究中，教师为学生提供了以下材料：在"同圈异球"的实践中，采用了同一规格标准的篮圈，并分别选取标准篮球、5号足球、皮球，它们与篮圈的面积占比分别为30%、23%、10%。在"同球异圈"的实践中，我们采用标准篮球投篮，而篮球与三种篮圈的面积占比分别为50%、30%、10%。通过同学们的分组实践，具体结果主要有以下几种。

小组 A 汇报：

我们小组对"同圈异球"和"同球异圈"两种方式进行投篮命中率的数据收集，我们小组 8 位同学每人分别投了 5 次，具体命中率结果如下面的表所示：

表 8.6　同圈异球命中率汇总

学生	篮球	足球	皮球
生 1	40%	40%	80%
生 2	20%	40%	40%
生 3	80%	60%	80%
生 4	60%	60%	80%
生 5	40%	20%	60%
生 6	40%	40%	40%
生 7	0%	20%	20%
生 8	20%	40%	60%
平均	37.5%	40%	57.5%

表 8.7　同球异圈命中率汇总

学生	圈 1	圈 2	圈 3
生 1	40%	80%	80%
生 2	20%	20%	60%
生 3	20%	60%	60%
生 4	0%	60%	60%
生 5	0%	40%	20%
生 6	40%	40%	60%
生 7	0%	20%	40%
生 8	20%	20%	60%
平均	17.5%	42.5%	55%

根据命中率计算我们发现：无论是"同圈异球"还是"同球异圈"，命中率随着球与篮圈的面积占比大小而改变，占比越大命中率越低，占比越小命中率越高。

小组 B 汇报：

我们小组对"同圈异球"和"同球异圈"两种方式进行投篮命中率的数据收集，我们小组 5 位同学每人分别投了 5 次，具体命中率结果如下表所示：

表 8.8　同圈异球命中率汇总

学生	篮球	足球	皮球
生 1	40%	40%	60%
生 2	20%	20%	40%
生 3	0%	20%	60%
生 4	20%	0%	40%
生 5	20%	20%	20%
平均	20%	20%	44%

表 8.9　同球异圈命中率汇总

学生	圈 1	圈 2	圈 3
生 1	20%	20%	40%
生 2	0%	40%	20%
生 3	0%	20%	20%
生 4	0%	0%	40%
生 5	0%	20%	40%
平均	4%	20%	32%

　　我们的发现跟前面这组差不多：无论是"同圈异球"还是"同球异圈"，命中率随着球与篮圈的面积占比越大命中率越低，占比越小命中率越高。同时我们还发现，这个规律适用于大部分同学，但有些同学不是这样。

　　小组 C 汇报：

　　关于方案第二步用"同圈异球"和"同球异圈"两种方式进行投篮命中率的数据收集，我们小组经过商议，选取组内日常篮球命中率特别高、中等、较低的 3 位同学作为代表来投篮，分别是表格中的生 1、生 2、生 3。因为老师以前说过，在选取样本的时候，要具有代表性。如何得到具有代表性的数据，投篮的人也要有代表性。我们小组 3 位同学每人分别投了 10 次，具体命中率结果如下表所示：

表 8.10　同圈异球命中率汇总

学生	篮球	足球	皮球
生 1	70%	80%	80%
生 2	50%	50%	70%
生 3	20%	30%	60%
平均	47%	53%	70%

表 8.11　同球异圈命中率汇总

学生	圈 1	圈 2	圈 3
生 1	20%	70%	90%
生 2	10%	50%	70%
生 3	0%	20%	70%
平均	10%	47%	77%

　　研究结论：通过表格中的数据我们可以发现，在"同圈异球"中，当占比为 23% 时，命中率随之变化，但不是很大。但当占比为 10% 时，命中率明显提

升。这个现象在"同球异圈"的实践中依然如此，当占比为 50% 时，看似提高不多，但命中率急剧下降，但当占比为 10% 时，命中率明显提升。这个现象在平时水平特别高的生 1 身上也许不明显，但在平时水平较低的生 3 身上差异显著。以上变化是发生在我们六年级学生身上，如果放到大人身上，占比的细微变化也许会导致命中率有大的变化。因此我们认为，国际通用的篮球与篮圈面积占比为 30% 具有一定的道理。

师：我发现刚才几组的汇报结论都差不多，但具体实施时还是有差异，有的小组 8 个人都投了，有的 5 个人，有的才 3 个人，有的投了 5 个，有的投了 10 个。你们觉得是都可以，还是其中一组比较好？

生：我觉得都可以，因为从这几组的结论看，都差不多。

生：我觉得可能第 3 组比较好，他们虽然只选了这 3 个人，但这 3 个人具有很强的代表性。

生：我同意刚才那位同学的意见，第 3 组比较好，第 1 组虽然样本大，但不一定科学。第 3 组虽然样本小，但比较科学。刚才我看到第 2 组汇报时，有时候单个同学的命中率变化并没有符合我们的结论，甚至相反。这个可能是这个同学本身投篮命中率非常不稳定。

师：刚才几位同学讲的都很有道理。确实，在研究的时候，我们不仅要注意样本的数量，还要注意样本的代表性。在这次研究中，日常篮球命中率会对我们的测量结果乃至结论产生很大的影响。假如某个小组，平时都不是很喜欢篮球，投篮命中率都极差，那有可能导致命中率全部为 0，那么对结论的推导就失去意义。

（同学们都会心地笑了）

师：刚才我们都同意合理的样本数和样本代表的典型性，会使得到的数据更有说服力，同时，得到的结论也增强了可信度。刚才第 3 组只选了 3 名代表，分别投了 10 次，是否够了？如果不够，我们可以怎么做？

（同学们被老师这么一问，都纷纷陷入沉思，随后议论开来。）

生：投 10 次还不够，可以投 50 次。

生：我觉得不行，1 个人投太多，后面命中率会越来越低。

生：我觉得我们几个小组都可以模仿第 3 组的方式，都选 3 个有代表性的同学，都投 10 次，然后把各个小组的数据汇总在一起，这样，样本数和样本代表性都兼顾到了。

（同学们纷纷报以热烈掌声）

【感悟与思考】

项目化学习有助于知识在数学中的应用、在生活实践中得以验证和完善，有助于学生实践能力、创新能力等的培养。但对于小学生而言，其自身储备的数学知识还比较少，数学思维能力还比较弱，对像这样比较复杂的项目化学习本身具有畏惧情绪。因此，在日常的数学项目化学习实施后的评价中，我们不能过于关注结果正确与否，而要关注学生在项目化学习过程中的参与度、思维度。特别要关注学生在开展项目化学习时采用的方法，因为研究方法的合理选择及运用是今后开展研究性学习的基础能力。本项目学习过程中，教师非常注重研究方法的评价。比如前面方案设计时是采用工具实物测量周长的方法，但有的小组采用了网络检索数据的方法，教师在讨论中一方面给予肯定，同时也引导学生思考实际测量和网络检索两种方法的各自功能。在实施方案第二项研究中，教师在肯定前面几组汇报时，对考虑投篮学生样本代表性选择的小组进行了重点点评和肯定。这样更侧重研究方法的评价会应成为学生数学项目化学习的重要方向。

【本项目化学习中深度学习"三学"体现点与策略解读】

表 8.12 "篮圈的秘密"的"三学"策略解读

"入学"	真实的问题有利于激发学生的兴趣和动力。研究源自于学生提出的一个真实的问题："篮球和篮圈的大小有什么关系？"正因为如此，学生自始至终积极投入到项目学习中来，表现出持续的、较强的内在动力。

"真学"	项目化学习过程中，学生经历了"提出问题—设计研究方案—分组实施研究方案—研究成果展评—得出结论"的完整的长程学习过程，"学的过程"中的每一个环节，学生都沉浸其中，主动参与、积极表达、共同讨论、深度思辨，遇到实际问题积极寻求解决方案，采集数据分析研究，让学习更真实、更深入地发生。
"深学"	在"篮圈的秘密"项目学习探究过程中，学生经历了发现问题、提出问题、分析问题和解决问题的"从头到尾"思考问题的过程，学会聚焦一个问题进行长时间思考。学生不仅通过研究得出了结论，更重要的是在项目研究过程中，感悟研究问题的基本方法，体会遇到问题时的困惑和通过寻求帮助解决问题的方法，体会研究成功的喜悦，体会基于实践深度思辨的必要性，学生的审辩式思维和理性精神得到发展。

后记 "聚焦式"研究助推专业成长

自 1988 年参加工作以来，我已有 30 多年的从教经验。30 多年来，我从一名青涩的年轻教师成长为一名有经验的教师，并被评为浙江省特级教师，晋升为正高级教师。30 多年的工作生涯，助推专业成长的关键是什么？我脑海中蹦出了很多关键词，其中一个关键词是"聚焦式"研究。

"聚焦式"研究是指在一定阶段内聚焦于一个问题或主题研究，围绕这个主题阅读、研究、实践、写作，使自己将问题想得明白些，促进自己教育教学观念的转变，并外化到教学行为的变化，实现教学智慧的"累积"与"固化"。开展"聚焦式"研究，在问题和任务驱动下，逼着自己学得多、想得多，自觉发展自己的理性，主动更新自我，改变自己习以为常的思维方式和行为方式，逐步养成学习、思辨、研究的习惯，不断提升自己的专业能力，有效助推专业成长。

"聚焦式"研究可以是短周期的主题研究，我先后开展过"教材的解读""解决问题的研究与实践""教师学科教学知识（PCK）"等短周期研究，一般以一组文章的发表为显性成果。同时，在 30 多年教学生涯中，大约以十年为一段，我先后开展了三项长周期的"聚焦式"研究，分别聚焦"一节课"研究、"数学素养"研究、"深度学习"研究。这些"聚焦式"研究促进了我对学科知识本质的理解，积淀了教学有效设计与课堂生成处理策略，丰富了学科教学知识，提升了教学实践智慧，厚实了教学理论素养。

第一阶段：聚焦"一节课"研究，积淀教学实践智慧。

课堂是最佳的研究场所，"一节课"研究是教学智慧生长的阶梯。"一节课"研究是我第一个阶段主要聚焦的研究，读懂教材、读懂学生、读懂课堂，在

"一节课"研究中提升教学实践智慧。如我在 2003 年杭州西博会名师名校长论坛上执教的"长方形面积"一课，通过这节课的目标制定、活动设计、多次实践的研磨，我对"学习目标与学习活动设计的对应""课堂的有效预设与生成处理"等有了深刻的理解与感悟。无论是做一线教师，还是后来担任校长、教研员，"一节课"研究的教学实践探索从未停止，课堂的魅力让我乐此不疲。

我的"一节课"研究一般包括想课、上课、写课三个方面。想课就是对一节课的教学深入思考的过程，想清楚"学什么、怎么学、怎么教"，想课首先要想明白学习的核心内容是什么，如"认识面积"的教学，要想明白面积的内涵和外延，想明白学生理解面积到底理解什么、理解到什么程度、理解的难点是什么……想课时，我首先会查阅一些资料，遇到不明白的问题时就找其他老师或专家讨论。其次，再想通过怎样的方式组织学生的学习，选择什么学习材料、采用哪些学与教的方式、组织怎样的学与教的过程等，从而形成一份"想明白"的教学预案。

上课是预设与生成和谐统一的过程，是读懂学生的过程，在精心设计教学预案后，我会在多次教学实践中体会教学设计是否符合学生的学习进程，并根据课堂实际情况不断调整、完善教学设计，增长教学智慧。

写课是将自己在想课、上课过程中的思考、感悟用文字表达出来，写课是一个对话、反思与梳理的综合过程，是教学智慧积淀的一种重要方式。如有了体会，只看不想或只想不写，过一段时间，很多思考的东西就淡化了，为此，我慢慢形成了一种写课的习惯，包括两个方面：一是写教学反思，即每次教学后把自己的思考、感悟等写下来，比如一个问题设计的改动、一个教学材料使用的调整、一次意外的课堂生成等，我都要把当时怎么想、怎么处理、怎么调整以及调整后的教学等写下来，并不断琢磨，如"看图找关系"一课，在多次教学后，从"设计改进点""效果与分析""问题与思考"等维度写下了 10000多字的反思，使教学设计越来越适合学生学习的路径。二是写教学案例，即用比较长的篇幅将一节课的"前思后想"用文字表达出来，并尝试用理论诠释教学，如《知其然，也知其所以然——"小数点搬家"教学案例与反思》《以核心任务驱动学生自主梳理知识——"图形之间的关系"教学案例与反思》《概念理解·数量关系·图——"路程、时间与速度"教学案例与反思》《以丰富的活动体验促进概念的有效建构——"面积"教学案例与反思》……就这样，一节节课的思考、研究、实践、写作，促进了教学思考的深入，积淀了教学实践智慧，我的数学观、学生观、教材观、数学学习观、数学教学观等不断清晰和完善。

第二阶段：聚焦"数学素养"研究，感悟数学学习核心目标。

2000 年左右，我开始聚焦"小学生数学素养发展"的研究，研究"通过数学学习学生获得了什么"，即研究数学学习的核心目标。这项研究经历了"零散关注—课题研究—系统思考—专著写作"的过程。在前期"零散关注"的基础上，从 2000 年开始，我先后申报了两项省级研究课题，研究小学生数学素养的内涵与培养策略。通过研究，通过"要素构建"的方式厘清小学生数学素养的内涵要素及其关系，即从数学基础知识与基本技能、数学意识、数学能力和数学价值观等方面建构，逐步确立了"形成五种数学意识、拥有四种数学能力、树立正确的数学价值观"的小学生数学素养内涵结构，形成了培养学生"拥有一双能用数学视角观察世界的眼睛，拥有一个能用数学思维思考的头脑，拥有一种能用数学方法解决问题的能力"的目标愿景，并构建了课堂教学改进、数学综合活动开展、学习评价实施三方面的培养路径，各实践学校形成了"数学节""数学周""畅游数学乐园""数学智慧街""数学运动会"等数学课程形态，有效促进小学生数学素养的发展。研究取得了丰硕的成果，也促进了我对数学教育的理解，20 多篇相关论文在各类杂志发表，2009 年 2 月 13 日的《中国教育报》刊发了我的《数学给孩子们留下什么？》的文章，专著《小学生数学素养培养策略与案例》于 2008 年由北京师范大学出版社出版，研究成果于 2008 年获得了浙江省教育科研成果奖一等奖，2012 年又获得了浙江省第四届基础教育教学成果奖一等奖。

第三阶段：聚焦"深度学习"研究，推进学教方式变革。

2010 年左右，我开始聚焦"深度学习"的研究，也先后申请了两轮省级课题展开研究，研究学生"怎么学"，研究学教方式的变革和数学课堂转型，研究如何促进学习更真实、更深入地发生。通过研究，逐步厘清深度学习的基本内涵及其特征，构建了"入学、真学、深学"三个维度的要素特征，针对三个维度提出了 12 项学导策略，形成了充分体现学教方式变革的"学导新教案"，构建了"问题导学""预学分享""做中学""混合式学习""长程学习"等多元课堂样态，丰富了教改实践路径。研究成果先后用"组块式文章"的方式发表于《小学数学教师》《教学月刊》《教育视界》《基础教育课程》《教育理论与实践》等杂志上。

2017 年，我开始着手"深度学习"成果专著的写作，写作的过程是艰难的、缓慢的，但写作的过程促进了我对"深度学习"的系统思考和梳理，逐步厘清了对相关问题的认识。本书可以说是聚焦"深度学习"这个研究阶段的成果，更可以说是"一节课"研究、"数学素养"研究、"深度学习"研究的综合成果，也体现了我对数学教育的综合理解。

在本书即将出版之际，要感谢在研究过程中给予我帮助和支持的专家、同事、家人及参与研究的伙伴们，特别是我所在的"南湖研训团队"，"深度学习"的研究生成于"学导型教学：促进学习力发展的区域教学改革"的区域教改项目，"南湖研训团队"的同事们给予了我很多智慧的启迪；感谢"深度学习"研究团队的伙伴们，很多研究成果和案例来自伙伴们的教学实践智慧；感谢朱永通老师精心的策划。

研究无止境，行稳方致远！在研究中实践，在实践中研究，"深度学习"教学研究之路尚需不断探索前行！

图书在版编目（CIP）数据

重塑学习：小学数学"深度学习"课堂样态新探八讲／朱德江著.—上海：华东师范大学出版社，2021

ISBN 978 - 7 - 5760 - 1427 - 3

Ⅰ.①重...　Ⅱ.①朱...　Ⅲ.①小学数学课—课堂教学—教学研究　Ⅳ.① G623.502

中国版本图书馆 CIP 数据核字（2021）第 043430 号

大夏书系·数学教学培训用书

重塑学习
——小学数学"深度学习"课堂样态新探八讲

著　者	朱德江
策划编辑	朱永通　项恩炜
责任编辑	万丽丽
责任校对	杨　坤
封面设计	奇文云海·设计顾问

出版发行	华东师范大学出版社
社　址	上海市中山北路 3663 号　邮编　200062
网　址	www.ecnupress.com.cn
电　话	021 - 60821666　行政传真　021 - 62572105
客服电话	021 - 62865537
邮购电话	021 - 62869887　地址　上海市中山北路 3663 号华东师范大学校内先锋路口
网　店	http://hdsdcbs.tmall.com

印 刷 者	北京季蜂印刷有限公司
开　本	700×1000　16 开
插　页	1
印　张	17.5
字　数	286 千字
版　次	2021 年 5 月第一版
印　次	2024 年 3 月第三次
印　数	9 101 - 10 100
书　号	ISBN 978 - 7 - 5760 - 1427 - 3
定　价	59.80 元

出 版 人	王　焰

（如发现本版图书有印订质量问题，请寄回本社市场部调换或电话 021-62865537 联系）